"广西师范大学21世纪马克思主义研究中心"系列学术丛书

《〈淮南子〉中的儒学思想研究》 王学伟 著

《学思践悟——社会主义核心价值观的理论源流和实践之路》 孟宪平 著

《中国特色社会主义文化哲学新论》 孟宪平 著

《中国道路与文明价值研究》 谭培文 著

《当代青少年精神世界的文化建构研究》 彭红艳 著

《淮南子》中的儒学思想研究

王学伟 著

Huainanzi Zhong De
Ruxue Sixiang Yanjiu

人民出版社

目 录

代序:《淮南子》儒学研究100年 ················· 1

绪 论 ································· 1

第一章 论引"六艺"、尊孔子为"素王" ············ 56
第一节 论说"六艺":"异科而皆同道" ············ 57
第二节 征引和发明"六艺" ················· 68
第三节 尊孔子为"素王" ·················· 123

第二章 "仁以为经,义以为纪":儒学制度化的
理论探索 ···························· 129
第一节 "仁者爱其类":"仁"思想的发展 ········· 131
第二节 循理而行宜:"义"思想的发展 ··········· 142
第三节 "仁以为经,义以为纪":儒家政治思想的
重要发展 ························· 152

第三章 "体情制文,因时循变":礼学思想的复归与拓展 ········· 165
第一节 "体情而制文":对"礼"的界定 ········· 171
第二节 因时变而制礼乐 ········· 183

第四章 "性"同"事"异,各得其宜:君子小人之辨的推进 ········· 201
第一节 以仁、义为准绳 ········· 202
第二节 "性"同"事"异,各得其宜 ········· 207

第五章 《淮南子》的"贵智""喻道"精神 ········· 216
第一节 贵智:"修务"与"为学"的追求 ········· 216
第二节 "贵是""喻道":"修务""为学"的基本原则 ········· 229

第六章 "种德而王,养民以公":《淮南子》中的民本思想 ········· 236
第一节 "种德而王":"民本"的理论基础 ········· 237
第二节 "养民以公":"民本"的基本路径 ········· 243
第三节 "兵之所以强者,民也":民本思想的军事价值 ········· 249

第七章 自我提升的具体路径:修务、为学 ········· 255
第一节 "为学"的四重目标 ········· 256
第二节 《修务训》为学思想的特点 ········· 267

结　语 …………………………………………… 272

附　录 …………………………………………… 276
　　附表1　《淮南子》引《诗》 ………………… 276
　　附表2　《淮南子》引《易》 ………………… 277
　　附表3　《淮南子》引《左传》《公羊传》 …… 279
　　附表4　《淮南子》引《书》《礼》《乐》 …… 282

参考文献 ………………………………………… 284

后　记 …………………………………………… 299

代序:《淮南子》儒学研究100年

《淮南子》一书的学派归属,向来是众说纷纭的,有说属于杂家学派,有说属于道家学派。学界对于《淮南子》研究的考察,有于大成《六十年来之淮南子学》,陈丽桂《〈淮南子〉研究八十年》,戴黍《国内〈淮南子〉研究状况》《国外的〈淮南子〉研究及其启示》,杨栋、曹书杰《二十世纪〈淮南子〉研究》,高晓荣《新时期大陆学界〈淮南子〉研究综述》,查海敏、黄建荣《近三十年国内〈淮南子〉研究述评》,方娟《21世纪〈淮南子〉与先秦诸子关系研究综述》,等。从这些研究综述来看,学界对《淮南子》道家思想有较多研究,而学术界对于《淮南子》儒学研究的关注相对较少。所谓《淮南子》儒学研究,既包括对其征引和论述儒学著作的考察,也包括对其儒学思想发展的研究。

一、《淮南子》中儒学思想比重及分布

《淮南子》是汉初的一部学术巨著,融合诸子百家于一书。胡

适认为《淮南子》"折衷周秦诸子",算得上是"结古代思想之总帐"①。据统计,该书引用其他著作的地方多达800处。徐复观认为,"若用心考校,亦未始不可由《淮南子》以窥五经博士未立以前,宏通精要的西汉经学的本来面貌。可以这样地说,形成《淮南子》思想的另一骨干的儒家思想,经学思想,乃未受五经博士制度拘束,未受阴阳五行掺杂的儒家思想,经学思想"②。陈静认为,淮南王刘安及其宾客有"务于治"的现实关怀和担当,当他们对现实有积极主张的时候,立场渐渐移向儒家。《淮南子》正文20篇,从头至尾恰好完成了一个由道转儒的改变③。

(一)儒学的比重

现在学界一般认为《淮南子》中儒学的比重是道家以外最大的。书中有儒道相绌的一面,也有理性对待儒学和推崇儒学的一面。徐复观认为,《淮南子》中的儒家思想所占地位并不次于道家思想④。李增认为《淮南子》接受了儒家仁义礼乐智的思想,尤其孔子言仁好学重智的精神⑤。陆玉林认为该书的思维框架是以道为主的道儒合一型框架,即以"道"为核心,在自然本位论的前提下,融纳了儒家的家国同构观念⑥。从《淮南子》中儒学比重来看,

---

① 胡适:《〈淮南鸿烈集解〉序》,见欧阳哲生编:《胡适文集》(3),北京大学出版社1998年版,第143—144页。
② 徐复观:《两汉思想史》第二卷,华东师范大学出版社2001年版,第115页。
③ 陈静:《自由与秩序的困惑——〈淮南子〉研究》,云南大学出版社2004年版,第10页。
④ 徐复观:《两汉思想史》第二卷,第115页。
⑤ 李增:《淮南子哲学思想研究》,台北洪叶文化事业有限公司1997年版,第4页。
⑥ 陆玉林:《论〈淮南鸿烈〉的道儒整合》,《中国人民大学学报》1993年第2期。

这些观点是比较符合事实的,也有学者认为道家思想、儒家思想都是该书的主干。

《淮南子》大量引用"六经"并发挥其微言大义。其中,对《春秋》学的征引遍及三《传》,杨树达、徐复观、孙纪文等学者都注意到这一点。据牟钟鉴统计,《淮南子》多次称引《诗》《易》《书》《乐》《春秋》,足见《淮南子》的作者对儒家经典相当熟悉。

《淮南子》中还有丰富的易学思想。有学者认为,《淮南子》易学是汉代易学史的重要环节,它既接受先秦道家之说,又继承发展了《易传》思想,提出宇宙生成、万物起源的理论,体现了《易传》天、地、人一体观和整体思维方式,强调社会和谐、天人和谐,发挥了自强不息、刚健有为、积极进取的精神。《淮南子》的易学思想与陆贾、贾谊等人的易学思想,共同构成了汉初易学的总体格局。认为《淮南子》易学不仅是汉代易学史上的重要环节,也是易学发展史上的重要环节,对于考察易学的发展脉络具有重要意义。①

(二)儒学思想分布

目前学界主要对《淮南子》中的《本经训》《主术训》《缪称训》《泛论训》《人间训》《修务训》《泰族训》等篇所涉及的儒家思想进行了研究。

徐复观认为《本经训》内容是由道家归结于儒家,《主术训》强调了君臣异道,君无为而臣有为,不知不觉已接上儒家的理路②。牟钟鉴认为《主术训》提出治国必先修身,修身要以仁义为本,这

---

① 张涛:《〈淮南子〉易学思想探析》,《孔子研究》1999年第3期。
② 徐复观:《两汉思想史》第二卷,第158—159页。

是儒家的典型公式。牟先生还注意到《缪称训》大讲孔子首倡的义利之辩,明君子与小人之分,又论举贤才的重要性,这也是儒家的风格①。

孙纪文认为,从《缪称训》开始,《淮南子》的易学思想表达得愈发明晰,《淮南子》的前半部分是以道家思想为核心,后半部分是以儒家思想为核心,最后两卷逐渐变为以明显的儒家思想为主脉②。

美国夏威夷大学加拿大籍学者安乐哲(Roger T. Ames)认为《泛论训》对民生的根本关切更贴近儒家立场③。孙纪文认为《人间训》是儒家思想的一派之作,其核心内容是:以变异为纲,以损益为目,以朴素辩证法为方法论,以史实和例证为说理武器,论述人间凶吉、得失互变之理,这是符合易学思想的。从内容的倾向来看,首先对孔子极尽赞美之词,其次重申仁义的伦常作用,然后对推行儒家之道而失败的国君进行辩解,全然维护儒家的利益,这显然是儒家思想④。

徐复观认为《修务训》站在儒家立场,对道家思想加以反击。《泰族训》是由儒家所作的全书的总结,与《易·乾·文言》多处相合,并对"六经"作全面性的评价,把六经推得至高无上,全书的风格完全转到儒家。讲圣人要正心、诚心,与《中庸》的"诚"、《大

---

① 牟钟鉴:《吕氏春秋与淮南子思想研究》,人民出版社2013年版,第163页。
② 孙纪文:《淮南子研究》,学苑出版社2005年版,第97页。
③ [美]安乐哲著,滕复译:《主述:中国古代政治艺术之研究》,北京大学出版社1995年版,第27页。
④ 孙纪文:《淮南子研究》,第192、195页。

学》的修身观是一致的①。孙纪文认为,《泰族训》的主旨内容就是论述儒家仁义之道的现实功用②。牟钟鉴认为,《修务训》批评"寂然无声、漠然不动"的无为论而主张积极的无为论;批判道家的"绝学无忧""绝圣去智",吸收并发展了《荀子·劝学》的理论③。也有学者提出质疑,如加拿大学者白光华(Charles Le Blanc)认为,《修务训》和《泰族训》已不是纯粹的儒家作品,而是道化的儒家,是用儒家的材料表达道家的看法④。

从具体内容和思想倾向上来看,《淮南子》有强烈的综合色彩。对儒家文献及其思想的征引表面上是以道家思想为标准的,但从思想实质来看,道家并不能完全消融儒家,而表现出儒道互绌和儒道互补的显著特点。如果以"道化"的视角来研究其中的儒学思想,就无法考察这一显著特点,也很难与《淮南子》成书之际的学术转向联系起来。综观《淮南子》全书及《史记》《汉书》的相关记载,其作者们并不是要为新皇帝提供一套黄老道家的统御术,而是敏锐地结合学术转向以及新皇帝的学术取向,撰成旨在统理天下具有道表儒里基本特色的"刘氏之书"。从这个意义上来说,《淮南子》中的儒家思想与汉初由"重道"到"尊儒"的转向有着极为密切的关系。

---

① 徐复观:《两汉思想史》第二卷,第169页。
② 孙纪文:《淮南子研究》,第199页。
③ 牟钟鉴:《吕氏春秋与淮南子思想研究》,第15、163页。
④ [加拿大]白光华:《我对〈淮南子〉的一些看法》,《道家文化研究》第六辑,上海古籍出版社1995年版,第198页。

二、《淮南子》与儒学之间的关系

《淮南子》中儒学的处境大致有五种:一、以道绌儒;二、借儒家人物宣扬道家思想;三、以儒绌道;四、推崇儒家;五、以儒补道。大体来说,《淮南子》对儒学有一个由批判到理性对待再到推崇的变化过程。例如,经常提及先秦儒家推崇的尧、舜、禹、周文王、周武王、周公等圣贤进行论证,而对黄帝和神农却较少提及。据雷健坤统计,提及尧、舜、禹各约40次,周文王、武王35次,周公约20次,超过黄帝(11次)和神农(15次)[①]。另外,《淮南子》对"六经"的征引、对孔子及其弟子的论述、对思孟学派和荀子学派等文献和思想的征引,其数量和思想深度都是相当可观的。

(一)《淮南子》与"六艺"

据徐复观研究,《淮南子》征引儒家文献遍及"六艺",引《诗》多达29次以上,其中《泛论训》"王道缺而诗作",可能是本自三家《诗》;引《易》10次以上,又引孔子说《易》1次,解《易》1次;引《尚书大传》2次;《说林训》"君子之居民上,若以腐索御奔马",疑出自《五子之歌》[②]。

据李学勤研究,《淮南子》中明引《周易》之处共计10处,而《缪称训》一篇就有6处[③]。据陈广忠研究,《淮南子》引《易》16

---

① 雷健坤:《综合与重构——〈淮南子〉与中国传统文化》,开明出版社2000年版,第63页。
② 徐复观:《两汉思想史》第二卷,第123页。
③ 李学勤:《周易经传溯源》,长春出版社1992年版,第118—126页。

次,牵涉篇名有《益》《损》《乾》《坤》等;引用《尚书》3次,《周书》2次,《洪范》1次;异用《春秋》5次,《乐》1次①。据孙纪文统计,引《诗》25次之多②。他认为,《淮南子》的《易》说宗旨当是为说理而非占筮吉凶,对《易》理的重视毫不逊色于田何一派③。就深层结构而言,《易》学要素对《淮南子》文本肌理的构成起着建构性作用。他认为《淮南子》引《书》或源于伏生的薪火相传,或源于另外的传本。《春秋》学在《淮南子》中的应用并不亚于《易》学和《诗》学的比重。即使是以道家思想为主的篇章,也认为孔子作《春秋》是了不起的文化史实,称赞《春秋》明王道、述是非、寄褒贬的目的④。

周立升认为,《淮南子》的易道观,进一步发展了《易传》的思想,更加突出了《易》道的核心地位,同时对《易传》的神秘成分加以过滤并予以摒弃,使它向着道家的思想领域拓展,将《易》《老》相通提升到一种炉火纯青的境地⑤。《淮南子》基本上沿着《易传》的走向,对作为《易》道之重要内容的价值观作了进一步的阐发。

(二)《淮南子》与孔子及其弟子的关系

据雷健坤统计,《淮南子》直接提及孔子及其弟子颜回、子路、

---

① 陈广忠:《刘安评传——集道家之大成》,广西教育出版社1996年版,第39页。
② 孙纪文:《淮南子研究》,第37页。
③ 孙纪文:《淮南子研究》,第39页。
④ 孙纪文:《淮南子研究》,第62页。
⑤ 周立升:《两汉易学与道家思想》,上海文化出版社2001年版,第2页。

曾子,引述其言行约达35次①。据陈广忠统计,《淮南子》对孔子的记述有45次,有"孔子修成康之道,述周公之训,以教七十子",及创立儒学的记载;有"孔子欲行王道,东西南北,七十说而无所偶,故因卫夫人、弥子瑕而欲通其道"的记述,比《论语》《史记》还完整,超过秦汉任何一部著作。对颜回、季路、子夏、冉伯牛、曾子、子贡、宓子、闵子骞、宰予等也有论述,其中曾参9次,子贡7次,子路6次②。

儒学推崇的圣贤、孔子及其弟子人名复现率的统计,一定程度上确实能说明儒学的比重问题,但这只是基础性研究,更为重要的是要对具体内容进行深入研究,厘清彼此之间学术源流关系。

(三)《淮南子》与思孟学派的关系

据杨树达研究,《缪称训》的很多思想都是本自《子思子》,且"子曰"之称于《淮南子》只见于《缪称训》。《淮南子》还称引《中庸》《孟子》,如"教本乎君子,小人被其泽;利本乎小人,君子享其功",应是本自《孟子》"君子劳心,小人劳力。劳力者食人,劳心者食于人";如"鲁以偶人葬而孔子叹",应是本自《孟子·梁惠王上》;《齐俗训》"率性而行谓之道"应是本自《礼记·中庸》"率性之谓道";等等③。

徐复观认为从《主术训》最后所引的全篇结语,几乎全部取自

---

① 雷健坤:《综合与重构——〈淮南子〉与中国传统文化》,开明出版社2000年版,第63页。
② 陈广忠:《刘安评传——集道家之大成》,第39页。
③ 杨树达:《淮南子证闻》,上海古籍出版社2007年版,第92—102页。

《孟子》①。牟钟鉴认为《泰族训》对性善有"人之性,有仁义之资",其见解近于孟子②。据陈广忠统计,《淮南子》对孟子提及1次③。

邬昆如认为《淮南子》是研究天、地、人的宇宙学问并把它落实道德人事中,这种研究和落实方式是儒家的。在人性论上,认为人是"头顶天,脚立地"的宇宙中心,这与《中庸》的"与天地参"相近。《齐俗训》的"率性而行谓之道,得其天性谓之德",则更接近《中庸》的"天命之谓性,率性之谓道"④。

刘乐贤认为《缪称训》有12处文字与《子思子》佚文相近,可以断定《缪称训》确与《子思子》一书有着不同寻常的关系。而《缪称训》屡引《诗经》等儒家经籍进行论证,又正好为此提供了旁证。因为,广泛称引《诗经》《周易》等经典,乃是《子思子》书的一个显著特点⑤。郭沂认为,《缪称训》中的子思子佚文应是属于子思著述中的《累德篇》⑥。

孙纪文认为,《泰族训》中,思孟学派,尤其是孟子的思想体现得尤为突出,主要表现在三个方面:一、舍身求义的思想;二、仁政民本的思想;三、养性安民的思想⑦。雷健坤认为《泰族训》"养心

---

① 徐复观:《两汉思想史》第二卷,第163页。
② 牟钟鉴:《吕氏春秋与淮南子思想研究》,第222页。
③ 陈广忠:《刘安评传——集道家之大成》,第40页。
④ 邬昆如:《中国人性论》,台北东大图书股份有限公司1990年版,第162—163页。
⑤ 刘乐贤:《〈性自命出〉与〈淮南子·缪称〉论"情"》,《中国哲学史》2000年第4期。
⑥ 郭沂:《〈淮南子·缪称训〉所见子思〈累德篇〉考》,《孔子研究》2003年第6期。
⑦ 孙纪文:《淮南子研究》,第202页。

莫善于诚,至诚而能动化矣"中的"诚"正是孟子、子思与《中庸》所强调的观念。其中以仁心、恩心来感人、爱人等主张则是儒家仁政的实际内容①。日本学者南部英彦在《〈淮南子〉泰族篇の治身治国论とその学问の立场——中庸篇との比较を通して》一文中也考察了《泰族训》修身治国思想与《中庸》的关系②。

(四)《淮南子》与荀子学派的关系

荀子学派的思想对汉代影响极大,这在《淮南子》也有所反映。据杨树达研究,《道应训》"孔子观桓公之庙"本自《荀子·宥坐》;《泛论训》"时屈时伸,弱柔如蒲韦,非慑夺也",本自《荀子·不苟》;《说林训》"乳狗之噬虎也,伏鸡之搏狸也,恩之所加,不量其力",本自《荀子·荣辱》;《人间训》"弓先调而后求劲,马先驯而后求良,人先信而后求能",本自《荀子·哀公》,等等③。

孙纪文认为《修务训》主要由三部分组成:一是积极的"无为"主义,渗透着一股强烈的进取精神;二是论为学日益的重要性;三是论为学可务名、可成功的实用价值。三部分逐层推进,共同统一于荀学所拥有的实践理性精神的旗帜之下。《泰族训》一再宣称:"虽有智能,必以仁义为本。"此见识与荀子所主张的仁义道德下的功利主义倾向亦一致。《淮南子》与思孟学派、荀子学派和易传学派有联系,《淮南子》阐发了儒学思想分流发展的理论观

---

① 雷健坤:《综合与重构——〈淮南子〉与中国传统文化》,第71页。
② [日]南部英彦:《〈淮南子〉泰族篇の治身治国论とその学问の立场—中庸篇との比较を通して》,《研究论丛》第57号,2007年。
③ 杨树达:《淮南子证闻》,第116—128页。

点,揭示了它们在汉初之际的临界状况①。王雪认为《淮南子》在为学、善假于物、用众、重"积"等思想方面对荀子思想有所继承和发挥②。

(五)《淮南子》与《春秋》三《传》

孙纪文认为,《淮南子》的作者们之所以自由出入《左传》之间,作者们对其征引时,也寄托着他们的理想和忧虑。《淮南子》对《公羊传》的"大一统"思想和以《春秋》义理治人各有贯穿。《淮南子》的大一统思想是封建大一统思想,而不是专制式的大一统思想。《淮南子》深明《春秋》治人的大义所在,因此,在表现统治思想的《主术训》和《泰族训》中,一再利用公羊学的观点阐发治世的思想。《泰族训》的仁义、仁知思想乃是汲取公羊学的要义而来③。

(六)《淮南子》与《礼记》

《礼记》的编订在《淮南子》之后,但其内容篇章有的出自先秦,有的出自汉代。《淮南子》的引文可证《礼记》篇章的成文时间,也说明《淮南子》作者对儒学有比较深入的研究。据牟钟鉴研究,《淮南子》在人性问题提出"人生而静,天之性也"的观点,与《礼记·乐记》相吻合④。《淮南子》也曾征引《礼记》中的《檀弓》《王制》《乐记》《中庸》等篇章里的文章,但仅限于《泛论训》《泰族训》个别卷帙中。因而,《礼》的思想显得很空疏。据孙纪文统计,

---

① 孙纪文:《淮南子研究》,第188、202页。
② 王雪:《〈淮南子〉哲学思想研究》,陕西人民出版社2007年版,第69页。
③ 孙纪文:《淮南子研究》,第66页。
④ 牟钟鉴:《吕氏春秋与淮南子思想研究》,第285页。

《淮南子》引《书》4次,引《诗》25次之多,引《礼记》的单篇有5篇以上,引《春秋》三《传》尤以《公羊传》《左传》为丰富①。

三、《淮南子》与汉代儒学思想的关系

学界目前对《淮南子》与汉初儒学承传关系研究较少。陆贾的儒学思想对《淮南子》的影响,未见有相关研究。张运华认为《淮南子》关于当时社会风尚的论述和贾谊《治安策》有不少相似点②。

韩婴《诗》学对《淮南子》的影响,学界有一定研究。据杨树达研究,《主术训》所谓"武王伐纣,发钜桥之粟,散鹿台之钱,封比干之墓,表商容之闾,朝成汤之庙,解箕子之囚,使各处其宅,无故无新,惟贤是亲"应是本自《尚书大传》《韩诗外传》卷三③。孙纪文认为,《淮南子》引《诗》的法则属韩《诗》传承的一个支流。《淮南子》引《诗》的理念与《韩诗外传》有因果联系,《淮南子》的作者们极有可能研究过《外传》的引《诗》方式。《淮南子》说《诗》以追求《诗》用为目的,属于经学意义上的解说④。杜绣琳认为,《淮南子·道应训》使用了《韩诗外传》"引事以明言,或引言以证事"的说理方式,并在说理实践中有所发展创新,使这种说理方式更加完善,更加流行,从而显示出说理通俗化的优势和推广普及哲

---

① 孙纪文:《淮南子研究》,第27页。
② 张运华:《先秦两汉道家思想研究》,吉林教育出版社1998年版,第219页。
③ 杨树达:《淮南子证闻》,第75—91页。
④ 孙纪文:《淮南子研究》,第59页。

学思想、政治思想的强势①。张瑞认为,《淮南子》中引《诗》基本是鲁《诗》②。

聂保平认为《淮南子·主术训》对仁义、善行的推重,不同于先秦道家对于仁义、善行的批判与讽刺,这一转变不能不说是受到汉初儒家的影响。③

《淮南子》作为汉初的一部有集大成色彩的学术力作,对汉初学术有着极大的关注和相当程度的研究,需要继续深入发掘学术承传发展的关系。

四、《淮南子》儒学思想的构成

目前学界对《淮南子》儒学思想的具体研究主要集中于其中有关仁义礼乐的讨论、人性论、民本思想、为学思想、修身观等几个方面。

(一)关于仁义礼乐

仁义礼乐是先秦儒家大力提倡的政治伦理原则和规范,也是儒家思想的核心部分。据王铁研究,《淮南子》不排斥仁义、礼乐,肯定了仁义在现实政治中的作用。它也崇尚忠孝,它的内容是对方的出于真诚的爱所激起的自己的出于真诚的爱,是以所受到的

---

① 杜绣琳:《〈淮南子·道应训〉对〈韩诗外传〉说理方式的承继与创新》,《理论界》2008年第8期。
② 张瑞:《〈淮南子〉引〈诗〉考》,安徽省《淮南子》研究会编:《淮南子研究》(第二卷),黄山书社2008年版。
③ 许抗生、聂保平等:《中国儒学史》(两汉卷),北京大学出版社2011年版,第82页。

对方的爱为前提的。

据杨有礼研究,《淮南子》虽对《老子》的仁义礼乐观有所继承,但并不认同《老子》"绝仁弃义"的思想,它认为仁义礼乐不仅是客观存在的,而且是为天下、治国家所不可缺少的,并给予其适当的地位,加以总结和吸收①。

陈静认为,《淮南子》对待儒家的仁义礼乐至少有三种态度,其一是"羞而不为"的不屑,甚至贬斥;其二是有保留的承认;其三是作为正面价值加以赞扬,并视为"当然"之准则。《淮南子》有在道家的立场安顿全书的意图,但是这个意图显然没有被贯彻到底,《淮南子》最终游移于道家的自由与儒家的秩序之间,这是它最基本的理论困境。《淮南子》认为仁义礼乐有"饰性"和"成性"作用。所谓"饰性"是指仁义礼乐用文明的方式,既满足人性的需求,又对之加以节制。所谓"成性",是说仁义礼乐能够成就人性的潜质,使它从潜在的可能显现为现实的实际,而"成性"说最能够表现《淮南子》的儒家求善立场。② 步近智等认为,《淮南子》把"仁义"等儒家思想说成是"万世不更"的"经"和"纪",说明它受儒家礼治思想的影响比较深③。王雪指出,《主术训》抬高了仁义的地位,纳入了儒家仁义孝悌信的道德观。士人欲显达于世,首先要反观自身,孝敬父母、友爱兄嫂、取信于友,这样作为个体,在家

---

① 杨有礼:《新道鸿烈——〈淮南子〉与中国文化》,河南大学出版社2001年版,第104页。
② 陈静:《自由与秩序的困惑——〈淮南子〉研究》,云南大学出版社2004年版,第143页。
③ 步近智、张安奇:《中国学术思想史稿》,中国社会科学出版社2007年版,第129页。

庭、社会生活的小范围内确立做人的基本道德信誉之后,才能寻求仕途上的进展①。据马庆洲研究,《淮南子》对义与利的论述也很多,总的倾向是继承了儒家贵义轻利的观点②。也有学者对《淮南子》中的"仁"和"礼"分别进行了研究。

总的来说,对《淮南子》中的仁义礼乐的研究,基本是在与道家思想的对待关系中进行的。从目前的研究状况来看,对《淮南子》的仁义礼乐观在汉代儒学发展的地位和影响的研究相对比较薄弱。对其中的仁义礼乐思想的具体研究还可以再深入和系统。

(二)人性论

儒家思想和道家思想都有人性论的讨论。一般来说,儒家有性善和性恶的讨论,道家的人性论一般可看作是人性自然论。在《淮南子》中,这两种人性论都有论及。《淮南子》受性善说的影响较大,且有"性三品"的雏形。徐复观认为,《淮南子》已经将性分为上中下三品,教育教化以中品为对象,这与董仲舒的性论非常接近③。苏志宏认为,《淮南子》吸取孟子"性善论"和"反诸己"的修养方法,认为从"心反其初",即返回无邪的本性,提出"民性善"④。

张立文等人认为《淮南子》以综合百家的姿态审视和吸取儒家仁义礼乐和法家法制的思想,以阐发自己的性范畴及性论,因而其哲学性范畴和性论内容比先秦道家更丰富并具有鲜明的经世治

---

① 王雪:《〈淮南子〉哲学思想研究》,第253页。
② 马庆洲:《淮南子考论》,北京大学出版社2009年版,第155页。
③ 徐复观:《两汉思想史》第二卷,第141页。
④ 苏志宏:《秦汉礼乐教化论》,四川人民出版社1991年版,第223页。

国的现实意义。①

马育良认为,《淮南子》中的性情观,对道家和儒家思想都有吸收,儒家思想方面多采信思孟学派之说,尤其是孟子②。刘爱敏认为,《淮南子》试图在道家自然人性论的基础上包容儒家的善恶人性论③。《淮南子》中儒道两家人性论的冲突比较明显,同时也有贯通融合两家人性论的努力。儒道都主张天人相通、天人合一,都重视心的作用,都重精神轻物欲功利,道家的"性真"和"性善"相通于"诚",这是儒道人性论能够贯通融合的理论基础。《修务训》中虽然有大量篇幅论说为学日益的重要性,有明显的沿袭荀学的痕迹,但《淮南子》并没有认可荀子的性恶论,而是对它作了修正,说明荀子的性恶论在汉代中期《易经》走向了边缘化,中和了的性三品论应是当时的主流观点。《淮南子》的人性论是对儒、道两家人性论的总结。

据马庆洲研究,《淮南子》认为人都有向善的倾向,易于为善,难于为恶。人性中有行"仁义"的基本条件,所以做善事容易,做坏事难。不过这里的"善"与儒家的"善"有一定距离,《淮南子》认为"静而无为"就是为善,安静就是一种"善"。他认为《泰族训》"人之性有仁义之资"的观点更接近于孟子④。

从《淮南子》的人性论可以看出,除了继承先秦儒家人性论外,还消化吸收道家的人性论,提出了新"性善论"。《淮南子》的

---

① 张立文主编:《性》,中国人民大学出版社1996年版,第83页。
② 马育良:《〈淮南子〉中的性情观》,载安徽《淮南子》研究会编:《淮南子研究》(第1卷),黄山书社2006年版,第56、61页。
③ 刘爱敏:《〈淮南子〉道论研究》,山东人民出版社2013年版,第95页。
④ 马庆洲:《淮南子考论》,第152页。

"性三品"雏形与孔子的"上智下愚不移"的关系,以及与董仲舒《春秋繁露》"性三品"的关系,还有待进一步深入研究。

(三)民本思想

以民为本,是先秦儒家的重要思想之一,《淮南子》对这一思想进行了继承和阐扬。安乐哲认为,《主术训》"利民"思想观念的立场同先秦儒学思想有着极其密切的承继关系,就其倾向而言完全是儒家的,而且毋庸置疑,它对《主术训》所深入阐明的政治体系发生了极其重要的影响,某种程度上,对这一概念的讨论体现了一种独立的思想,但倘若对之加以更深入的透视,则可以看出,这一为民治政的思想实际上构成了它的整个政治哲学一以贯之的精神实质①。

据杨有礼研究,《淮南子》吸收孟子"仁政"学说于民本思想的许多合理成分。他认为,民本论是《淮南子》政治论的着眼点和出发点,它决定了《淮南子》的政治倾向和政策倾向。《淮南子》将无为论与历史上的民本思想结合起来,形成了散发出时代气息的新民本思想。《淮南子》认为民众是立国的根本,并提出"安民"的命题。《淮南子》重视民众,以民众为根本,这与孟子"民为贵,社稷次之,君为轻"的思想一脉相承②。相较孟子而言,《淮南子》的作者对民众力量的认识更为明确,因为民众在国家治乱兴衰中的地位和作用在战国到汉初这段历史里反映得更加明显。

---

① [美]安乐哲著,滕复译:《主述:中国古代政治艺术之研究》,第150页。
② 杨有礼:《新道鸿烈——〈淮南子〉与中国文化》,第76页。

（四）为学思想

对于知识学问的态度，儒、道是截然分明的。儒家主张"学而时习之""学不可以已"，而道家是主张"绝学弃智""生有涯知无涯"的。从《淮南子》对待知识学问的态度来看，受儒家思想影响极大。

徐复观认为，《修务训》中有凭借知识以通事物终始和远近之情而得到自由解放的思想，这把《精神训》的论点完全推翻了，而接近于古希腊爱智的意味①。谷方也注意到这一点，《淮南子》的作者明确肯定客观对象的可知性，表现了对真知灼见的尊重②。

据牟钟鉴研究，《泰族训》关于积累知识、传播知识以推动社会文明进步有重要阐述，《修务训》关于谬误与真理的讨论以及关于学习内容、学习方法等有较多探讨③。据任继愈等研究，《淮南子》认为只要遵循事物的普遍法则，根据天地本来的样子去对待事物，认识和处理天下所有事物也不难。为了教人取得有用的知识，《淮南子》强调学习的重要，通过学习可以补救个人的偏弊和不足④。王云度认为，《修务训》不仅较为彻底地批判了道家原有反对学习的错误论点，而且对学习功能的论述大大超过了一贯重视学习⑤。

---

① 徐复观：《两汉思想史》第二卷，第127页。
② 谷方：《刘安》，见辛冠洁主编：《中国古代著名哲学家评传》续编一（先秦两汉部分），齐鲁书社1982年版，第253—256页。
③ 牟钟鉴：《吕氏春秋与淮南子思想研究》，第195—196页。
④ 任继愈主编：《中国哲学史》（第二册），人民出版社1963年版，第56—58页。
⑤ 王云度：《刘安评传》，南京大学出版社1997年版，第181页。

（五）修身观

儒、道都讲"修身"。一般来说，儒家的修身标准讲求"慎独""求诸己""内省""忠恕""诚""仁义信"等，目标是成圣、成君子。道家讲求"致虚极，守静笃""少私寡欲""返朴归真""涤除玄览"等，目标是成为"虚己以游世""逍遥游""无不为"的真人、至人、神人。《淮南子》中的修身观有道家色彩，也有儒家色彩。

据杨有礼研究，《淮南子》在君主自身修养方面对儒家思想有相当比重的吸收，其所谓"求诸己""慎独"，都是典型的儒家修身工夫。《淮南子》认为君主自身道德修养至关重要：它不仅关系到民心向背，而且对于臣下的作为及整个社会的治乱影响很大。如果君主不注重自身修养，那就会影响大臣及整个社会风气，所以君主必须注意自身的修养。君主除了要做到清静无为，廉俭守节，处愚称德外，还要从身边小事做起，积小善成大德，无论能否成为圣王，都要坚持不懈地加强自身修养①。

雷健坤认为，《淮南子》论修养最终目的是用于治国，这也是同儒家的共通之处。老庄论修养着重在对精神的护养，目的在于由此达到对"道"的神秘体悟或开出自由豁达的精神境界，《淮南子》论修养是为实现政治服务，书中多次将修身与治国相提并论，把修身视为治国的前提，由内在修养而外推王事，这便与儒家之讲求内圣外王之道接了轨②。

---

① 杨有礼：《新道鸿烈——〈淮南子〉与中国文化》，第97页。
② 雷健坤：《综合与重构——〈淮南子〉与中国传统文化》，第75页。

从目前的研究来看,关于《淮南子》中儒学思想的具体研究已经相当深入,但也有一些薄弱之处。例如,《淮南子》的儒学思想与汉初儒学思想之间的关系研究,相对还比较薄弱。具体而言,如陆贾、贾谊、韩婴的思想对《淮南子》的影响,《淮南子》继承了哪些,阐扬了哪些,发展了哪些,等等。这都是进一步研究需要重视的地方。

五、《淮南子》儒学的地位

《淮南子》中的儒学,在儒学的发展史上有什么作用,处于什么地位,这是《淮南子》儒学研究需要关注的问题之一。刘爱敏认为《淮南子》是一座思想史上的丰碑,是一道思想转折时期的分水岭,它代表了诸子时代的终结,又预示了经学时代的到来;它反映了儒学独尊之前的学术自由,又孕育了我国思想史儒道互补基本格局的形成。《淮南子》的儒学思想是对先秦和汉初儒学的继承和发展,并与汉代儒学的发展有紧密关系①。

(一)对先秦儒学的继承和发展

牟钟鉴认为,《泰族训》儒家色彩浓重,由于受了道家的影响,已不复是原初儒家,它肯定礼乐法度的必要性,不同于先秦的老子。认为礼乐法度以人性为基础,也不同于孟子,因为它理解的人性指情感欲望。它们把人性与礼乐法度比为质与文的关系同荀子亦有区别。在儒学上,《淮南子》虽不如当时和后来经学家那样对

---

① 刘爱敏:《〈淮南子〉道论研究》,山东人民出版社2013年版,第160页。

儒经穷根究底、详论细说，但也能把仁义礼乐和学问修身的儒学加以发挥，对于先秦儒家思想有所补充和发展。《淮南子》是西汉前期文化学术上的百科全书。我们从中可以得知，汉初的儒学崇尚经典，称道尧、舜、周、孔，但不唯我独尊，读经而不迷信经，所以它是儒学而非经学①。

孙纪文认为，《缪称训》毕竟是汉初思孟学派的作品，具有这个学派固有的特征：政治上倡导仁义观，处世之道耻于言利而求之大义，立身之道贵在至诚，这三个特征都与思孟学派的主张相吻合。最值得进一步探讨的是它的心性论，与先秦思孟学派相比，《缪称训》的论述既有继承的一面，又有变化的一面②。

孔、孟、荀及《易传》着重于理论构建、愿景阐扬，而《淮南子》则侧重于理论落实，表现出强烈的实用色彩，对先秦儒学进行了诸多合乎实践的改造，这一点在儒学史上具有重要意义。

(二) 对汉代儒学发展的影响

苏志宏认为，《淮南子·修务训》把人性分为三类："不待学问而合于道"的"圣人"，"不可教以道"学了也没有用的丹朱、商均，以及介乎这两者之间"教训之所喻"的第三类。这是其董仲舒"性三品"说的直接理论来源。③

雷健坤认为，《淮南子》开启了其后儒家学者关于人性有善有

---

① 牟钟鉴：《吕氏春秋与淮南子思想研究》，第281页。
② 孙纪文：《淮南子研究》，第178页。
③ 苏志宏：《秦汉礼乐教化论》，第237页。

恶,性善情恶等问题讨论的方向,在人性问题上,《淮南子》为其后的思想家提供了可以利用和发挥的思想资料①。

张国华认为,汉武帝再三"垂问乎天人之应",主要受《淮南子》的启发。《淮南子》中有大量的关于同类相动、天人相类、天人相通、天人相应的论述。汉武帝的"策问"实际上就是在启发董仲舒不仅要从"天人感应"的角度重构儒家的理论体系,而且对以《淮南子》为代表的汉初"黄老之学"的"无为而治""恭俭朴素""阴阳刑德"等思想也要加以吸取。《春秋繁露》对《淮南子》的吸收与袭用主要表现在阴阳刑德、天人感应、阴阳五行、无为而治②。陈丽桂、戴黍也都注意到了《淮南子》对《春秋繁露》的影响。陈婉华对《淮南子》《春秋繁露》中天道、人道、治道思想进行了比较研究③。

陈桐生认为,《淮南子》在构建天人古今知识体系、对待先秦诸子的思想方法、倡导法与时变、礼与俗化、主张审微、重时等一系列问题上,给《史记》以深刻启示。④

张允熠认为,"道德"从一开始出现时便被赋予了伦理含义,这是援"道德"入"仁义"、引"道德"配"仁义"的结果,"道德"和"仁义"共同构成了汉代儒家的价值标准,这也是西汉时期才形成的一种思潮。这种思潮在汉初的叔孙通、陆贾、贾谊等人的著述里

---

① 雷健坤:《综合与重构——〈淮南子〉与中国传统文化》,第74页。
② 张国华:《〈淮南鸿烈〉与〈春秋繁露〉》,载陈鼓应主编:《道家文化研究》(第6辑),上海古籍出版社1995年版。
③ 陈婉华著、李学铭指导:《〈淮南子〉与〈春秋繁露〉比较研究》,新亚研究所(香港)史学组2008年博士学位论文。
④ 陈桐生:《〈史记〉与〈淮南子〉》,《东南大学学报(哲社版)》2002年第2期。

已经显露,而在《淮南子》中达到了一以贯之的效用,并形成了贯穿西汉思想界的一条线索,即初由黄老刑名之学吸收融入儒家的"道德仁义"理念,进而达到"儒道合流",再进而在汉武帝那里转化为"独尊儒术"。无论是从义理宗旨还是从时代脉络上来看,《淮南子》都处在"儒道合流"这一逻辑线索的中间环节上。①

(三)对汉代以后儒学发展的影响

牟钟鉴先生认为,《淮南子》在人性问题提出"人生而静,天之性也"的观点,与《礼记·乐记》相吻合,后来成为宋明理学修身养性的基本理论之一。他认为这是儒道在性命之学上结合的开始,它推动了后来儒学与道家思想的进一步融合②。

《淮南子》在汉初儒学发展上具有承上启下的重要作用,深入研究其中的学术关系,具有重要意义。尤其是《淮南子》与汉武帝和董仲舒的关系,非常值得深入研究。《淮南子》很可能是汉武帝策问和董仲舒《春秋繁露》构建思想体系的重要思想资源之一。

六、进一步研究的着力点

陈广忠在《淮南子研究书目·前言》中提供了一个"淮南子研究指南",列举了许多有关《淮南子》儒学研究的选题,对进一步深化《淮南子》研究具有指导意义。笔者就以下几个方面谈谈自己的想法:

---

① 张允熠:《〈淮南子〉思想主旨新探》,《安徽大学学报(哲社版)》2007年第4期。
② 牟钟鉴:《吕氏春秋与淮南子思想研究》,第285页。

(一)《淮南子》"六艺"研究

陈广忠的"研究指南"中有"淮南王《易》学研究""《淮南子》引《易》研究""《淮南子》引《诗》研究""《淮南子》引《尚书》《左传》研究""《淮南子》引三《礼》研究"等课题①。从《淮南子》对"六艺"的认识来看,淮南学派对"六艺"是相当有研究的。从该书的儒学文献征引及思想来看,淮南学派中至少有思孟学派、荀子学派和周易学派的学者,且人数应相当可观。《汉书·艺文志》载有《淮南道训》二篇,云"淮南王安聘明易者九人,号九师说",《淮南子》中的易学思想应与"九师"有密切关系。"九师"易学的学统如何,与汉代易学的发展有着怎样的关系,是非常值得研究的。学界对《淮南子》易学研究比较薄弱,研究汉代易学的著作对此关注不够,如高怀民《两汉易学史》未涉及《淮南子》中的易学思想。

(二)《淮南子》与孔子及其弟子关系研究

《淮南子》多次提到孔子及其门弟子,大致的态度有三种:批驳、肯定和推崇。《盐铁论·晁错》载:"淮南、衡山修文学,招四方游士,山东儒墨咸聚于江淮之间,讲议集论,著书数十篇。"可见刘安的宾客多来自齐鲁大地。那么,《淮南子》中的儒学与稷下学派是怎样的关系,与鲁学是怎样的关系,是值得深入研究的。孟祥才研究过"西汉初年诸子余绪中的齐鲁儒生",未涉及淮南学派中的齐鲁儒生②。

---

① 陈广忠:《淮南子研究书目》,黄山书社2011年版,第36—37页。
② 参见孟祥才、胡新生:《齐鲁思想文化——从地域文化到主流文化》(先秦秦汉卷),山东大学出版社2002年版,第484—488页。

(三)《淮南子》与思孟学派关系研究

《淮南子》受思孟学派影响较大。《孟子》在汉初已置博士,对《淮南子》有较大影响不难理解。清代学者黄以周辑佚《子思子》之时已注意到子思著作和思想的影响。杨树达作了进一步研究,不过这些研究基本是文献学的研究。刘乐贤、郭沂从思想史、学术史角度进行了研究,但总体来说,研究成果较少。

(四)《淮南子》与荀学关系研究

陈广忠的"研究指南"中有"《淮南子》对儒家(如《论语》《孟子》《荀子》《易》《诗》等)的继承和批判"等课题①。荀子学派的思想对汉代影响极大,《淮南子》也不例外。《淮南子》中的荀学思想与汉初陆贾、贾谊等著作中的荀学思想有怎样的学术承继关系,有怎样的发展,对之后有怎样的影响,值得研究。

(五)《淮南子》儒学思想的具体研究

学界对其中仁义礼乐观、人性论、民本思想、为学观、修身观等研究比较多,这些问题还可以继续研究,比如性善论、"性三品"等,研究还不是很多;对其中的民本思想研究也不够全面,比如《兵略训》中的民本思想研究还非常少,等等。再比如,《淮南子》中的"道德"以及"道"和"德",学界基本都是从道家的角度进行解读,恐有失偏颇。

(六)《淮南子》与汉武帝及《春秋繁露》的关系

汉武帝对《淮南子》是"爱秘"的态度,很多学者认为这个"爱

---

① 陈广忠:《淮南子研究书目》,第37页。

秘"其实是束之高阁之意。这个解读多是从刘安后来"谋反"出发的。汉武帝三次策问是在刘安呈献《淮南子》五六年之后,从策问的内容来看,以束之高阁来诠释"爱秘"似乎并不妥帖。有一点值得注意,汉武帝第二次策问对当时的"子大夫"们表示了不满,认为他们"文采未极","条贯靡竟,统纪未终"。此时的汉武帝只有二十三四岁,他的这种认识深度的思想渊源值得探究。刘安背着"谋反"的罪名自杀,但《淮南子》并未因此禁毁,且对其后的学术及思想产生了重大影响,东汉高诱甚至认为不读《淮南子》不知"大道之深",由此可以看出《淮南子》的价值非同一般。那么,《淮南子》最初呈献给汉武帝,在策问之前的五六年里,汉武帝很有可能阅读了《淮南子》,这样似乎才更能解释其策问的思想来源。另外,《春秋繁露》中的很多思想,与《淮南子》的相关论述极其相似,很多学者都对这种极高的相似度表示惊奇,二者之间是否有学术上和思想上的承继关系,值得深入研究。

(七)《淮南子》对汉代儒学发展的影响

从文献来看,扬雄、王充、桓谭、许慎、马融、延笃、卢植、高诱等对《淮南子》都有相当深入的研究。其中许慎、马融、延笃和高诱为《淮南子》作注,许慎的《说文》对《淮南子》的征引也相当多。高诱师从卢植研读此书,可见卢植对《淮南子》也颇有研究。《盐铁论》《白虎通》等也都对《淮南子》有一定涉猎。可见,《淮南子》与之后的汉代儒学的发展有重要关系。这方面的研究需要加强。

绪　　论

一、研究缘起

《淮南子》成书于西汉景、武之际①,正是社会思想转型之时。根据《史记·孝武本纪》的记载,汉武帝建元元年(前140年),"汉兴已六十余岁矣,天下乂安,荐绅之属皆望天子封禅改正度也。而上向儒术,招贤良,赵绾、王臧等以'文学'为公卿,欲议古立明堂城南,以朝诸侯。草巡狩封禅改历服色事未就。会窦太后治黄老言,不好儒术,使人微得赵绾等奸利事,召案绾、臧,绾、臧自杀,诸所兴为者皆废。"②可见,社会转型是此时的众望所归,但这种转型又阻力重重。汉武帝利用儒家思想建构社会新秩序的努力,虽然暂时失败,但社会转型的大趋势已经愈加势不可挡。

---

① 本书所谓"景、武之际"是指汉景帝后期到汉武帝元光元年之间的时期。
② (汉)司马迁撰,(南朝宋)裴骃集解,(唐)司马贞索隐,(唐)张守节正义:《史记》卷一二《孝武本纪》,中华书局1982年版,第452页。

在汉武帝将儒学初步纳入政治实践之前，淮南王刘安组织宾客门徒撰写了一部鸿烈巨著，对"后黄老时代"新秩序[①]进行理论探索。但这部巨著并未进献给汉景帝或窦太后，而是进献给汉景帝之后的新皇帝，冀望对新秩序的建立提供思想资源和理论动力。

虽然无法考证《淮南子》的撰写始于何时，但根据《汉书》的记载，新皇帝刘彻即位的第二年，即建元二年（前139年），淮南王刘安把这部"新出"的巨著进献给了汉武帝刘彻，刘彻对此书"爱秘之"[②]。这部书以"刘氏之书"自况，冀望开启刘汉政权的新局面，《淮南子·要略》云："若刘氏之书，观天地之象，通古今之事，权事而立制，度形而施宜，原道之心，合三王之风，以储与扈冶。玄眇之中，精摇靡览，弃其畛挈，斟其淑静，以统天下，理万物，应变化，通殊类，非循一迹之路，守一隅之指，拘系牵连之物，而不与世推移也。故置之寻常而不塞，布之天下而不窕。"[③]通过对天地、古今的贯通，从而实现"刘氏天下"的长治久安。

很多学者认为《淮南子》属于道家学派的著作，如汉代学者高诱认为该书"旨近老子"[④]，明代学者孙鑛认为"篇中清静无为，皆老庄陈语，正以旁喻，奇陗俊拔，胜读《淮南》者，当在此不在彼"[⑤]。

[①] 这里说的"后黄老时代"新秩序，是指淮南王刘安及其宾客在"黄老时代"探索的未来社会新秩序。

[②] （汉）班固撰，（唐）颜师古注：《汉书》卷四四《淮南衡山济北王传》，中华书局1962年版，第2145页。

[③] 何宁：《淮南子集释》，中华书局1994年版，第1462—1463页。

[④] （汉）高诱：《淮南子·叙目》，见何宁：《淮南子集释》，中华书局1998年版，第5页。

[⑤] 转引自《淮南鸿烈解》，商务印书馆1937年版，第7—8页。

清代学者章学诚认为"其书则当互见于道家,《志》仅列于杂家,非也"①。梁启超认为《淮南子》"实可谓为集道家学说之大成,就其内容为严密的分类,毋宁以入道家"②,他认为《淮南子》"汉人著述中第一流也",可以说是"两汉道家之渊府"③。胡适也认为《淮南子》是"集道家的大成"之作④,张舜徽认为《淮南子》"议论详博,实集道家学说之大成,本可列入道家"⑤。冯友兰认为《淮南子》是汉初黄老之学的论文总集⑥。侯外庐等认为,司马谈所说的道家是"托重言以全百家",而《淮南子》则是"托黄老以统一百家"。⑦ 李增认为《淮南子》的思想,实即《史记》《汉书》所说黄老之治的道家思想⑧。吴光认为以淮南王刘安为首的一批学者形成汉初黄老学派的主要流派,《淮南子》是这个学派的集体著作⑨。许地山认为《淮南子》以老庄思想为中心折衷战国以来诸家学说,是汉代道家思想集大成之作⑩。王葆玹认为《淮南子》的思想内容

---

① （清）章学诚撰,王重民通解:《校雠通义通解》卷三《汉志诸子》,上海古籍出版社1956年版,第112页。
② 梁启超:《汉书艺文志诸子略考释》,见《饮冰室合集·专集》第18册,中华书局1936年版,第40—41页。
③ 梁启超:《中国近三百年学术史》,北京大学出版社2010年版,第56页。
④ 胡适:《淮南王书》,岳麓书社2011年版,第9页。
⑤ 张舜徽:《汉书艺文志通释》,见《张舜徽集》,第331页。
⑥ 冯友兰:《中国哲学史新编》,《三松堂全集》第9卷,河南人民出版社2001年版,第129页。
⑦ 侯外庐等:《中国思想史》第2卷《两汉思想》,人民出版社1957年版,第74页。
⑧ 李增:《淮南子哲学思想研究》,台北洪叶文化事业有限公司1997年版,第7—9页。
⑨ 吴光:《黄老之学通论》,浙江人民出版社1985年版,第195页。
⑩ 许地山:《道教史》,上海古籍出版社1999年版,第96—97页。

贯穿着一条主线,即是用于政治的老庄之学①。

与上面的判断不同,有学者认为刘安笃好儒学,《淮南子》所阐发的思想与儒家思想多有相合之处。明代学者陈耀文认为刘安"折节下士,笃好儒学"②。吕思勉认为《淮南书》中"世所谓道家言,予疑其实多与儒家言合"③。

《淮南子》应当属于"杂家"而非"道家"。《淮南子》书中有丰富的道家思想、儒家思想和法家思想等,其对道家思想、儒家思想、法家思想的论说和阐发都十分丰富,尤其是对道家思想和儒家思想的论说和阐发。另外,《淮南子》以"刘氏之书"自况,认为是继孔子、墨子、管子、晏子、申不害、商鞅之后的匡世之作,其云:

> 若刘氏之书,观天地之象,通古今之事,权事而立制,度形而施宜,原道之心,合三王之风,以储与扈冶。玄眇之中,精摇靡览,弃其畛挈,斟其淑静,以统天下,理万物,应变化,通殊类,非循一迹之路,守一隅之指,拘系牵连之物,而不与世推移也。故置之寻常而不塞,布之天下而不窕。④

《淮南子》"不循一迹,不守一隅",说明其立场既不是宗于道家,也不宗于儒家,应根据《汉书·艺文志》的分类⑤,将其归入"杂家"为宜。《汉书·艺文志》云:"杂家者流,盖出于议官。兼儒、

---

① 王葆玹:《老庄学新探》,上海文化出版社2002年版,第254页。
② (明)陈耀文:《天中记》卷七,《景印文渊阁四库全书》第965册,台湾商务印书馆1986年版,第313页上。
③ 吕思勉:《经子解题》,华东师范大学出版社1995年版,第204—206页。
④ 何宁:《淮南子集释》卷二一《要略》,第1462—1463页。
⑤ (汉)班固撰,(唐)颜师古注:《汉书》卷三〇《艺文志》,第1741页。

绪　论

墨,合名、法,知国体之有此,见王治之无不贯,此其所长也。及荡者为之,则漫羡而无所归心。"①"杂家"是指综贯百家,以"治"为宗的思想家或学术流派,正如颜师古所说:"治国之体,亦当有此杂家之说。王者之治,于百家之道无不贯综。"②《隋书·经籍志》《旧唐书·经籍志》《新唐书·艺文志》《宋史·艺文志》等都把《淮南子》归入杂家。

《淮南子》成书于景、武之际社会转型之际的大趋势中,其目的是探究"天地之理""人间之事"和"帝王之道"③。从这一点来说,淮南王刘安及其宾客把凡能探究"天地之理"、处理"人间之事"和裨益"帝王之道"的思想,无论是道家、儒家,还是法家、墨家,都纳入他们的研究视野,并加以吸收、利用。

《淮南子》书中有丰富的儒家思想,如徐复观认为《淮南子》一书中儒家思想所占地位并不次于道家,认为当刘安及其宾客们驰骋于观念的世界时进入到老庄的分野,当他们面对现实世界时便不知不觉地进入到儒家的分野④。金春峰虽然认为《淮南子》是以道家为主旨,但也承认《淮南子》中有儒学思想,认为《修务训》所阐述的新思想恰恰是儒家思想的"新声",《修务训》《泰族训》《主术训》《泛论训》中宣扬儒家"仁义为本"思想⑤。又如,陈静认为

---

① (汉)班固撰,(唐)颜师古注:《汉书》卷三〇《艺文志》,第1742页。
② (汉)班固撰,(唐)颜师古注:《汉书》卷三〇《艺文志》,第1742页。
③ 《淮南子·要略》云:"故著书二十篇,则天地之理究矣,人间之事接矣,帝王之道备矣!"见何宁:《淮南子集释》,第1454页。
④ 徐复观:《〈淮南子〉与刘安的时代》,见徐复观:《两汉思想史》第2卷,华东师范大学出版社2001年版,第115、122页。
⑤ 金春峰:《汉代思想史》(修订本),中国社会科学出版社2006年版,第210、222页。

5

刘安及其宾客有"务于治"的现实关怀和现实担当,认为当淮南王刘安及其宾客对现实有积极主张的时候,他们的立场渐渐移向儒家,她认为《淮南子》正文20篇,从头至尾恰好完成了一个由道转儒的改变,认为这种形式上由道转儒也表现在理论的立场之上,因此《淮南子》虽然从道家出发进行思想的综合,但它实际上有道家和儒家两个立场,并在这两个立场上跃进越出①。

学界对《淮南子》书中的道家思想研究较多,而对其中的儒家思想研究相对较少,把其中的儒家思想放入景、武之际思想转型的大趋势中进行研究的成果并不多见。本书研究的内容是《淮南子》中的儒学思想,并考察其中的儒学思想在西汉景、武之际思想转型中的地位和作用。本书主要通过整理《淮南子》中征引和发明"六艺"的情况,并通过研究书中关于仁、义、礼、君子小人之辩,以及为学思想和民本思想,并借此考察《淮南子》儒学思想在景、武之际社会转型中的地位和作用。

二、刘安其人及"淮南子"书名的年代问题

在研究《淮南子》儒学思想的具体内容之前,有必要介绍一下刘安及《淮南子》书名的相关问题。

(一)刘安其人

刘安是汉高帝刘邦的孙子,与汉景帝刘启同辈,是汉武帝刘彻

---

① 陈静:《自由与秩序的困惑——〈淮南子〉研究》,云南大学出版社2004年版,第10页。

绪　论

的皇叔。他的父亲是淮南王刘长。刘长是刘邦的少子,高帝十一年(前196年)被立为淮南王。文帝六年(前174年),刘长谋反,被废,自杀,这一年,刘安6岁左右。文帝八年(前172年),刘安四兄弟被封侯。十二年(前168年),汉文帝迫于舆论压力,追谥刘长为"厉王",恢复其诸侯王地位。十六年(前164年),文帝三分淮南国给刘安三兄弟,刘安为淮南王,刘勃为衡山王,刘赐为庐江王。

为刘长平反及立刘安兄弟为诸侯王,有双重意义:一方面回应"手足相残"的社会舆论压力,另一方面施行中央政府的"推恩"政策。所谓舆论压力,是刘长背着谋反的罪名自杀,舆论认为是文帝把自己的亲兄弟逼死的。文帝恢复刘长的诸侯王地位,并追谥其为"厉王",既能平息舆论,又能对其行为作出评价。所谓"推恩",是借分封刘长之子以封土来推行削藩的政策。刘安兄弟都得到了封土,势必产生示范效应,其他封国诸侯王的子嗣一定也渴望得到封土。

刘安被封为淮南王之后,先后共四次入朝觐见皇帝,分别是文帝后元六年(前158年)、孝景五年(前152年)、中元四年(前146年)、孝武建元二年(前139年)①。元朔二年(前127年),汉武帝赐淮南王"几杖",从此不用入朝②。综观刘安的一生,可谓是极富才情但又笼罩着悲剧色彩的人物,在这两种色彩之外,还有一抹

---

①　(汉)司马迁撰,(南朝宋)裴骃集解,(唐)司马贞索隐,(唐)张守节正义:《史记卷·汉兴以来诸侯王年表》,第838—861页。(宋)王钦若等撰《册府元龟》卷二六八《宗室部·来朝》载:"武帝元光六年,衡山王赐入朝。是时,淮南王安、河间王德入朝(安、德史失其年)。"不知所本。如果加此次入朝,刘安共五次入朝。

②　(汉)班固撰,(唐)颜师古注:《汉书》卷六《武帝纪》,第170页。

"登仙"的传奇色彩。

1. 博学好书

建元二年(前139年),刘安入朝觐见汉武帝。《史记》刘安本传唯载"淮南王安入朝",并未详说其事,《汉书》本传对此次入朝记载较为详细,如下:

> 时武帝方好艺文,以安属为诸父,辩博善为文辞,甚尊重之。每为报书及赐,常召司马相如等视草乃遣。初,安入朝,献所作《内篇》,新出,上爱秘之。使为《离骚传》,旦受诏,日食时上。又献《颂德》及《长安都国颂》。每宴见,谈说得失及方技赋颂,昏莫然后罢。①

此时的汉武帝十七八岁,刘安时已四十一二岁。刘安与景帝同辈,是武帝的皇叔。此时的汉武帝对刘安格外尊重,这种尊重恐怕并非只是因为皇叔这层关系,刘安的博学及声望应是赢得这种尊重的真正原因,这从"每为报书及赐,常召司马相如等视草乃遣"就可以看出。另外,刘安入朝时进献了一部巨著,时称《内篇》(即《淮南子》),汉武帝非常喜爱,藏之秘府。有学者认为此时的汉武帝已经讨厌刘安,表面上"爱秘"《淮南子》,实际上是"束之高阁"②。这样的判断,从刘安后来"谋反"来看,似乎并无不妥。不

---

① (汉)班固撰,(唐)颜师古注:《汉书》卷四四《淮南衡山济北王传》,第2145页。
② 如牟钟鉴先生认为,由于种种原因,该书被汉武帝束之高阁。见《〈吕氏春秋〉与〈淮南子〉思想研究》,人民出版社2013年版,第155页。如陈静认为,《淮南子》充满着自由与秩序的困惑,而汉武帝独尊儒术之后,道家思想逐渐边缘化,因此汉武帝对《淮南子》的"爱秘",是其被束之高阁的边缘地位的写照。见陈静:《自由与秩序的困惑——〈淮南子〉研究》,云南大学出版社2004年版,第6页。

绪　论

过,从此时汉武帝与刘安的关系来看,他们还未到尔虞我诈的地步。刘安建元二年入朝觐见,常与汉武帝探讨天下大事以及"方技赋颂","昏莫(暮)然后罢",华灯初上才作罢。这一年是汉武帝"新政"受挫的第二年,刘安所献《淮南子》是一部"务于治"(致力于研究治国理政之道)的巨著,汉武帝"爱秘"此书,应是从中找寻新的施政方案。

根据《汉书》记载,建元六年(前135年),汉武帝仍十分尊重刘安。这一年,闽越国攻击南越国,南越国向汉朝求救,汉武帝派兵讨伐闽越国。刘安上书进谏说:"今闻有司举兵将以诛越,臣安窃为陛下重之。越,方外之地,劗发文身之民也。不可以冠带之国法度理也。"[1]刘安的这封谏书长达2000多字,详细介绍南越的地理状况、风俗人情,并陈说战争的利弊,希望武帝能够效法"三代之盛","布德施惠",怀柔邻邦,劝武帝不要发兵[2]。不过,这封谏书送到汉武帝手里的时候,王恢和韩安国已经带领军队出发,但还没开战,闽越国就投降了[3]。"上嘉淮南之意",汉武帝对刘安的劝谏表示肯定和嘉奖,命严助向淮南王带去口谕,并通告南越之事的原委,口谕内容如下:

> 使中大夫玉上书言事,闻之。朕奉先帝之休德,夙兴夜寐,明不能烛,重以不德,是以比年凶灾害众。夫以眇眇之身,

---

[1] (汉)班固撰,(唐)颜师古注:《汉书》卷六四《严朱吾丘主父徐严终王贾传》,第2777页。

[2] (汉)班固撰,(唐)颜师古注:《汉书》卷六四《严朱吾丘主父徐严终王贾传》,第2777—2784页。

[3] 见(汉)班固撰,(唐)颜师古注:《汉书》卷九五《西南夷两粤朝鲜传》,第3860页。

托于王侯之上,内有饥寒之民,南夷相攘,使边骚然不安,朕甚惧焉。今王深惟重虑,明太平以弼朕失,称三代至盛,际天接地,人迹所及,咸尽宾服,藐然甚惭。嘉王之意,靡有所终,使中大夫助谕朕意,告王越事。①

由此可以看出,武帝对刘安的进谏深表感激。严助此次与刘安的交往,使得他们的关系非同一般。严助代表武帝处理完南越之事后,"与淮南王相结而还"。汉武帝对他们因此而建立的关系也表示高兴②。

据《史记》刘安本传记载:"淮南王安为人好读书鼓琴,不喜弋猎狗马驰骋,亦欲以行阴德拊循百姓,流誉天下。"③刘安喜好读书弹琴,对于声色犬马之事并不热衷,且其德行在百姓中有比较大的影响。司马迁用"阴德"一词,应是刘安之后"谋反",因此用微词来描述。不过,刘安以德行名于天下,恐是事实。

刘安的著作,或者说由其总纂的著作,十分宏富,除前面引文中出现的《内篇》(总纂)、《离骚传》、《颂德》、《长安都国颂》外,《汉书·刘向传》载"淮南有《枕中鸿宝苑秘书》",《汉书·严助传》载有刘安《谏伐闽越书》,《汉书·艺文志》载有"《淮南道训》2篇"④、

---

① (汉)班固撰,(唐)颜师古注:《汉书》卷六四《严朱吾丘主父徐严终王贾传》,第2786页。
② (汉)班固撰,(唐)颜师古注:《汉书》卷六四《严朱吾丘主父徐严终王贾传》,第2786页。
③ (汉)司马迁撰,(南朝宋)裴骃集解,(唐)司马贞索隐,(唐)张守节正义:《史记》卷一一八《淮南衡山列传》,第3082页。
④ (汉)班固撰,(唐)颜师古注:《汉书》卷三〇《艺文志》,原文注云:"淮南王按聘明《易》者九人,号九师说。"第1703页。

《琴颂》7篇、《淮南外》33篇、《淮南王赋》82篇、《淮南王群臣赋》44篇、《淮南歌诗》4篇、《淮南杂子星》19卷①,淮南王还有兵家类著作②,等等。唐朝学者李善注《文选》卷26、卷31、卷60曾引"淮南王《庄子略要》"③"淮南子《庄子后解》"④。宋代学者聂淳认为,《黄帝内经》的《素问》篇也是刘安所作⑤。据张恒寿等学者研究,淮南王及其宾客还编辑整理了《庄子》等书⑥。以上诸书未必都是刘安及其宾客所作,但也可以看出他们的学问博大而宽广。

刘安是研究《离骚》的专家,这从汉武帝"使为《离骚传》,旦受诏,日食时上"即可得到证明。另外,司马迁、班固等曾征引过刘安的《离骚传》。班固是显性引用,司马迁是隐性引用。班固《离骚序》引淮南王刘安叙《离骚传》云:

> 昔在孝武,博览古文,淮南王安叙《离骚传》,以"《国风》好色而不淫,《小雅》怨悱而不乱,若《离骚》者,可谓兼之矣。蝉蜕浊秽之中,浮游尘埃之外,皭然泥而不滓,推此志,与日月争光可也"。斯论似过其真。又说"五子以失家

---

① (汉)班固撰,(唐)颜师古注:《汉书》卷三〇《艺文志》,第1711、1741、1747、1754、1763页。

② (汉)班固撰,(唐)颜师古注:《汉书》卷三〇《艺文志》,第1757页。

③ (梁)萧统撰,(唐)李善注:《文选》卷二六、卷三一、卷六〇,上海古籍出版社1986年版,第1250、1469、2583页。

④ (梁)萧统撰,(唐)李善注:《文选》卷三五,第1614页。

⑤ (明)徐伯龄撰《蟫精隽》卷一三《素问》:"宋聂吉甫淳言:'《素问》既非三代以前语,又非东都以后之文,惟西汉司马迁、刘向有其辞而无其义,吾断断然以为淮南王安之所为,后世必有以予言为然者。'"见《景印文渊阁四库全书》第867册,第165页。

⑥ 张恒寿:《庄子新探》,湖北人民出版社1983年版。

巷",谓五子胥也。①

班固此段引文,于《史记·屈原传》亦可见,其云:

> 屈平之作《离骚》,盖自怨生也。《国风》好色而不淫,《小雅》怨诽而不乱。若《离骚》者,可谓兼之矣。上称帝喾,下道齐桓,中述汤武,以刺世事。明道德之广崇,治乱之条贯,靡不毕见。其文约,其辞微,其志絜,其行廉,其称文小而其指极大,举类迩而见义远。其志絜,故其称物芳。其行廉,故死而不容自疏。濯淖污泥之中,蝉蜕于浊秽,以浮游尘埃之外,不获世之滋垢,皭然泥而不滓者也。推此志也,虽与日月争光可也。②

班固明引刘安《离骚传》,司马迁但引其文而不具出处。司马迁此文,文气一贯,又与《淮南子》文风一致,当是全部本自刘安《离骚传》。司马迁任太史,当能看到汉武帝命刘安所作《离骚传》的全文。班固引文,旨在评论刘安论述,并未全引。王逸评价刘安对《离骚》研究具有划时代意义,其云:"屈原履忠被谗,忧悲愁思,独依诗人之义而作《离骚》,上以讽谏,下以自慰,遭时暗乱,不见省纳,不胜愤懑,遂复作《九歌》以下凡二十五篇。楚人高其行义,玮其文采,以相教传。至于孝武帝,恢廓道训,使淮南王安作《离骚经章句》,则大义粲然。后世雄俊,莫不瞻慕,摅肆妙思,缵述其

---

① (汉)王逸:《楚辞章句》卷三,《四库全书》第1062册,第32—33页。
② (汉)司马迁:《史记》卷八四《屈原传》,第2482页。

词。"①可见,刘安《离骚传》对楚辞学研究的重要意义。

另外,据《汉书·严助传》记载,建元三年以后的两三年间,闽越国兴兵攻击南越国。南越国遵守与汉朝的盟约,不敢擅自发兵,上书汉武帝。汉武帝"多其义","遣两将军将兵诛闽越"。淮南王刘安上书谏曰:

> 陛下临天下,布德施惠……边境有警,爱身之死而不毕其愚,非忠臣也。臣安窃恐将吏之以十万之师为一使之任也!②

刘安谏书全文2000多字,这是今天所能见到的刘安遗文中,最为确实可靠、最为完整的文本。

刘安与其他沉溺于声色犬马、嬉戏游玩的一般诸侯王不同,他潜心钻研学问,甚至还有"神仙黄白"等长生之术,像他这样致力于学问并有所建树的诸侯王,在有汉一代并不多见。刘安"招致宾客方术之士数千人",这是一个相当大的规模,应该说在当时的淮南国俨然形成了一个学术中心。从《汉书》刘安本传及《汉书·艺文志》记载的书目来看,完全可以说在当时的淮南国已形成了一个学术水平极高的学派,可以把这个学派称为"淮南学派"③。当然,这个学派并不是像儒家、道家、墨家、法家等这样的师承性、道统性学派,它是一个博采众长的地域性学派,即在当时淮南国形成的具有鲜明特色的学术性群体。

---

① (宋)洪兴祖:《楚辞补注》,中华书局1986年版,第48页。
② (汉)班固:《汉书》卷六四上《严助传》,第2777—2785页。
③ 如可以把当时长安的学术群体称为"京师学派"或"长安学派",把河间献王刘德聚集的学术群体称为"河间学派",等等。

《淮南子》中对"刘氏政权"的推崇,流露出对"后黄老时代"社会秩序的展望。从思想上看,《淮南子》表现出强烈的博采众长、"务于治"的特点。由刘安的身份和地位所决定的《淮南子》特点主要是务于治、封建大一统的追求;由刘安的学术倾向所表现的《淮南子》特点主要是儒道竞进、文采恣肆;由淮南学派的学术倾向所表现的《淮南子》特点主要是以道、儒为骨干,兼采阴阳、法、兵、纵横,熔铸而成新思想体系。学界有一种观点认为,那些在京师长安不得志的道家学者多归入刘安门下,此论甚为可疑。窦太后崇尚黄老,道家学者正如日中天,说是政见不附和于窦太后的道家学者归于刘安,则比较合适。若是如此,那至少可以说明,在道家学者内部有着不同政见及派别,或者说宗奉老庄的道家与宗奉黄帝的道家之间有着较大的分歧。还有一点值得注意,淮南王刘安之前的两任诸侯王英布和刘长都是"造反"的罪名,刘安的学术努力有没有立志祛除造反嫌疑的可能?吴楚七国之乱之时,刘濞极力拉拢刘安兄弟,刘安并未响应。这至少可以说明,刘安对于"谋反"之事相当谨慎,或者可以说,他希望通过学术努力,真正实现"刘氏"天下的封建大一统,即以封邦建国的方式确立汉朝的长远统治。这很可能是他从学术上应战贾谊、晁错削藩政策的一种深远考虑。刘安一定深知贾谊、晁错的主张,也一定深知吴楚七国之乱的根本原因。刘安总纂《淮南子》,并将其进献给新即位的皇帝,冀望影响新皇帝,从而开创"刘氏天下"的新秩序。这恐是《淮南子》的撰著目的,也是刘安的政治抱负。

2. 含冤自刭

不管刘安有着怎样的学术抱负和政治理想,他最终在复杂的

绪　论

政治斗争中含恨而死。"刘安之死"的真相早已掩入历史的陈迹之中,他"谋反"的根据只能从现存文献中去了解。《史记》记载刘安有谋逆迹象始于建元六年(前135年),具体如下：

> 建元六年,彗星见,淮南王心怪之。或说王曰："先吴军起时,彗星出长数尺,然尚流血千里。今彗星长竟天,天下兵当大起。"王心以为上无太子,天下有变,诸侯并争,愈益治器械攻战具,积金钱赂遗郡国诸侯游士奇材。诸辨士为方略者,妄作妖言,谄谀王,王喜,多赐金钱,而谋反滋甚。①

《史记》又载刘安之女刘陵在长安活动频繁,"约结上左右",与皇帝左右重臣及近侍等交游不断,似乎暗示此事与谋逆有关。根据《史记》的记载,把刘安往"谋逆"路上逼近的,是淮南王的太子刘迁与郎中雷被舞剑被误伤一事,其事如下：

> 元朔五年,太子学用剑,自以为人莫及,闻郎中雷被巧,乃召与戏。被一再辞让,误中太子。太子怒,被恐。此时有欲从军者辄诣京师,被即愿奋击匈奴。太子迁数恶被于王,王使郎中令斥免,欲以禁后,被遂亡至长安,上书自明。诏下其事廷尉、河南。河南治,逮淮南太子,王、王后计欲无遣太子,遂发兵反,计犹豫,十余日未定。②

---

① （汉）司马迁撰,（南朝宋）裴骃集解,（唐）司马贞索隐,（唐）张守节正义：《史记》卷一一八《淮南衡山列传》,第3082页。
② （汉）司马迁撰,（南朝宋）裴骃集解,（唐）司马贞索隐,（唐）张守节正义：《史记》卷一一八《淮南衡山列传》,第3083页。

雷被误伤刘迁,刘迁之怒、雷被之惧之忧,都在情理之中。雷被恐被报复,欲投军抗击匈奴;刘迁向刘安告雷被的状,刘安命郎中令斥免雷被,以儆效尤,虽有点小题大做,但也并无不妥。雷被恐有性命之忧,逃亡长安,投军而抗击匈奴,才是情理之事,却忽然"上书自明",有点乖异。雷被因误伤太子而被斥免,确有冤屈,但这种冤屈也未达到需要上书皇帝"申冤"的程度。徐复观推测雷被此举可能事先是有朝廷授意的①。按照这种说法,雷被是汉武帝安插在刘安宾客中的"眼线",长期潜伏。这种推测,没有依据,难以遽信。从朝廷的反应来看,雷被应是将其事说成这样的情况:其欲投军抗击匈奴而被刘安、刘迁父子恶意阻挠。抗击匈奴,应是当时汉朝的基本国策,雷被此举意在报复刘迁。从史载"上书自明"来看,雷被并未构陷淮南王欲谋逆之事,应只是"自明"而已。但朝廷的反应如此草率和重视,确实不合情理。刘安、刘迁是刘氏宗亲,刘安是刘邦的孙子,是刘彻的皇叔,偏信雷被片面之词,就诏谕廷尉立案侦缉,实在让人难以理解。而由此牵连出所谓谋逆之事,更是让人费解。

之所以说朝廷的反应过于草率,在黥布任淮南王期间发生了一件类似的事情,处理得相当谨慎,记载如下:

> (黥)布所幸姬疾,请就医,医家与中大夫贲赫对门,姬数如医家,贲赫自以为侍中,乃厚馈遗,从姬饮医家。姬侍王,从容语次,誉赫长者也。王怒曰:"汝安从知之?"具说状。王疑

---

① 徐复观:《〈淮南子〉与刘安的时代》,见徐复观:《两汉思想史》第2卷,第111页。

其与乱。赫恐,称病。王愈怒,欲捕赫。赫言变事,乘传诣长安。布使人追,不及。赫至,上变,言布谋反有端,可先未发诛也。上读其书,语萧相国。相国曰:"布不宜有此,恐仇怨妄诬之。请系赫,使人微验淮南王。"淮南王布见赫以罪亡,上变,固已疑其言国阴事;汉使又来,颇有所验,遂族赫家,发兵反。反书闻,上乃赦贲赫,以为将军。①

从对这两件事的处理来看,对贲赫告发一事的处理颇为谨慎,而对雷被"上书自明"一事的处理颇为不当。贲赫告发淮南王黥布谋逆,事关重大,故须谨慎处理。而雷被"上书自明"之事也不过是淮南王阻止他参军抗击匈奴,仅凭雷被一面之词就"诏下其事廷尉、河南""逮淮南太子"。《史记》又载"公卿治者曰:'淮南王安拥閼奋击匈奴者雷被等,废格明诏,当弃市。'"②从汉武帝及大臣的反应来看,雷被"上书自明"恐未交代事情的原委,仅诉淮南王刘安及太子刘迁阻止其抗击匈奴一事,属于片面之词。雷被误伤刘迁在先,雷被恐被报复欲参军在后,刘迁为报复误伤一事,让郎中令免去雷被郎中职位,以儆效尤。从史载来看,刘安、刘迁并未抓捕拘禁雷被。汉武帝未曾核实事情原委就诏廷尉立案侦缉,实在过于草率。

雷被诉淮南王一事,最终以"削地"结案,史载:"公卿请废勿王,诏弗许。公卿请削五县,诏削二县。使中尉宏赦淮南王罪,罚

---

① (汉)司马迁撰,(南朝宋)裴骃集解,(唐)司马贞索隐,(唐)张守节正义:《史记》卷九一《黥布列传》,第2603—2604页。
② (汉)司马迁撰,(南朝宋)裴骃集解,(唐)司马贞索隐,(唐)张守节正义:《史记》卷一一八《淮南衡山列传》,第3084页。

以削地。"①据《史记》记载,被削地之后,刘安谋逆日甚②。

　　淮南王"谋逆"之事成立的一个关键是,宾客伍被的"投案自首",史载:"伍被自诣吏,因告与淮南王谋反。"《史记》前述刘安谋反日甚,伍被数次劝谏及出谋划策诸事,恐是伍被"状词"。这里有一个自相矛盾处,伍被既劝谏又出谋划策,史书亦未载伍被告淮南王谋反的缘由。不管怎样,伍被的揭发,使得淮南王谋反之罪"成立"。于是,"吏因捕太子、王后,围王宫,尽求捕王所与谋反宾客在国中者,索得反具以闻。上下公卿治,所连引与淮南王谋反列侯二千石豪杰数千人,皆以罪轻重受诛……丞相弘、廷尉汤等以闻,天子使宗正以符节治王。未至,淮南王安自刭杀。王后荼、太子迁诸所与谋反者皆族。"③淮南国不复存在,以原属地为"九江郡"。伍被并未因"投案自首"而从宽,廷尉张汤认为:"(伍)被首为王画反谋,被罪无赦。"伍被也被诛杀④。刘安本传记载因淮南狱而获罪被诛杀的有"数千人",在《平准书》记载"淮南、衡山、江都王谋反迹见,而公卿寻端治之,竟其党与,而坐死者数万人"⑤。《汉书·武帝纪》亦有记载,其云:"(元狩元年)十一月,淮南王安、

---

① （汉）司马迁撰,(南朝宋)裴骃集解,(唐)司马贞索隐,(唐)张守节正义:《史记》卷一一八《淮南衡山列传》,第3084页。
② （汉）司马迁撰,(南朝宋)裴骃集解,(唐)司马贞索隐,(唐)张守节正义:《史记》卷一一八《淮南衡山列传》,第3084页。
③ （汉）司马迁撰,(南朝宋)裴骃集解,(唐)司马贞索隐,(唐)张守节正义:《史记》卷一一八《淮南衡山列传》,第3093页。
④ （汉）司马迁撰,(南朝宋)裴骃集解,(唐)司马贞索隐,(唐)张守节正义:《史记》卷一一八《淮南衡山列传》,第3093页。
⑤ （汉）司马迁撰,(南朝宋)裴骃集解,(唐)司马贞索隐,(唐)张守节正义:《史记》卷三〇《平准书》,第1424页。

衡山王赐谋反,诛。党与死者数万人。"①

《史记》《汉书》所载伍被之词,自相矛盾处甚多,且有自我开脱之嫌。金代学者王若虚认为伍被之词不符合史书的编纂风格,其云:"伍被谏淮南王,王于是气怨结而不扬,涕满匡而横流。其词不典,殆似古赋,岂史氏实录之体哉!"②清代学者冯班认为:"伍被与王造反谋,实也,雅辞称汉美语,皆出于被。盖为此词,希望得不死耳,非实也,史公叙此甚明。"③赵翼认为刘安"好文学及神仙之事,其始固贤王也",而"《史记》(世家)列传开首即叙其以父厉王死,怨望欲叛,初不述其贤行",《谏伐闽越国书》是其"最可传者","亦但载入《严助传》,而安传内不载"④。在赵翼看来,刘安一开始是贤王,《谏伐闽越国书》这样的贤行,如果写入以谋逆为中心思想的刘安本传中,就会显得格格不入。有学者认为这种处理方式是"史家的互见法",认为尽管他在本传里仍把淮南王写成公认的叛逆,但是侧面却用互见法把他所认识的淮南王刘安烘托出来⑤。

刘安之前的两任淮南王,都是以"谋反罪"结束生命。第一任淮南王黥布生性多疑,且实有谋逆隐事,后因臣下告发而获罪。第二任淮南王刘长性情刚烈,因"连坐"谋逆而获罪。从当时的舆论

---

① (汉)班固撰,(唐)颜师古注:《汉书》卷六《武帝纪》,第174页。
② (金)王若虚:《滹南集》卷一九《史记辨惑》,《景印文渊阁四库全书》集部第1190册,第365—366页。
③ 转引自(清)何焯著,崔高维点校:《义门读书记》卷一四《史记下》引"钝吟云",中华书局1987年版,第229页。钝吟,明末清初学者冯班万年别号。
④ (清)赵翼撰,王树民校证:《廿二史札记》卷二《汉书增事迹》,中华书局1984年版,第32页。
⑤ 朱东润:《淮南王安及其作品——楚辞探故之三》,《光明日报》1951年4月28日。

来看,刘长之死确有冤情。《史记》刘安传的开篇即云"时时怨望厉王死,时欲畔逆",以这种基调为刘安立传,刘安谋逆看似合乎情理,却与史实有诸多抵牾之处。除前述王若虚、冯班、赵翼、朱东润等学者的质疑外,吴汝纶、徐复观、陈广忠、牟钟鉴、张双棣等人皆认为淮南狱是冤狱。

清代学者吴汝纶认为:"淮南王谏伐闽越,为汉计谋至忠恳,而世辄以谋反少之。吾考之史,淮南之反,则审卿、公孙弘构之,而张汤寻端治之,盖冤狱也。凡史所称谋反,反形未著而先事发觉受诛者,事大率皆类此。"又云:"三淮南之封,文帝徒以解惭,固非本意,贾生逆探其意而欲争止之,其说虽未行,汉君臣自是固日日以白公、子胥待三淮南矣。"① 牟钟鉴认为"刘安之狱本身就是一大冤案"。所谓谋反的罪状,主要来自伍被的口供。他的供词极不可靠,毫无旁证,可以说他挖空心思杜撰出来的,所以破绽很多②。刘安的形象长期被扭曲,刘安之狱需要重新考虑③。张双棣认为"史书云淮南王谋反,大可疑也"④。马庆洲对《史记》中所及刘安"谋反"的疑点进行了深入分析,如田蚡对刘安所说"上无太子"一事、淮南王刘安的家庭矛盾及儿女私事牵出所谓"谋反",以及刘安本传中伍被的笔墨过多,等等。他认为司马迁之所以这样撰写刘安本传,是史家的一种"曲笔",即故意制造矛盾的手法以达到披露真

---

① (清)吴汝纶撰,施培毅、徐寿凯校点:《吴汝纶全集》卷二《读淮南王谏伐闽越疏书后》,黄山书社2002年版,第86—87页。
② 牟钟鉴:《〈吕氏春秋〉与〈淮南子〉思想研究》,人民出版社2013年版,第156页。
③ 牟钟鉴:《〈淮南子译注〉序》,《淮南子译注》,吉林文史出版社1990年版。
④ 张双棣:《淮南子校释》,北京大学出版社2013年版,第127页。

相的目的。司马迁以"互见"的手法,道出了淮南狱的冤情。如博士狄生在汉武帝面前斥责张汤在治淮南等案时,"以深文痛诋诸侯,别疏骨肉"①。这说明当时已有学者认为刘安之死是"冤案"。

3. 飞升登仙

淮南王刘安冤狱还有另外一个版本,刘安并没有自到,而是登仙而去,汉廷找不到刘安尸体,故言其自到死。这个说法在汉朝已有。王充在《论衡·道虚篇》写道:

> 儒书言:淮南王学道,招会天下有道之人,倾一国之尊下道术之士,是以道术之士并会淮南,奇方异术莫不争出。王遂得道,举家升天,畜产皆仙,犬吠于天上,鸡鸣于云中。此言仙药有余,犬鸡食之,并随王而升天也。好道学仙之人,皆谓之然。②

王充意在批判刘安登仙之说,认为这些传闻是"虚言"。他还分析了这种传闻的缘起,他认为:"世见其书,深冥奇怪,又观《八公之传》,似若有效,则传成淮南王仙而升天,失其实也。"③

王逸认为《招士隐》是"淮南小山之所作",意在"闵伤屈原",但"又怪其文升天乘云,役使百神,似若仙者,虽身沉没,名德显闻,与隐处山泽无异,故作《招隐士》之赋,以章其志也"。④ 不过,王夫之认为王逸"曲为之说,以相牵附,固非达于文旨者所取",他

---

① (汉)司马迁撰,(南朝宋)裴骃集解,(唐)司马贞索隐,(唐)张守节正义:《史记》卷一二二《酷吏列传》,第3141页。
② (汉)王充撰,黄晖校释:《论衡校释》卷七《道虚篇》,中华书局1990年版,第317页。
③ (汉)王充撰,黄晖校释:《论衡校释》卷七《道虚篇》,第320页。
④ (宋)洪兴祖撰,白化文等点校:《楚辞补注》卷一二《招隐士·王逸序》,中华书局1983年版,第232页。

指出:"此篇义尽于招隐,为淮南召致山谷潜伏之士,绝无闵屈子而章之之意。"①张德育进一步指出《楚辞·招隐士》是淮南小山模仿《招魂》的艺术风格招刘安生魂之作。②

应劭《风俗通义》中也探讨了刘安登仙一事,其云:

  俗说:淮南王安,招致宾客方术之士数千人,作《鸿宝》《苑秘》、枕中之书,铸成黄白,白日升天。③

应劭分析登仙之说的原因是:"安所养士或颇漏亡,耻其如此,因饰诈说,后人吠声,遂传行耳。"④淮南狱之后,刘安宾客有幸免于难者,并不认为刘安是谋逆,因此饰以登仙之说。

晋代葛洪则把淮南王刘安登仙的传闻写得绘声绘色,具体如下:

  时王之小臣伍被,曾有过,恐王诛之,心不自安,诣阙告变,证安必反。武帝疑之,诏大宗正持节淮南,以案其事。宗正未至,八公谓王曰:"伍被人臣,而诬其主,天必诛之,王可去矣,此亦天遣王耳。君无此事,日复一日,人间岂可舍哉!"乃取鼎煮药,使王服之,骨肉近三百余人,同日升天,鸡犬舐药器者,亦同飞去。八公与王驻马于山石上,但留人马踪迹,不知所在。宗正以此事奏帝,帝大懊恨,命诛伍被。自此广招方士,亦求度世之药,竟不得。⑤

---

① 王夫之:《楚辞通释》,上海人民出版社1975年版,第165页。
② 张德育:《论〈招隐士〉为招刘安生魂之作》,《北方论丛》1995年第4期。
③ (汉)应劭撰,王利器校注:《风俗通义校注》卷二《正失·淮南王安神仙》,中华书局1981年版,第115页。
④ (汉)应劭撰,王利器校注:《风俗通义校注》卷二《正失·淮南王安神仙》,中华书局1981年版,第116页。
⑤ (晋)葛洪撰,胡守为校释:《神仙传校释》,中华书局2010年版,第201—202页。

绪　论

葛洪去刘安之死已近400年,此说法当是其根据汉代文献记载缀润而成。之后,刘安登仙一说广为流传。

登仙之说固然荒诞,但也透露出淮南一狱确有冤情。汉武帝对同姓诸侯是相当不放心的,尤其是有才学的诸侯王,他曾对河间王刘德说:"汤以七十里,文王百里,王其勉之。"刘德之后便"纵酒听乐"①。根据《史记·汉兴以来诸侯王年表》记载,河间献王于汉武帝统治时期仅入朝一次,时间是元光五年(前130年)②。河间献王刘德"修学好古,实事求是。从民得善书,必为好写与之,留其真,加金帛赐以招之。由是四方道术之人不远千里,或有先祖旧书,多奉以奏献王者,故得书多,与汉朝等……其学举六艺,立《毛氏诗》《左氏春秋》博士。修礼乐,被服儒术,造次必于儒者。山东诸儒多从而游"③。刘德收藏的书籍,数量之多,可与汉朝的国家图书馆藏书数量相媲美,且天下儒士多追随他,这说明他的影响非常之大。汉武帝说"汤以七十里,文王百里,王其勉之"的话,应是担心自己的皇位受到威胁。从这可以看出,汉武帝开始警惕那些影响力较大的诸侯王。"不喜弋猎狗马驰骋""为人好读书鼓琴"的淮南王刘安自然也在汉武帝刘彻的警惕之列。

---

①　(南朝宋)裴骃《史记集解》引《汉名臣奏》云:杜业奏曰:"河间献王经术通明,积德累行,天下雄俊众儒皆归之。孝武帝时,献王朝,被服造次必于仁义。问以五策,献王辄对无穷。孝武帝艴然难之,谓献王曰:'汤以七十里,文王百里,王其勉之。'王知其意,归即纵酒听乐,因以终。"转引自(汉)司马迁撰,(南朝宋)裴骃集解,(唐)司马贞索隐,(唐)张守节正义:《史记》卷五九《五宗世家》,第2094页。
②　(汉)司马迁撰,(南朝宋)裴骃集解,(唐)司马贞索隐,(唐)张守节正义:《史记》卷一七《汉兴以来诸侯王年表》,第854页。
③　(汉)班固撰,(唐)颜师古注:《汉书》卷五三《景十三王传》,第2410页。

(二)"淮南子"书名的年代问题

刘安及其宾客撰写的《淮南子》一书不止有一个名字,还有"内书""内篇""淮南内""鸿烈""淮南鸿烈""淮南""刘安子"等,都曾用来指称和命名此书。一本书被冠以如此多的名称,恐怕也是不多见的。

《淮南子》一书自建元二年(前139年)进献给汉武帝之后,武帝"爱秘之",将其藏之秘府。司马迁应该见过此书,这一点,钱大昕、孙星衍、席泽宗等人已有论证①。还有一点值得注意,《史记》的《太史公自序》对全书的框架结构及篇章都作了较为详细的交代。而这种体例,在《史记》之前的著作里,唯有《淮南子》出现过。司马迁是最早为刘安撰写传记的史家,有关刘安事迹主要集中在"谋反"一事上,对于其著述情况,却只字未提。

"内书""内篇""淮南内",都是《汉书》的称谓,前两个见于刘安本传,后一个见于《汉书·艺文志》。刘安本传记载颇为详细:(刘安)"招致宾客方术之士数千人,作为《内书》二十一篇,《外书》甚众,又有《中篇》八卷,言神仙黄白之术,亦二十余万言……

---

① (清)钱大昕《十驾斋养心录》卷一七《太阴》载:"太史公《天官书》多承《淮南》之文,唯该太阴为岁阴,其说岁星晨出之月,与《淮南》常差两月,一举夏正,一用天正,似异而实同。"见《钱大昕文集》第7卷,江苏古籍出版社1997年版,第469页。孙星衍认为,《史记·天官书》"分经星为五官"似本自《淮南子·天文训》。见孙星衍:《问字堂集·天官书考补序》,中华书局1996年版,第83页。席泽宗认为,《淮南子·天文训》把天文知识作为一个独立的部门,并把乐律和计量标准当作它的附庸,这影响到后来的《史记》《汉书》以及其他各史的体例。见席泽宗:《"淮南子·天文训"述略》,《科学通报》1962年第6期。

初,安入朝,献所作《内篇》,新出,上爱秘之。"①《汉书·艺文志》用了"淮南内"的名称。②

"鸿烈"之名,应是高诱根据书末《要略》篇"此鸿烈之《泰族》也"一语进行的推测。"鸿烈"作为书名,可能始自许慎,高诱承之。《淮南子》的《要略》篇云:"此鸿烈之《泰族》也。"注云:"鸿,大也。烈,功也。凡二十篇,总谓之《鸿烈》。"③陶方琦认为《要略》的注是许慎所作④。若果真如此,称《淮南子》为《鸿烈》当是始自许慎。高诱注《淮南子》的序言中说:"其大较归之于道,号曰《鸿烈》。"⑤《要略》原文中的"鸿烈",可能只是形容《泰族》的气势和格局,恐并非书名。

后世有以"淮南鸿烈"命名此书者,如《旧唐书·经籍志》载有高诱著的《淮南鸿烈音》一卷,《宋史·艺文志》载有《淮南子鸿烈解》21卷,近人刘文典有《淮南鸿烈集解》,等等。

"淮南子"一词,贾谊曾用来指淮南王刘长之子,如《新书·淮难》载:"窃恐陛下接王淮南子""淮南王罪人之身也,淮南子罪人之子也"。⑥"淮南子"作为书名,在东汉时期已开始流行⑦。《太

---

① (汉)班固撰,(唐)颜师古注:《汉书》卷三〇《艺文志》,中华书局1962年版,第2145页。
② (汉)班固撰,(唐)颜师古注:《汉书》卷三〇《艺文志》,第1741页。
③ 何宁:《淮南子集释》,第1453页。
④ 何宁:《淮南子集释》,第1437页。
⑤ (汉)高诱:《淮南子叙目》,见何宁:《淮南子集释》,第5页。
⑥ (汉)贾谊撰,阎振益、钟夏校注:《新书校注》,中华书局2000年版,第156页。
⑦ 陈广忠、张双棣认为:"淮南子"作为书名始于《隋书》。参见陈广忠:《〈淮南子〉书名之演变》,载《淮南子研究》编委会:《淮南子研究》第1卷,黄山书社2006年版,第1—4页。张双棣认为:"《隋书·经籍志》始称之《淮南子》。"见张双棣:《淮南子校释》"初版自序",北京大学出版社2013年版。

平御览》引桓谭《新论》已有以"淮南子"为书名的说法,其云:"庄周寓言乃云'尧问孔子',《淮南子》云'共工争帝,地维绝',亦皆为妄作。"①"共工争帝,地维绝",语出《淮南子·天文训》,其云:"昔者共工与颛顼争为帝,怒而触不周之山。天柱折,地维绝。"②《后汉书·桓谭传》云桓谭"博学多通,遍习《五经》,皆诂训大义,不为章句。能文章,尤好古学,数从刘歆、扬雄辨析疑异"③。哀帝时桓谭仅为郎官,光武帝时拜为议郎给事中。桓谭"著书言当世行事二十九篇,号曰《新论》,上书献之,世祖善焉","所著赋、诔、书、奏,凡二十六篇。"④桓谭著书,言"当世行事",可以说明《新论》中的"淮南子"一名应是当时之名。桓谭生活于西汉末年东汉初年。那么,"淮南子"作为书名,至少在东汉初年已经使用。

东汉已有"淮南子"书名,还可以从《后汉书·马融传》找到证据。史载马融"才高博洽,为世通儒",遍注群书,其中就有《淮南子》,史载:

> 融才高博洽,为世通儒,教养诸生,常有千数。涿郡卢植,北海郑玄,皆其徒也……注《孝经》《论语》《诗》《易》《三礼》《尚书》《列女传》《老子》《淮南子》《离骚》,所著赋、颂、碑、

---

① (宋)李昉等编:《太平御览》卷六〇二《文部·著书下》,河北教育出版社1994年版,第736页。
② 何宁:《淮南子集释》卷八《本经训》,第167页。
③ (南朝宋)范晔撰,(唐)李贤等注:《后汉书》卷二八上《桓谭传》,中华书局1965年版,第955页。
④ (南朝宋)范晔撰,(唐)李贤等注:《后汉书》卷二八上《桓谭传》,第955—961页。

诔、书、记、表、奏、七言、琴歌、对策、遗令,凡二十一篇。①

《后汉书》是南朝刘宋的范晔所纂。史书编纂,以档案资料为据,可信度极高。另外,马融征引过《淮南子》。据《后汉书》记载,汉安帝永初二年(108年),大将军邓骘听闻马融的才学及名声,欲召其为舍人,但马融并未应召,客居在凉州的武都、汉阳。之后羌虏扰乱边境,米价飞涨,自函谷关以西,路有饿死。马融遭受饥困,后悔未应大将军之召,史载:

> (马融)谓其友人曰:"古人有言:'左手据天下之图,右手刎其喉,愚夫不为。'所以然者,生贵于天下也。今以曲俗咫尺之羞,灭无赀之躯,殆非老庄所谓也。"故往应骘召。②

马融对他的朋友说:"古人有言'左手据有天下之图,右手割其喉',这种以名害生的事,愚夫也不会干。之所以会这样,是因为'生'是最可贵的。因为怕乡曲之士耻笑,使无价的身体受到摧残,这不符合老庄的道理。"于是应邓骘的征召出仕。

马融所引"左手据天下之图,右手刎其喉,愚夫不为",李贤等注云:"庄子曰:'言不以名害其生者。'"③但今本《庄子》未见有此引文,应别有所本。马融所引,见于《淮南子》,《精神训》云:"使之左据天下图而右手刎其喉,愚夫不为。由此观之,生尊于天下也。"《泰族训》云:"使人左据天下之图而右刎喉,愚者不为也,身

---

① (南朝宋)范晔撰,(唐)李贤等注:《后汉书》卷六〇上《马融传》,第1972页。
② (南朝宋)范晔撰,(唐)李贤等注:《后汉书》卷六〇上《马融传》,第1953页。
③ (南朝宋)范晔撰,(唐)李贤等注:《后汉书》卷六〇上《马融传》,第1954页。

贵于天下也。"①这是马融精通《淮南子》的有力证据。

另外，《淮南子》在东汉应当已有"学统"：高诱师承卢植，卢植师承马融。马融—卢植—高诱的这种师承关系说明，东汉时期的学者非常重视《淮南子》。

除桓谭、马融外，颜师古注《汉书·扬雄传》时引应劭语，亦有"淮南子"一名，其云："应劭曰：《淮南子》云：'尧之时窫窳、封豨、凿齿皆为民害。'窫窳类貙，虎爪食人。"②所引本自《淮南子·本经训》，原文是："逮至尧之时，十日并出，焦禾稼，杀草木，而民无所食。猰㺄、凿齿、九婴、大风、封豨、修蛇皆为民害。"③今天所能见到的应劭《风俗通》确实有载刘安事迹，但并无颜师古所引内容，颜引当另有所本。

根据以上分析可知，汉代学者桓谭、马融、应劭等均使用过"淮南子"这一书名。也就是说，以"淮南子"作为书名，至少于东汉已有，于正史当是《后汉书》首次使用。有学者认为，正史首次称《淮南子》是始于《隋书》④，恐并非事实。《隋书·经籍志》载："《淮南子》二十一卷，汉淮南王刘安撰，许慎注。《淮南子》二十一卷，高诱注。"⑤刘知几《史通·自叙》云："昔汉世刘安著书，号曰《淮南子》。"⑥《旧

---

① 何宁：《淮南子集释》，第542—543、1412页。
② (汉)班固撰，(唐)颜师古注：《汉书》卷八七下《扬雄传》，第3560页注[一]。
③ 何宁：《淮南子集释》卷八《本经训》，第574页。
④ 陈广忠：《〈淮南子〉书名之演变》，载《淮南子研究》编委会：《淮南子研究》第1卷，黄山书社2006年版，第1—4页。张双棣认为"《隋书经籍志》始称之《淮南子》。"见张双棣：《淮南子校释》"初版自序"，北京大学出版社2013年版。
⑤ (唐)魏征、令狐德棻：《隋书》卷三四《经籍三》，中华书局1973年版，第1006页。
⑥ (唐)刘知几撰，(清)浦起龙释：《史通通释》卷一〇《自叙》，上海古籍出版社1978年版，第291页。

唐书·经籍志》《新唐书·艺文志》有"淮南子"和"淮南鸿烈"两名，①《宋史·艺文志》有"淮南子鸿烈解"的名称②。这说明"淮南子"与"淮南鸿烈"之名并行于世。

《西京杂记》亦载有"淮南子"一名，其云：

> 淮南王安著《鸿烈》二十一篇。鸿，大也。烈，明也。言大明礼教。号为《淮南子》，一曰《刘安子》。自云"字中皆挟风霜"，扬子云以为一出一入。③

《西京杂记》的作者问题仍在讨论之中，但成于魏晋以后隋唐之前，应该没有什么问题。有学者认为《西京杂记》是葛洪自觉整理保存汉代逸史之作④，如果是这样，那么上面引文中的"淮南子"一名可看作是对汉代学术逸史的索隐。

"淮南子"作为书名之前，扬雄称其为"淮南"⑤，西汉末年逐渐被更多的学者重视，从扬雄"淮南说之用，不如太史公之用"的评价来看，此时的《淮南子》的流传已相当广泛，并与司马迁的《史记》齐名。《汉书·艺文志》称其为"淮南内"，归入杂家。以"淮南子"作为书名，说明淮南王刘安的政治遭遇，并未影响其学术成

---

① （后晋）刘昫等：《旧唐书》卷四七《经籍下》，中华书局1975年版，第2032页；（宋）欧阳修：《新唐书》卷五九《艺文三》，中华书局1975年版，第1534页。
② （元）脱脱等：《宋史》卷二〇五《艺文四》，中华书局1977年版，第5207页。
③ （晋）葛洪：《西京杂记》，中华书局1985年版，第20页。
④ 丁宏武：《〈西京杂记〉非葛洪伪托考辨》，《图书馆杂志》2005年第11期。
⑤ 《法言·问神》载："或曰：'淮南、太史公者，其多知与？曷其杂也！'曰：'杂乎杂！人病以多知为杂，惟圣人为不杂。'"《法言·君子》中写道："淮南说之用，不如太史公之用也。太史公，圣人将有取焉；淮南，鲜取焉尔。必也，儒乎！乍出乍入，淮南也。"汪荣宝撰，陈仲夫点校：《法言义疏》，中华书局1987年版，第163、507页。

果的地位和价值。至东汉,《淮南子》与诸子百家典籍并列,桓谭、马融、卢植、高诱等对《淮南子》都有深入研究。

根据以上分析可知,汉代以"淮南子"作为书名,与《老子》《墨子》《庄子》《荀子》《韩非子》等先秦书籍的命名习惯类似。但仍有不同之处。先秦诸子之书,多是后学编订,而《淮南子》一书当是由刘安亲自厘定,而名曰"淮南子",是后人称谓。

三、《淮南子》的作者问题

关于《淮南子》的作者,有两种观点。一种观点认为是刘安撰著,一种观点认为是刘安与其宾客共同撰写。

(一)刘安撰著说

《汉书》本传,对刘安的著述事宜载记甚详,如下:

> (刘安)招致宾客方术之士数千人,作为《内书》二十一篇,《外书》甚众,又有《中篇》八卷,言神仙黄白之术,亦二十余万言。[①]

建元二年,刘安入朝,进献给汉武帝一本名为《内篇》的书,

> 初,安入朝,献所作《内篇》,新出,上爱秘之。[②]

[①] (汉)班固撰,(唐)颜师古注:《汉书》卷四四《淮南衡山济北王传》,第2145页。
[②] (汉)班固撰,(唐)颜师古注:《汉书》卷四四《淮南衡山济北王传》,第2145页。

绪　论

　　《汉书·艺文志》载:"《淮南内》二十一篇",注作者为"王安"①。这可以理解为淮南王刘安是编者,也可以是著者。值得注意的是,同属杂家的《吕氏春秋》,《汉书·艺文志》却注云"秦相吕不韦辑智略士作"②。张舜徽认为:"此书作者,为汉武帝时淮南王刘安,班氏自注但标'王安'二字,此史家指率笔也。"③前引葛洪《西京杂记》亦云"淮南王安著《鸿烈》二十一卷","号为《淮南子》",都是明言刘安著此书,并未言及其宾客。后《隋书·经籍志》《旧唐书·经籍志》《新唐书·艺文志》《宋史·艺文志》都云刘安撰。宋代学者晁公武《郡斋读书志》也认为是刘安撰著《淮南子》一书,其云:

> 《淮南子》二十一卷。汉刘安撰。淮南厉王长子也,袭封。招致诸儒方士讲论道德,总统仁义,著《内书》二十一篇,号曰《鸿烈》。鸿,大也;烈,明也。以为大明道之言也。④

　　《隋书·经籍志》载:"《淮南子》二十一卷,汉淮南王刘安撰。"⑤《旧唐书·经籍志》载:"《淮南商诂》二十一篇,刘安撰。"⑥《新唐书·艺文志》载:"许慎注《淮南子》二十一卷,淮南王刘安。"⑦

---

① (汉)班固撰,(唐)颜师古注:《汉书》卷三〇《艺文志》,第1741页。
② (汉)班固撰,(唐)颜师古注:《汉书》卷三〇《艺文志》,第1741页。
③ 张舜徽:《汉书艺文志通释》,华中师范大学出版社2004年版,第330页。
④ (宋)晁公武著,孙猛校证:《郡斋读书志校证》卷一二《杂家类》,上海古籍出版社1990年版,第509页。
⑤ (唐)魏征、令狐德棻:《隋书》卷三四《经籍三》,中华书局1973年版,第1006页。
⑥ (后晋)刘昫等:《旧唐书》卷四七《经籍下》,第2032页。
⑦ (宋)欧阳修等:《新唐书》卷五九《艺文三》,中华书局1975年版,第1534页。

《宋史·艺文志》载:"《淮南子鸿烈解》二十一卷,淮南王安撰。"①王夫之云:"淮南王安著书二十篇,称引天人之际,亦云博矣。"②

明朝学者胡应麟认为刘安宾客并未参撰《淮南子》,其云:

> 淮南王招集奇士,倾动四方,说者咸以此书杂出宾客之手,非也。左吴、雷被诸人,著作绝无可见,特附《淮南》而显……惟《招隐士》词绝奇古,虽称小山,卒不传其姓名,惜也。③

他认为《淮南子》是刘安独撰,其宾客左吴、雷被等人,并无著作传世,唯有附丽于《淮南子》而留名于世。虽有号为"小山"作《招隐士》,但可惜并不知其姓名。

(二)集体创作说

《汉书》本传载刘安"招致宾客方术之士数千人,作为《内书》二十一篇",似言《内书》为刘安及其宾客、术士集体创作完成。明确指出《淮南子》为集体创作并指出作者姓名的,当是高诱。他在《叙目》中说:

> 天下方术之士,多往归焉。于是遂与苏飞、李尚、左吴、田由、雷被、毛被、伍被、晋昌等八人,及诸儒大山、小山之徒,共

---

① (元)脱脱等:《宋史》卷二〇五《艺文四》,中华书局1977年版,第5207页。
② (清)王夫之:《读通鉴论》,中华书局1975年版,第59页。
③ (明)胡应麟:《少室山房笔丛》卷二八《九流绪论中》,中华书局1958年版,第362页。

绪　论

讲论道德,总统仁义,而著此书。①

其中,伍被、雷被于史书皆有记载。《汉书》有《伍被传》,云"被以材能称,为淮南中郎。是时淮南王安好术学,折节下士,招致英隽以百数,被为冠首"。② 雷被是剑术之士③,而其他六人,史书未载姓名事迹。"大山、小山"之名,东汉王逸曾有提及,其云:"昔淮南王安博雅好古,招怀天下俊伟之士,自八公之徒,咸慕其德而归其仁。各竭才智,著作篇章。分造辞赋,以类相从,故或称小山,或称大山。其义犹《诗》有《小雅》《大雅》也。"④王逸所谓小山、大山,与《诗经》之"小雅""大雅"相似,指诗歌辞赋的文风体例,并非人名或学术派别之名。高诱所谓"大山、小山之徒",不知本自何处。王逸所言"八公之徒",当是指八位饱学之士,亦未具指姓名。王逸是汉安帝、汉顺帝之际学者,元初年间曾为"校书郎"。顺帝时,为侍中。著有《楚辞章句》⑤。高诱或是本王充、王逸"八公"之说,并将其落实到具体姓名。

王充曾提及所谓"八公"。《论衡·道虚》云:"安嗣为王,恨父徙死,怀反逆之心,招会术人,欲为大事。伍被之属,充满殿堂,作道术之书,发怪奇之文,合景乱首,《八公之传》,欲示神奇,若得道之状。道终不成,效验不立,乃与伍被谋为反事,事觉自杀。或言

---

① (汉)高诱:《〈淮南鸿烈〉叙目》,载何宁《淮南子集释》,第5页。
② (汉)班固撰,(唐)颜师古注:《汉书》卷四五《伍被传》,第2167页。
③ (汉)司马迁撰,(南朝宋)裴骃集解,(唐)司马贞索隐,(唐)张守节正义:《史记》卷一一八《淮南衡山列传》,云"元朔五年,太子学用剑,自以为人莫及,闻郎中雷被巧,乃召与戏"。第3083页。
④ 《楚辞》卷一二《招隐士·王逸序》,中华书局1983年版,第232页。
⑤ (南朝宋)范晔撰,(唐)李贤等注:《后汉书》卷八〇上《王逸传》,第2618页。

诛死。诛死自杀，同一实也。世见其书，深冥奇怪；又观《八公之传》，似若有效，则传称淮南王仙而升天，失其实也。"①所谓"伍被之属"，与《汉书》所谓"(伍)被为冠首"，有暗合之处。王充是东汉初年学者，《道虚》所谓"八公"，应是最早的出处，可惜并未指明姓名。唐代学者司马贞在《史记索隐》中把高诱所称的八人称为"八公"，其云："《淮南·要略》云：'安养士数千，高才者八人，苏非、李尚、左吴、陈由、伍被、毛周、雷被、晋昌，号曰八公也。'"②此段的歧异之处，清代学者洪颐煊已指出："《要略》无此文，唯高诱序见此八人。陈由作田由，毛周作毛技。唐本序在《要略》后，故《索隐》以为《要略》文。"③

有学者认为，高诱虽然列出了八个名字，但是并没有说他们就是"八公"，高诱的《叙目》里也没有"八公"的称谓。到了葛洪的《神仙传》，"八公"才明确地变成了八个人的统称，司马贞《史记索隐》把八个人的名字落实到"八公"这个称号，后来以讹传讹，渐成事实。④ 这种说法是有问题的。

《神仙传》里所谓的"八公"是八位仙人，而伍被等是刘安的臣下及宾客术士，两者没有任何关系，这在《神仙传》里已经说得非

---

① （汉）王充撰，黄晖校释：《论衡校释》卷七《道虚篇》，中华书局1990年版，第319—320页。
② 《史记》卷一一八《淮南衡山列传》，第3082页。这一说法后被李昉等撰《太平御览》采用，其卷四七五《人事部·待士》云："淮南王赡养士数千人，其中高才八人。苏非、李南、左吴、陈田、伍被、雷被、毛被、晋昌，号为八公。"河北教育出版社1994年版，第928页。
③ （清）洪颐煊：《读书丛录》卷一六《淮南子》，《续修四库全书》第1157册，上海古籍出版社1995年版，第700—701页。按：洪颐煊之"技"当是"被"之误。
④ 陈静：《自由与秩序的困惑——〈淮南子〉研究》，云南大学出版社2004年版，第26页。

绪 论

常明白,其文如下:

> 时王之小臣伍被,曾有过,恐王诛之,心不自安,诣阙告变,证安必反。武帝疑之,诏大宗正持节淮南,以案其事。宗正未至,八公谓王曰:"伍被人臣,而诬其主人,天必诛之,王可去矣。此亦天遣王耳,君无此事,日复一日,人间岂可舍哉!"乃取鼎煮药,使王服之,骨肉近三百余人,同日升天。鸡犬舐药器者,亦同飞去。八公与王驻马于山石上,但留人马踪迹,不知所在。宗正以此事奏帝,帝大懊恨,命诛伍被。①

从这段文字来看,伍被不可能属于"八公"。神仙固然子虚乌有,不过其影射的世事却十分值得注意。其所言伍被之事,与《史记》《汉书》吻合,只是立场不同。如果我们把《神仙传》里的"八公"理解为与刘安志同道合的饱学之士,则伍被一定不在其中。宋代学者洪迈认为雷被"盖为安所斥而亡之长安上书者,疑不得为宾客之贤也"②。那么,王逸所谓"八公之徒"应另有其人。

明代学者王世贞说:"《淮南鸿烈》虽似错杂,而气法如一,当由刘安手裁。"③梁启超认为:"刘安博学能文,其书虽由苏飞辈分

---

① (晋)葛洪撰,胡守为校释:《神仙传校释》卷六《淮南王》,中华书局 2010 年版,第 201—202 页。
② (宋)洪迈撰,孔凡礼点校:《容斋随笔·续笔》卷七《淮南王》,中华书局 2005 年版,第 298—299 页。
③ (明)王世贞著,罗仲鼎校注:《艺苑卮言校注》卷三,齐鲁书社 1992 年版,第 106 页。

纂,然宗旨及体例,计必先行规定,然后从事;或安自总其成,亦未可知。"①胡适认为"淮南王是很能作文辞的,故他的书虽有宾客的帮助,我们不能说其书没有他自己的手笔。"②冯友兰《中国哲学史》认为《淮南子》是"刘安宾客所共著之书"③,侯外庐等认为刘安的这本书是招致宾客诸儒方士,集合许多人的意见写成的,类于《吕氏春秋》,执笔者有苏飞、李尚等人④。于大成认为,像《淮南》内篇这样一部体大思精的著作,断非诸人之力可以完成。大约此书是先由刘安拟为题目,然后由门客分头搜集材料,作成初稿,最后再由刘安加润色完成。⑤ 牟钟鉴认为《淮南子》内容广博深刻,色调斑斓多姿,在汉代首屈一指,个别学者难以撰写出如此宏富的典籍。⑥ 安乐哲认为,刘安很有可能也参与了《淮南子》一书的编写。⑦ 罗义俊认为《淮南子》是一个大型学术聚会的记录整理。⑧

---

① 梁启超:《汉书艺文志诸子略考释》,见《饮冰室专集》第18册,中华书局1936年版,第40页。
② 胡适:《淮南王书》,岳麓书社2011年版,第3页。
③ 冯友兰:《中国哲学史》,《三松堂全集》(第2卷),河南人民出版社2001年版,第602页。
④ 侯外庐等:《中国思想史》第2卷《两汉思想》,人民出版社1957年版,第78页。
⑤ 于大成:《刘安》,载王寿南编:《中国历代思想家》(汉),他指出:"观刘安的门下之士,若伍被、雷被、毛被、晋昌等,没有一个是在学问上有表现的。"九州出版社2011年版,第157页。
⑥ 牟钟鉴:《〈吕氏春秋〉与〈淮南子〉思想研究》,人民出版社2013年版,第153页。
⑦ [美]安乐哲著,滕复译:《主术——中国古代政治艺术之研究》,北京大学出版社1995年版,第5页。
⑧ 罗义俊:《两汉私人讲学考略》,载《纪念顾颉刚学术论文集》(上册),巴蜀书社1990年版,第371页。

（三）作者问题新证

《史记·儒林列传》载：

> 及至秦之季世，焚诗书，坑术士，六艺从此缺焉。陈涉之王也，而鲁诸儒持孔氏之礼器往归陈王。于是孔甲为陈涉博士，卒与涉俱死。陈涉起匹夫，驱瓦合适戍，旬月以王楚。①

根据这段记载可以知道，在秦末之时，有相当多的儒生从鲁国来到了楚国。

前述梁启超、侯外庐之说盖是本自高诱，罗义俊之说过于现代，都让人难以信服。很多学者认为刘安有手裁润色之功，属合理推测，惜未能举出证据。

《淮南子》一书包罗百家，宋代学者黄震认为该书"凡阴阳造化，天文地理，四夷百蛮之远，昆虫草木之细，瑰奇诡异足以骇人耳目者，无不森然罗列其间，盖天下类书之博者也"②。如此一部巨著，的确非一人之力所能完成。刘安就重点问题参与讨论和撰写，倒是完全有可能的。

1. 刘安参与撰写

笔者认为刘安应直接参与了《淮南子》的撰写。他勤奋好学，文采斐然，且有辩才，有足够的才学和能力撰写其中的篇章。书中出现的"我所羞而不为""吾以为""吾所谓""非吾所谓"等文段，当是出自刘安之手。若宾客们也可以自由地在书中"吾以为"，则恐怕不止这几处。主要见于《俶真训》《齐俗训》《修务训》等篇。

---

① 《史记》卷一二一《儒林列传》，第3116页。
② （宋）黄震：《黄氏日抄》卷五五《淮南子》，《四库全书》第708册，第415页。

《俶真训》云：

> 是故圣人之学也，欲以返性于初，而游心于虚也。达人之学也，欲以通性于辽廓而觉于寂漠也。若夫俗世之学也则不然，擢德擶性，内愁五藏，外劳耳目，乃始招蛲振缱物之豪芒，摇消掉捎仁义礼乐，暴行越智于天下，以招号名声于世。此我所羞而不为也。是故与其有天下也，不若有说也；与其有说也，不若尚羊物之终始也而条达有无之际。是故举世而誉之不加劝，举世而非之不加沮，定于死生之境，而通于荣辱之理。虽有炎火洪水弥靡于天下，神无亏缺于胸臆之中矣。若然者视天下之闲犹飞羽浮芥也，孰肯分分然以物为事也！①（按：着重号为笔者所加，下同。）

《齐俗训》云：

> 世多称古之人而高其行，并世有与同者，而弗知贵也。非才下也，时弗宜也。故六骐骥、四駃騠，以济江河，不若窾木便者，处世然也。是故立功之人，简于行而谨于时。今世俗之人，以功成为贤，以胜患为智，以遭难为愚，以死节为戆。吾以为各致其所极而已。②

《修务训》云：

> 或曰："无为者，寂然无声，漠然不动，引之不来，推之不

---

① 何宁：《淮南子集释》，第140—142页。
② 何宁：《淮南子集释》，第817—818页。

往。如此者，乃得道之像。"吾以为不然①……夫地势水东流，人必事焉，然后水潦得谷行。禾稼春生，人必加功焉，故五谷得遂长。听其自流，待其自生，则鲧、禹之功不立，而后稷之智不用。若吾所谓无为者，私志不得入公道，嗜欲不得枉正术，循理而举事，因资而立权自然之势，而曲故不得容者，事成而身弗伐，功立而名弗有，非谓其感而不应，攻而不动者。若夫以火熯井，以淮灌山，此用己而背自然，故谓之有为。若夫水之用舟，沙之用鸠，泥之用輴，山之用樏，夏渎而冬陂，因高为田、因下为池，此非吾所谓为之。②

世俗废衰，而非学。"人性各有所修短，若鱼之跃，若鹊之驳，此自然者，不可损益。"吾以为不然。③

根据以上引文，可以推知，淮南王刘安应至少参与了《俶真训》《齐俗训》《修务训》等篇的撰写，且《修务训》一篇，可能完全出自刘安之手。《修务训》一篇的中心思想可谓刘安"为人好读书鼓琴，不喜弋猎狗马驰骋"的真实写照。而关于"学""无为""人性"的讨论，正属于《淮南子》的中心论题。

2."淮南贲生"可能参与编纂

另外，韩婴弟子"淮南贲生"很可能参与了《淮南子》的编纂。

根据《史记》载，韩婴弟子中有"淮南贲生"，其云：

> 韩生者，燕人也。孝文帝时为博士，景帝时为常山王太

---

① 何宁：《淮南子集释》，第1311页。
② 何宁：《淮南子集释》，第1321—1323页。
③ 何宁：《淮南子集释》，第1328页。

傅。韩生推《诗》之意而为内、外《传》数万言,其语颇与齐鲁间殊,然其归一也。淮南贲生受之。①

韩婴、贲生的生活时代,与刘安同时。《淮南子》所引《诗》,很多学者注意到属于韩《诗》。淮南王黥布之时有中大夫名为贲赫。韩婴门弟子贲生与贲赫有无联系?值得考究。贲赫因揭发黥布谋反,其族人被黥布诛杀。贲赫因揭发有功而被封为期思侯。张守节注云:"期思故城在光州固始县界。"②《汉书》载:"孝文帝十四年,贲赫薨,亡后。"汉宣帝为了宣扬自己"中兴之主"的恩德,诏令有司寻列侯及功臣后裔,或恢复爵位,或赐予金丝玉帛。在这种背景下,贲赫的后裔得以恢复爵位,《汉书》载:"元康四年,赫玄孙寿春大夫充诏复家。"③由此来看,"贲赫薨,亡后"是指贲赫去世之后,没有子嗣袭封爵位。汉宣帝之时,贲充为寿春大夫,寿春曾是淮南国的都城。也就是说,贲赫去世之后,他的子嗣又回到了淮南故土。那么,韩婴弟子淮南贲生,极有可能是贲赫后裔。

四、学派归属

《淮南子》的学派归属,学界一直争论不断,主要有以下几种观点:

---

① (汉)司马迁:《史记》卷一二一《儒林列传》,第 3124 页。
② (汉)司马迁:《史记》卷九一《黥布传》,第 2607 页。
③ (汉)班固:《汉书》卷一六《高惠高后文功臣表》,第 611 页。

绪　论

(一)杂家说

《汉书·艺文志》《隋书·经籍志》《旧唐书·经籍志》《新唐书·艺文志》《宋史·艺文志》等都把《淮南子》归入杂家类。

《汉书·艺文志》云：

> 杂家者流，盖出于议官。兼儒、墨，合名、法，知国体之有此，见王治之无不贯，此其所长也。及荡者为之，则漫羡而无所归心。①

颜师古注云："治国之体，亦当有此杂家之说。王者之治，于百家之道无不贯综。""杂家"是指综贯百家，以"治"为宗的思想家或学术流派。

清代学者毕沅认为《淮南子》是继《吕氏春秋》之后的杂家著作，且《淮南子》多抄自《吕氏春秋》。其云："其著一书，专觊世名，又不成于一人，不能名一家者，实始于不韦。而淮南内、外篇次之。然淮南王后不韦几二百年，其采用诸书能详所自出者十尚四五。"②"淮南王后不韦几二百年"，此说问题甚大。《淮南子》的成书年代，虽难确断某年，但至少于建元二年(前139年)已经完成。据洪家义研究，《吕氏春秋》于公元前241年起草，大约花两年时间，全书编成。③《淮南子》后《吕氏春秋》，约100年，而非"几二

---

① 《汉书》卷三〇《艺文志》，第1742页。
② (清)毕沅：《吕氏春秋新校正序》，载高诱注：《吕氏春秋》，光绪十九年(1893年)鸿文书局据毕氏灵岩山馆本校印。另见许维遹撰，梁运华整理：《吕氏春秋集释》，中华书局2009年版，第710—711页。
③ 洪家义：《吕不韦评传》，南京大学出版社1995年版，第97页。

41

百年"。毕沅从《吕氏春秋》对《淮南子》的影响来判定其学派性质,有一定说服力。但说《淮南子》引《吕氏春秋》"十尚四五"有夸大之嫌。

侯外庐等学者认为,《淮南子》"意多杂出,文甚沿复","兼有儒者六艺与发夹术势诸说,而主要篇幅则为阴阳五行家与老庄道家的混血种"①。

罗光认为,"《淮南子》书中,基本思想为道家思想;治国化俗的思想则是儒家的仁义道德。作书的人,又不是一个人,每个人又有自己的思想。刘安没有创立一个思想系统,也没有自己按照一个中心思想把全书修改。他尊重各派年作者的意见,全书便成了一本庞杂不纯,道儒方术混合的书。"②

萨孟武认为,"此书大约著于武帝之时,其言糅淆而且前后矛盾,既尚黄老无为,又复主张有为;既非儒家之仁义,又复承认仁义,至于阴阳学说、杨朱主义又似无不赞成。而后人乃谓'其旨近老子,淡泊元为,蹈虚守静',未必是中肯之言。"③

于大成认为,《淮南子》的全部哲学,可以说是以道为中心,其宇宙观、人生观和政治观,都是一以贯之的④。但道家本身的思想不能完全包合淮南学说,所以归入杂家。⑤

---

① 侯外庐、赵纪彬等:《中国思想通史》,人民出版社1962年版,第79页。
② 罗光:《中国哲学思想史》(两汉、南北朝篇),台北学生书局1978年版,第550页。
③ 萨孟武:《中国政治思想史》,东方出版社2008年版,第176页。
④ 于大成:《刘安》,载王寿南编:《中国历代思想家》(汉),九州出版社2011年版,第157页。
⑤ 于大成:《从杂家思想说到淮南子》,载于大成:《淮南鸿烈论文集》,台北里仁书局2005年版,第1600页。

蒙文通认为,战国末期,百家之学渐趋于汇合,综百家之长而去其短者为杂家,《吕览》为之始,而《淮南》继之。惟杂家以道德为中心,故偏于玄言,不切世用。①

孙纪文认为《淮南子》属于杂家,并对20篇的学派归属进行了细分。他认为,《原道训》《俶真训》《精神训》《道应训》属于道家老庄派;《本经训》《主术训》《齐俗训》《泛论训》《诠言训》偏于黄老道家派;《天文训》《地形训》《时则训》《览冥训》是阴阳家的;《缪称训》《人间训》《修务训》《泰族训》是儒家的;《兵略训》是兵家的;《说山训》《说林训》有纵横家的气质。全书思想不囿于一家而各家平等,故采用《汉志》的说法,属于杂家。② 马庆洲认为,论《淮南子》的性质,以"杂家"名之最为合适,这一方面照顾了传统的习惯,另一方面也能反映战国至秦汉学术思想发展的状况。③

日本学者渡边秀方认为此书"惟其编述,所以内容非常驳杂的,首尾缺一贯之言,又多前后矛盾处"④。

(二)道家说

也有很多学者认为《淮南子》属于道家学派的著作。如汉代学者高诱认为该书"旨近老子",明代学者孙鑛认为"篇中清静无为,皆老庄陈语,正以旁喻,奇陗俊拔,胜读《淮南》者,当在此不在

---

① 蒙文通:《论经学三篇》,刘梦溪主编:《中国文化》1994年第4期。
② 孙纪文:《淮南子研究》,学苑出版社2005年版,第5页。
③ 马庆洲:《淮南子考论》,北京大学出版社2009年版,第107页。
④ [日]渡边秀方:《中国哲学史概论》,转引自李增:《淮南子之哲学思想》,台北洪叶文化事业有限公司1997年版,第5页。

彼"。① 清代学者章学诚认为:"其书则当互见于道家,《志》仅列于杂家,非也。"②梁启超认为《淮南子》"实可谓为集道家学说之大成,就其内容为严密的分类,毋宁以入道家"③。他认为,《吕氏春秋》只可算作类书,而《淮南子》则"匠心经营,极有伦脊,非漫然獭祭而已","其书博大而有条贯,汉人著述中第一流也",可以说是"两汉道家之渊府"。④ 胡适也说过《淮南子》认为"集道家的大成"之作⑤。张舜徽认为《淮南子》"议论详博,实集道家学说之大成,本可列入道家"⑥。

道家说又有黄老道家和老庄道家的分殊。冯友兰认为《淮南子》是汉初黄老之学的论文总集⑦。他认为"成于众手"只能说是具备了杂家的一个条件,但不必定就是杂家。杂家着重在收集各家之长,必然要以各家的学说为其对象。这是杂家的一个重要标志。因此,不能说刘安是杂家,他有一个中心思想,那就是黄老之学。他的书是以客观实在为对象,这就不是杂家⑧。《淮南子》以"贵身""保真"为主,正是司马谈所认为的道德家的特点⑨。侯外

---

① 转引自《淮南鸿烈解》,商务印书馆1937年版,第7—8页。
② (清)章学诚撰,王重民通解:《校雠通义通解》卷三《汉志诸子》,上海古籍出版社1956年版,第112页。
③ 梁启超:《汉书艺文志诸子略考释》,见《饮冰室合集·专集》第18册,中华书局1936年版,第40—41页。
④ 梁启超:《中国近三百年学术史》,北京大学出版社2010年版,第56页。
⑤ 胡适:《淮南王书》,岳麓书社2011年版,第9页。
⑥ 张舜徽:《汉书艺文志通释》,见《张舜徽集》,第331页。
⑦ 冯友兰:《中国哲学史新编》,《三松堂全集》第9卷,河南人民出版社2001年版,第129页。
⑧ 冯友兰:《中国哲学史新编》,《三松堂全集》第9卷,第130页。
⑨ 冯友兰:《中国哲学史新编》,《三松堂全集》第9卷,第131页。

绪　论

庐等认为,司马谈所说的道家是"托重言以全百家",而《淮南子》则是"托黄老以统一百家"。① 李增认为《淮南子》的思想,实即《史记》《汉书》所说黄老之治的道家思想。② 吴光认为以淮南王刘安为首的一批学者形成汉初黄老学派的主要流派,《淮南子》是这个学派的集体著作。③

徐复观认为《淮南子》并不重视黄帝,其中的道家思想,与"黄老"一系的道家思想,实系分门别户,另成一派④。许地山、王葆玹等学者也认为《淮南子》应归属老庄道家。这与高诱的"旨近老子"说是一脉相承的。

许地山认为:

> 《天文训》与《时则训》主于阴阳家底学说。《地形训》是形方家的说法。《主术训》折衷法家、名家底见解。《缪称训》是儒家底,与子思底思想很相同。《修务训》与《齐俗训》去农家之言。《兵略训》为兵家之言。以上几篇与其它诸篇底中心思想为道家底。汉初一般道家多以黄老并称,而《淮南》独尊老庄,可以看这书是传老庄思想底正宗。……综观《淮南》全书是以老庄思想为中心来折衷战国以来诸家底学说,可以看为集汉代道家思想底大成。⑤

---

① 侯外庐等:《中国思想史》第 2 卷《两汉思想》,人民出版社 1957 年版,第 74 页。
② 李增:《淮南子哲学思想研究》,台北洪叶文化事业有限公司 1997 年版,第 7—9 页。
③ 吴光:《黄老之学通论》,浙江人民出版社 1985 年版,第 195 页。
④ 徐复观:《〈淮南子〉与刘安的时代》,见徐复观:《两汉思想史》第 2 卷,第 114 页。
⑤ 许地山:《道教史》,上海古籍出版社 1999 年版,第 96—97 页。

王葆玹认为若是仔细斟酌《淮南子》的思想内容,可以看出其中贯穿着一条主线,即是用于政治的老庄之学①。他的根据有三:一是《淮南子》大量引述《老子》和《庄子》,而引述《黄帝四经》的文字则少得可怜;二是《淮南子》引《庄子》,不但文字冗长,而且屡屡不举出处,以致引文和正文不易区分,这正好显示出两书见解的接近;三是刘安著有解说《庄子》的著作。②

(三)儒家说

明代学者陈耀文称刘安"折节下士,笃好儒学"③。吕思勉认为《淮南子》多与儒家思想相合,其云:"《淮南》虽号杂家,然道家言实最多,其意亦主于道,故有谓此书实可称道家言者。予则谓儒、道二家哲学之说,本无大异同……其实九流之学,流异原同。凡今所指为道家言者,十九固儒家所有之义也……《淮南书》中,世所谓道家言,予疑其实多与儒家言合。"④

(四)《淮南子》是三才并举、务于治道的著作

把《淮南子》单纯归入杂家、道家或儒家,似乎都不甚妥当。如果从内容的芜杂而将其归入杂家,只是就其表象而言,并未透彻理解该书的撰述目的。把《淮南子》归入道家著作,是从该书的思想内容上进行考察,比杂家说略胜一筹。但认为《淮南子》是黄老道家,则值得商榷。书中托言黄帝或推崇黄帝之处甚少,与推崇

---

① 王葆玹:《老庄学新探》,上海文化出版社2002年版,第254页。
② 王葆玹:《老庄学新探》,第255页。
③ (明)陈耀文:《天中记》卷七,《四库全书》第965册,第313页上。
④ 吕思勉:《经子解题》,第204—206页。

尧、舜、禹、文王、武王比较起来,黄帝则更为黯淡。书中引用《老子》《庄子》原文,或对两书的某些思想观念进行改造,数量相当可观。道家学术史上的"老庄"一词也始自此书。足见刘安宾客中有精通《老子》《庄子》者。从这个情况来看,高诱"旨近老子"说似乎更为妥当。

《淮南子》在谋篇布局上,确实将道家的思想,尤其是宇宙论部分,纳入其框架内。将《淮南子》归入道家似乎并没有问题,但有一个棘手的问题需要回答,即从思想上而言,其对道家思想的阐述,多是直接拿来,缺乏严谨的论析,往往流于浮泛。徐复观认为《原道》篇是"罗列式的铺陈,繁缛而重复;多一句少一句,对道的属性无所损益,无关痛痒"。他们"实际是以作赋的文学手法,代替了哲学的思维;这是老子思想中形而上学的堕退"。而《老子》《庄子》对"道"的描述有严格的推理,不可或缺。①

吕思勉等《淮南子》归入儒家,值得注意。《淮南子》书中引用的先秦儒家及汉初儒家的文献,数量非常之多。其引儒家文献遍及"六艺"(即《诗》《书》《礼》《乐》《易》《春秋》)、《论语》《子思》《孟子》《荀子》《孔子家语》等,对贾谊《新书》及韩婴《韩诗外传》引用也相当多。如若将《淮南子》引道家、儒家文献一一列出,在数量和比重上,儒家很可能都会超过道家。据此,似乎足可以说明《淮南子》是儒家作品。但这并不足以说明《淮南子》一书的性质。

其实,《淮南子》本身并不是标榜某学派的著作,它融摄百家的真正用意是为了"治",即"刘氏天下"的长治久安。凡能安邦治

---

① 徐复观:《〈淮南子〉与刘安的时代》,载徐复观:《两汉思想史》第2卷,华东师范大学出版社2001年版,第131页。

国的思想观念、策略,基本都在其征引范围之内。在理论理想层面,《淮南子》侧重道家,但在理想实现层面,侧重儒家,这一点也是事实。另外,《淮南子》对"天"(《天文》篇)、"地"(《地形》篇)是非常重视的。美国学者安乐哲认为《淮南子》具有明显的"调和主义"倾向①。这一点并没有错,在某些方面,《淮南子》确实做到了。

陈静认为《淮南子》的思想立场游移不定,困惑于道家的追求自由和儒家的维护秩序之间②。汤一介先生认为用"自由与秩序的困惑"来概括《淮南子》的反映汉初的一种思想,可以说抓住了解剖这部书的钥匙③。

《淮南子》中确实存在着思想上的抵牾,有以道绌儒的一面,也有推崇儒家的一面。这种矛盾表面看来,似乎表现出思想上的困惑。笔者认为这种困惑可能并不存在。道家追求的精神自由,儒家追求的伦理秩序,都是治国理政所需要的。在追求自由方面,《淮南子》侧重于道家的理论学说;在追求秩序方面,侧重于儒家的理论学说。追求自由和追求秩序,从政治层面来说,两者之间并不存在水火不容的矛盾。相反,它们还有相互辅弼的关系。自由需要秩序的保证才能实现,追求自由正是秩序的价值所在。这里所谓自由,并不是全社会民众的自由,而主要是指君王的自由。所谓秩序,主要是指臣下与百姓而言。这可以用《淮南子》中的"君

---

① [美]安乐哲著,滕复译:《主术——中国古代政治艺术求之研究》,北京大学出版社1995年版,第5页。
② 陈静:《自由与秩序的困惑——〈淮南子〉研究》,云南大学出版社2004年版,第5页。
③ 汤一介:《自由与秩序的困惑——〈淮南子〉研究·序》,见陈静:《自由与秩序的困惑——〈淮南子〉研究》,第1页。

绪　论

臣异道"来解释,即"君无为而臣有为"。臣下的有为是"君无为"的保证。"臣有为"是一种秩序的诉求,"君无为"是一种自由的诉求。从这来看,自由和秩序之间,没有矛盾,也不存在困惑,反而是一种相辅相成的关系,即君王的自由借由臣民的秩序才能实现。

笔者认为《淮南子》既不属于杂家系统,也不属于道家系统和儒家系统,它是天、地、人三才并举的务于治道的学术理论著作。

战国末期以后,在政治上呈现出一种"大一统"的发展趋势,在学术上和思想上呈现出一种"道术统一"的发展趋势,即理论理想与社会政治实践的统一。《吕氏春秋》是这一发展趋势下的开山之作,而《淮南子》是这一发展趋势下的集大成之作。把《淮南子》归于杂家并无不妥,它确实存在着杂采众家之长以资于治的特点,但是唯标以"杂"来概括其内容,不足以突显其著书意图。《吕氏春秋》《淮南子》这一类直接以治道为目的的书籍,努力构建一种多元并存的意识形态,这或许是它们最为可贵之处。"多元"是指思想观念上的百家争鸣,"并存"是指治国理政视野下的并立共存。

徐复观认为,当刘安及其宾客们驰骋于观念的世界时,自然进入到老庄的分野。当他们面对着现实世界时,便不知不觉地进入到儒家的分野[①]。陈静认为,刘安及其宾客有"务于治"的现实关怀和现实担当,当他们对现实有积极主张的时候,就可以看到他们的立场渐渐移向了儒家。她认为《淮南子》正文20篇,从头至尾恰好完成了一个由道转儒的改变。这种形式上由道转儒也表现在

---

① 徐复观:《〈淮南子〉与刘安的时代》,见徐复观:《两汉思想史》第2卷,第122页。

理论的立场之上,因此《淮南子》虽然从道家出发进行思想的综合,但是它实际上有道家和儒家两个立场,它在这两个立场上跃进越出。① 张涛根据《盐铁论·晁错》提到的"淮南、衡山修文学,招四方游士,山东儒、墨咸聚于江淮之间,讲议集论,著书数十篇",认为正是这些学者的相互沟通、相互交流,才成就了《淮南子》这样从宗旨到内容皆具有强烈综合性、包容性、超越性的恢宏巨著。②

《淮南子·要略》云:"夫作为书论者,所以纪纲道德,经纬人事,上考之天,下揆之地,中通诸理。"③著书立说的目的,是用来统理大道宏德,规划和指导人生百事。因此要上考察天道,下探究地理,并贯通诸子百家各种思想理论。这与《吕氏春秋·序意》所谓"上揆之天,下验之地,中审之人"④如出一辙。"中通诸理",陈广忠译为"在中间能够贯通各种事理"⑤,"各种事理"的诠译并不精准,似应是"百家先哲的思想理论"。即研究天道、地道、人道,并贯通之。《要略》又云:"著书二十篇,则天地之理究矣,人间之事接矣,帝王之道备矣!"⑥《淮南子》探究"天地之理"和"人间之事"是为"帝王之道"储备思想资源。

《淮南子》以"刘氏之书"自况,认为是孔子、墨子、管子、晏子、申不害、商鞅之后的匡世之作。其云:

---

① 陈静:《自由与秩序的困惑——〈淮南子〉研究》,第10页。
② 张涛:《〈淮南子〉易学思想探析》,《孔子研究》1999年第3期。
③ 何宁:《淮南子集释》卷二一《要略》,第1437页。
④ 许维遹撰,梁运华整理:《吕氏春秋集释》卷一二《序意》,中华书局2009年版,第274页。
⑤ 陈广忠:《淮南子斠诠》第21卷《要略》,黄山书社2008年版,第1170页。
⑥ 何宁:《淮南子集释》卷二一《要略》,第1454页。

若刘氏之书,观天地之象,通古今之事,权事而立制,度形而施宜,原道之心,合三王之风,以储与扈冶。玄眇之中,精摇靡览,弃其畛挈,斟其淑静,以统天下,理万物,应变化,通殊类,非循一迹之路,守一隅之指,拘系牵连之物,而不与世推移也。故置之寻常而不塞,布之天下而不窕。①

《淮南子》不循一迹,不守一隅,说明其立场既不宗于道家,也不归于儒家,它在乎的是"权事而立制,度形而施宜",是"应变化,通殊类",是"与时推移",也因此能够"置之寻常而不塞,布之天下而不窕"。《淮南子》的视域不离天、地、人三才,其最终追求是刘氏天下的长治久安。综而言之,《淮南子》是一部三才并举、务于治道的汉初巨著。

五、《淮南子》对"儒者之学"的界定

本书探讨《淮南子》中的儒学思想,有必要对"儒学"的内涵进行交代。另外,《淮南子》对"儒学"的内涵也有论说,对儒学发展有一定贡献,也有必要交代一下。

一般认为,儒学由孔子开创。不过,《论语》论"儒"也仅见于《雍也》篇,其云:"子谓子夏曰:'女为君子儒,无为小人儒。'"②孔子把职业之"儒"提升为一种"君子儒"的学问,这种学问和思想实际正是儒学的发端。《孟子》称"儒"也当少,仅两处:"儒者之

---

① 何宁:《淮南子集释》卷二一《要略》,第1462—1463页。
② 见(清)阮元校刻:《十三经注疏》,第2478页下。

道""逃杨必归于儒"。①"儒者之道"的说法,与"儒学"较为接近。《庄子·田子方》记载了当时儒者的形象,其云:"(庄)周闻之,儒者冠圜冠者,知天时;履句屦者,知地形;缓佩玦者,事至而断。"②儒者的形象是圆冠,方屦,佩玦,具有"知天时""知地形""断事"等能力。"断事",需要具备"知天时""知地形"的能力,没有相当的知识广度、思想高度和智慧能力,恐怕不能被称为"儒者"。《杂篇》之《外物》云:"儒以诗礼发冢。"③《周礼·天官·大宰》:"以九两系邦国之民……四曰儒,以道得民。"郑玄注云:"儒,诸侯保氏,有六艺以教民者。"④儒者以"六艺"教化民众,"六艺"应是儒者知识广度、思想高度和智慧能力的源泉所在。《荀子》把孔子之后的儒者分为俗儒、雅儒、大儒,他还用过"贱儒""小儒""散儒""侏儒""偷儒""腐儒""瞽儒"等称谓。可见,战国末期的儒学已经相当成熟,至少在《荀子》看来,儒学已分化出多种层次,儒学内部出现较多的纷争和分殊。《荀子》虽对贱儒、俗儒、雅儒、大儒有明确界定,但这仍不是对儒学或儒家的界定。《韩非子》有"世之显学,儒墨也"⑤的说法,开始以"学"视"儒"。

不过,从孔子、孟子到荀子,有儒学之实,而无"儒学"之名。

---

① (清)焦循撰,沈文倬点校:《孟子正义》,中华书局1987年版,第401、997页。
② (清)郭庆藩撰,王孝鱼点校:《庄子集释》卷七下《田子方》,中华书局2004年版,第718页。
③ (清)郭庆藩撰,王孝鱼点校:《庄子集释》卷九上《外物》,中华书局2004年版,第927页。
④ (汉)郑玄注,(唐)贾公彦疏:《周礼注疏》卷二《天官·大宰》,(清)阮元校刻:《十三经注疏》,中华书局1980年版,第648页中。
⑤ (清)王先慎撰,钟哲点校:《韩非子集解》卷一九《显学》,中华书局1998年版,第457页。

绪 论

《淮南子》的《要略》篇详细论述了"儒者之学"的产生,其云:

> 文王之时,纣为天子,赋敛无度,杀戮无止,康梁沉湎,宫中成市,作为炮烙之刑,刳谏者,剔孕妇,天下同心而苦之。文王四世累善,修德行义,处岐周之间,地方不过百里,天下二垂归之。文王欲以卑弱制强暴,以为天下去残除贼而成王道,故太公之谋生焉。文王业之而不卒,武王继文王之业,用太公之谋,悉索薄赋,躬擐甲胄,以伐无道而讨不义,誓师牧野,以践天子之位。天下未定,海内未辑,武王欲昭文王之令德,使夷狄各以其贿来贡,辽远未能至,故治三年之丧,殡文王于两楹之间,以俟远方。武王立三年而崩,成王在褓襁之中,未能用事,蔡叔、管叔,辅公子禄父而欲为乱。周公继文王之业,持天子之政,以股肱周室,辅翼成王,惧争道之不塞,臣下之危上也,故纵马华山,放牛桃林,败鼓折枹,搢笏而朝,以宁静王室,镇抚诸侯。成王既壮,能从政事,周公受封于鲁,以此移风易俗。孔子修成、康之道,述周公之训,以教七十子,使服其衣冠,修其篇籍,故儒者之学生焉。①

这段话从文王、武王、周公、成王、康王一直讲到孔子,意在说明儒学产生的历史渊源。在《淮南子》看来,"儒者之学"是由继承文、武、周公的王道政治传统而产生的。这个界定说明了"儒者之学"的思想来源,并指明孔子是"儒者之学"的创立者。这个界定对考察"儒学"概念的提出具有重要意义。

---

① 何宁:《淮南子集释》,中华书局1985年版,第1457—1459页。

司马谈《论六家要指》认为诸子百家"务为治者也",这与《淮南子·泛论训》"百家殊业而皆务于治"①的思想如出一辙。司马谈对"儒家"的界定是:"夫儒者以六艺为法,六艺经传以千万数,累世不能通其学,当年不能究其礼,故曰:'博而寡要,劳而少功。'若夫列君臣之礼,序夫妇长幼之别,虽百家弗能易也。"②他虽然批评了儒家"以六艺为法"所存在的问题,但从治道方面肯定了儒家思想的社会功用,这可以补《淮南子》对儒学界定的不足。

《汉书·艺文志》阐明了儒学的中心思想,比司马谈更进一步,其云:"儒家者流,盖出于司徒之官,助人君顺阴阳教化者也。游文于六经之中,留意于仁义之际,祖述尧舜,宪章文武,宗师仲尼,以重其言,于道为最高。"③这个界定涵盖了经典著作、中心思想、学术渊源和学术传统诸方面,是较为完备的界定。崔大华认为,汉代学者根据先秦典籍对儒学的这种界定,用先秦儒家自己的话来印证,《汉书·艺文志》的界定是符合实际的④。

《淮南子》《论六家要指》《汉书·艺文志》的界定,各有侧重,应合而观之。《淮南子》侧重于儒学的思想渊源,《论六家要指》侧重于社会功用,《汉书·艺文志》侧重于思想内容。另外,《淮南子》和《论六家要旨》对儒学的界定比较贴近先秦及汉初儒学的实际,而《汉书·艺文志》的界定,掺有阴阳五行的色彩,已经是汉代新儒学的面貌。《淮南子》成书于建元二年(前139年)之前,《论

---

① 何宁:《淮南子集释》,第922页。
② (汉)班固撰,(唐)颜师古注:《汉书》卷三〇《艺文志》,第1728页。
③ (汉)司马迁撰,(南朝宋)裴骃集解,(唐)司马贞索隐,(唐)张守节正义:《史记》卷一三〇《太史公自序》,第3290页。
④ 崔大华:《儒学引论》,人民出版社2001年版,第4页。

绪　论

六家要旨》成于建元、元封之间,《汉书·艺文志》由班固采择刘向、刘歆所撰《七略》而成,三者在时间上有明显的先后关系,对"儒学"的界定也有一种学术上的承接递进。一方面,司马谈在建元、元封之际任太史公一职,应有机会阅读到淮南王刘安进献给汉武帝的《淮南子》一书。太史公一职由汉武帝设置,其权力甚大,司马迁《太史公自序》云:"位在丞相上。天下计书先上太史公,副上丞相,序事如古春秋。"①另一方面,《史记·太史公自序》的撰著体例与《淮南子·要略》惊人一致,逐一交代每卷书的写作目的。从这两点可以推断,司马谈、司马迁父子读过《淮南子》。

　　本书所考察"儒学",主要是指《淮南子》成书之时及之前的"儒学",即"游文于六经之中,留意于仁义之际,祖述尧舜,宪章文武,宗师仲尼"、重视"道"和崇尚教化的原始儒学,而不是指汉代"推明孔氏,抑黜百家"②之后的政治儒学。

---

① 参见(汉)司马迁撰:《史记·太史公自序》,第3287页注十五裴骃集解。
② (汉)班固撰,(唐)颜师古注:《汉书》卷五六《董仲舒传》,第2525页。

第一章　论引"六艺"、尊孔子为"素王"

西汉文、景之际,黄老学说盛行。汉武帝即位初期,到元光元年之前,窦太后一直是黄老道家思想的卫护者。《淮南子》成书于汉景帝统治后期、汉武帝即位之初,其以"返本开新"的方式对儒学思想经典文本——"六艺"进行论说、征引和发明,尊称孔子为"素王",展现了景、武之际儒学的基本面貌。虽然《淮南子》这种"返本开新"式的学术努力未能取得立竿见影的政治效果,但书中蕴含的儒学向度值得深入研究。

西汉学者扬雄在《法言·君子》中写道:"淮南说之用,不如太史公之用也。太史公,圣人将有取焉;淮南,鲜取焉尔。必也,儒乎!乍出乍入,淮南也。"将《淮南子》与《史记》放在一起讨论,说明《淮南子》在西汉时已有相当的影响。扬雄认为"圣人"若撷取《淮南子》中的思想,必定是撷取其中的儒学思想。在他看来,《淮南子》出入儒家经典之处甚多。

扬雄的评判,固然受"独尊儒术"后的学术潮流的影响,但《淮南子》中确实渗透了很多可以归属于儒家思想的观点。尤其是作为《淮南子》总结的《泰族训》,更是明显表现出鲜明的儒家立场。甚至有学者认为《泰族训》乃是后来儒家学者所附加,因此不能代表《淮南子》的一贯立场。但是我们从《淮南子》其他篇章中,同样可以发现众多对于五经、《春秋》三《传》言辞的引用和对儒家学统的认同。如果说战国末期和汉朝初年的黄老学派更加倾向于刑名法术的话,那么经过汉初同儒学的碰撞,从《淮南子》已经开始吸收儒学的内容来调和刑名法制、无为之术、仁义德治的关系。①

第一节 论说"六艺":"异科而皆同道"

一、《淮南子》中的"六艺"内涵

"六艺"的含义一般有两种说法:一是指六种技艺,即礼、乐、射、御、书、数;一是六部经典,即《诗》《书》《礼》《乐》《易》《春秋》,一般也称为"六经"。《淮南子》没有"六经"之名,唯有"六艺"之称。

"六艺"之名见于《周礼》《吕氏春秋》《新语》《新书》等。《周礼》两次提到"六艺",均是就技艺层面而言。《周礼·大司徒》载:大司徒"以乡三物教万民而宾兴之。一曰六德,知、仁、圣、义、忠、和;二曰六行,孝、友、睦、姻、任、恤;三曰六艺,礼、乐、射、御、书、

---

① 汤一介、李中华主编,许抗生、聂保平、聂清著:《中国儒学史》(两汉卷),北京大学出版社2011年版,第82页。

数。"①《周礼·保氏》载:"保氏掌谏王恶;养国子以道,乃教之六艺:一曰五礼,二曰六乐,三曰五射,四曰五驭,五曰六书,六曰九数。"②《吕氏春秋》仅1次提到"六艺",其《博志》篇载:"养由基、尹儒,皆六艺之人也。"③养由基善射,尹儒善御,可见此处"六艺"也是就技艺层面而言。

陆贾在《新语》中曾两次使用"六艺"一词。其《道基》篇云"后圣乃定《五经》,明《六艺》",《本行》篇云孔子"表定《六艺》,以重儒术"④。根据文意,此两处"六艺"应是指六部经典。贾谊《新书·六术》载:"是以先王为天下设教,因人所有以之为训;道人之情,以之为真。是故内本六法,外体六行,以兴《诗》《书》《易》《春秋》《礼》《乐》六者之术以为大义,谓之六艺。"⑤根据这个界定,所谓六艺即是六部典籍。

"六艺"与儒学关系紧密,由来已久。《汉书·儒林传》载:"古之儒者,博学乎六艺之文。"⑥可见,"六艺"是儒家学者治学的基本文献。孔子云"不学诗,无以言",又云"不学礼,无以立"⑦。孟子在论辩阐述中大量引《诗》作为佐证或证断,《荀子》亦是如此。

---

① 《周礼注疏》卷一〇《大司徒》,(清)阮元校刻:《十三经注疏》,第707页。
② 《周礼注疏》卷一四《保氏》,(清)阮元校刻:《十三经注疏》,第731页。
③ 许维遹撰,梁运华整理:《吕氏春秋集释》卷二四《博志》,中华书局2009年版,第654页。"六艺",原作"文艺",据毕沅、俞樾及上下文义改。养由基善射,尹儒善御,射、御乃六艺之属。
④ (汉)陆贾撰,王利器校注:《新语校注》卷上《道基》,中华书局1986年版,第18、142页。
⑤ (汉)贾谊撰,阎振益、钟夏校注:《新书校注》卷八《六术》,第316页。按:"兴"字,原文作"与",俞樾"与,乃兴之误。"据改。第321页。
⑥ (汉)班固撰,(唐)颜师古注:《汉书》,第3589页。
⑦ 《论语·季氏》,见(清)阮元校刻:《十三经注疏》,第2522页下。

第一章 论引"六艺"、尊孔子为"素王"

《荀子》还把《诗》《书》《礼》《乐》《春秋》视为"天下之道管",《荀子·儒效》云:"圣人也者,道之管也。天下之道管是矣,百王之道一是矣,故《诗》《书》《礼》《乐》之归是矣。《诗》言是,其志也;《书》言是,其事也;《礼》言是,其行也;《乐》言是,其和也;《春秋》言是其微也……天下之道毕是矣。乡是者臧,倍是者亡。"①可见,《荀子》明确视《诗》《书》《礼》《乐》《春秋》为"儒学"之思想依归②。

《淮南子》一书中4次用到"六艺"一词③,高诱注"六艺"为"礼、乐、射、御、书、数"④。高诱是东汉末期的学者,此时"六经"的说法已经浸淫两三百年,从技艺层面注解"六艺",应未深究"六艺"内容的变迁。马宗霍认为《淮南子》此处所谓"六艺"承孔子而言,当指六经而言⑤。这样的认识比较符合《淮南子》一书的思想实际。《主术训》把"六艺"与"先圣之术"相提并论,如果解"六艺"为六种技艺,则显得不伦不类,以六部经典释之,则文从句顺,明白晓畅。《泰族训》言"六艺之广崇",根据上下文意,此处的"六艺"当是指"六经"而言。技艺层面的"六艺"并不能称得上"广

---

① (清)王先谦撰,沈啸寰、王星贤点校:《荀子集释》,中华书局1988年版,第133—134页。

② 汤一介:《何谓儒》,载汤一介、张耀南、方铭主编:《中国儒学文化大观》,北京大学出版社2001年版,《序言》。

③ 《主术训》云:"孔丘、墨翟,修先圣之术,通六艺之论。"《说山训》云:"为孔子之穷于陈、蔡而废六艺,则惑。"《泰族训》云:"夫观六艺之广崇,穷道德之渊深,达乎无上,至乎无下,运乎无极,翔乎无形,广于四海,崇于太山,富于江河,旷然而通,昭然而明,天地之间,无所系戾,其所以监观,岂不大哉!"又云:"六艺异科而皆同道。"何宁:《淮南子集释》卷九《主术训》,第674、1167、1419、1392—1393页。

④ 何宁:《淮南子集释》卷一六《说山训》,第1167页。

⑤ 马宗霍:《淮南旧注参正》第16卷《说山篇》,齐鲁书社1984年版,第346页。

崇",更与"穷道德之渊深,达乎无上,至乎无下"的境界相去甚远。《泰族训》又称"六艺异科同道",并详论六部经典之得失①,主要突出"六艺"的治道思想。董仲舒在元光元年(前134年)答汉武帝策问之时,也把"六艺"当作学问的科别。他建议汉武帝"诸不在六艺之科孔子之术者,皆绝其道,勿使并进"②。

陆贾、贾谊、刘安及其宾客、董仲舒等均采用"六艺"的说法③,这至少可以说明在刘安生活的时代,"六艺"是相对比较流行的术语。据笔者初步统计,使用"六艺"一词,《史记》有13次,《汉书》有24次;而使用"六经"一词,《史记》仅4次,《汉书》有20次。这可以说明,"六艺"这一术语在西汉前、中期,较"六经"更为流行。

二、《淮南子》论说"六艺"

对"六艺"的论说,自孔子时代就已经开始。以《诗》为例,孔子说:"《诗》三百,一言以蔽之,曰:'思无邪。'"④所以,孔子经常用《诗》来教导门弟子及儿子伯鱼,孔子曾教导伯鱼:"不学《诗》,无以言。"从《左传》记载的士大夫交游时常诵《诗》以抒发己意来看,足见《诗》在当时社会交往上的重要性。孔子以《诗》作为教材,强调其实践性,反对"书呆子"式的诵习。他说:"诵《诗》三百,

---

① 《淮南子·泰族训》此出详论六艺之得失,应本自《礼记·经解》,详见下文。
② (汉)班固撰,(唐)颜师古注:《汉书》卷五六《董仲舒传》,第2523页。
③ 《春秋繁露·深察名号》云"天生民有六经",苏舆注云"疑有误字。或云:'六,为大。'"见苏舆撰,钟哲点校:《春秋繁露义证》卷一〇《深察名号》,中华书局1992年版,第303页。
④ (魏)何晏集解,(宋)邢昺疏:《论语注疏》卷二《为政》,(清)阮元校刻:《十三经注疏》,第2461页下。

授之以政,不达;使于四方,不能专对。虽多,亦奚以为?"①如果诵读《诗》三百篇而不能解决实际问题,再多也没有用。另外,孔子对《易》持"不占"的态度,强调要"恒其德"。②

春秋时期晋国大夫赵衰说:"诗书,义之府也;礼乐,德之则也;德义,利之本也。"③从"务于治"这个角度进行诠释,其对《诗》《书》《礼》《乐》的评价甚高。晋国平公之时的师旷曾论乐、诗、礼的关系,其云:"公室其将卑乎!君之明兆于衰矣。夫乐以开山川之风也,以耀德于广远也。风德以广之,风山川以远之,风物以听之,修诗以咏之,修礼以节之。夫德广远而有时节,是以远服而迩不迁。"④楚国庄王时的申叔时曾论教授太子之道,提及《春秋》《诗》《礼》《乐》的教育功能,其云:"教之《春秋》,而为之耸善而抑恶焉,以戒劝其心;教之《世》,而为之昭明德而废幽昏焉,以休惧其动;教之《诗》,而为之导广显德,以耀明其志;教之《礼》,使知上下之则;教之《乐》,以疏其秽而镇其浮;教之《令》,使访物官;教之《语》,使明其德,而知先王之务用明德于民也;教之《故志》,使知废兴者而戒惧焉;教之《训典》,使知族类,行比义焉。"⑤

---

① (魏)何晏集解,(宋)邢昺疏:《论语注疏》卷一三《子路》,(清)阮元校刻《十三经注疏》,第 2507 页上。
② 孔子说:"不恒其德,或承之羞。"又说:"不占而已矣。"《论语·子路》,见(清)阮元校刻:《十三经注疏》,第 2058 页上。
③ (晋)杜预注,(唐)孔颖达疏:《春秋左传正义》卷一六《僖公二十七年》,(清)阮元校刻:《十三经注疏》,第 1822 页下。
④ [吴]韦昭注,明洁辑评,梁谷整理:《国语》卷一四《晋语八》,世纪出版集团、上海古籍出版社 2008 年版,第 215 页。
⑤ [吴]韦昭注,明洁辑评,梁谷整理:《国语》卷一七《楚语上》,第 248 页。

郭店楚简中有对"六艺"进行总的论说。《六德》云:"雚(观)者(诸)时(诗)箸(书)则亦才(在)壴(矣),雚(观)者(诸)豊(礼)、乐则亦才(在)壴(矣),雚(观)者(诸)易、春秋则亦才(在)壴(矣)。"①《语丛一》云:"《易》,所以会天道人道也。《诗》,所以会古含(今)之恃也者。《春秋》,所以会古含(今)之事也。豊(礼),交之行述也。乐,或生或教者也。……者也。"②《六德》将"诗、书、礼、乐、易、春秋"并提,《语丛一》也提到六部经典。

《礼记·经解》也有对"六艺"的总论,其排序是:《诗》《书》《乐》《易》《礼》《春秋》。郭店楚简对"六艺"的总论,基本是全部肯定。《经解》不仅论说"六艺"的优长,还指出其缺失所在。前文提到孔子已经注意到《诗》《易》的缺失之处,《经解》则全面评论了"六艺"的得与失。这说明,"六艺"的社会影响越来越大,对"六艺"的功能开始有了更为深入的认识。著作《经解》具体年代至今无法判定,大致的时间应是战国中期以后、汉初之间。

《庄子》中提到过6部经典,其排序与《经解》不同,与郭店楚简《六德》完全一致,其云:"孔子谓老聃曰:'丘治《诗》《书》《礼》《乐》《易》《春秋》六经。'"③《天下》又云:"《诗》以道志,《书》以道事,《礼》以道行,《乐》以道和,《易》以道阴阳,《春秋》以道名分。"④孟

---

① 见荆门市博物馆编:《郭店楚墓竹简》,文物出版社1998年版,第188页。
② 见荆门市博物馆编:《郭店楚墓竹简》,第194—195页。李零认为"……者也"应是"《书》……者也"的缺文。见李零:《郭店楚简校读记》(增订本),中国人民大学出版社2007年版,第209页。
③ (清)郭庆藩撰,王孝鱼点校:《庄子集释》卷五下《天运》,中华书局2004年版,第531页。
④ (清)郭庆藩撰,王孝鱼点校:《庄子集释》卷一〇下《天下》,第1067页。

子说："王者之迹熄而《诗》亡，《诗》亡然后《春秋》作。"①把《诗》《春秋》看作是务于治道、匡扶时政的作品。《荀子》仅评论过《易》之外的五部经典。《荀子·劝学》云："故《书》者，政事之纪也；《诗》者，中声之所止也；《礼》者，法之大分，类之纲纪也。故学至乎《礼》而止矣。夫是之谓道德之极。《礼》之敬文也，《乐》之中和也，《诗》《书》之博也，《春秋》之微也，在天地之间者毕矣。"②又云："学莫便乎近其人。《礼》《乐》法而不说，《诗》《书》故而不切，《春秋》约而不速。"③《儒效》云："圣人也者，道之管也。天下之道管是矣，百王之道一是矣。故《诗》《书》《礼》《乐》之道归是矣。《诗》言是，其志也；《书》言是，其事也；《礼》言是，其行也；《乐》言是，其和也；《春秋》言是，其微也。"④从这些引文可以看出，《荀子》对"六艺"并无固定的排序。《荀子》对战国后期流行的所谓儒家学派进行了猛烈的抨击，唯推崇孔子、子弓一系。孔子并未对"六艺"进行过某种程式的排序，子弓著作湮没无闻，无从知晓。《荀子》变乱"六艺"排序，大概是想打破门户之见。

《韩非子》虽称儒、墨为显学，但并未有"六艺"之说，更无总论"六艺"。《吕氏春秋》虽有1处使用"六艺"，但未总论"六艺"。

进入汉代后，学者对"六艺"的论说逐渐增多。陆贾《新语·

---

① （清）焦循撰，沈文倬点校：《孟子正义》卷一六《离娄下》，中华书局1987年版，第572页。

② （清）王先谦撰，沈啸寰、王星贤点校：《荀子集释》卷一《劝学》，中华书局1988年版，第11—12页。

③ （清）王先谦撰，沈啸寰、王星贤点校：《荀子集释》卷一《劝学》，第14页。

④ （清）王先谦撰，沈啸寰、王星贤点校：《荀子集释》卷四《儒效》，第133—134页。

道基》云:"《鹿鸣》以仁求其群,《关雎》以义鸣其雄,《春秋》以仁义贬绝,《诗》以仁义存亡,《乾》《坤》以仁和合,《八卦》以义相承,《书》以仁叙九族,君臣以义制忠,《礼》以仁尽节,乐以礼升降。"①《新语·本行》云:"夫子……表定《六艺》,以重儒术,善恶不相干,贵贱不相侮,强弱不相凌,贤与不肖不得相踰,科第相序,为万□□□而不绝,功传而不衰,《诗》《书》《礼》《乐》,为得其所,乃天道之所立,大义之所行也,岂以□□□威耶?"②陆贾的"六艺"论,与郭店楚简《六德》及《礼记·经解》不同,他看重《诗》中的《鹿鸣》和《关雎》篇,以及《易》的《乾》《坤》两卦。贾谊《新书·六术》云:"是故内本六法,外体六行,以兴《诗》《书》《易》《春秋》《礼》《乐》六者之术以为大义,谓之六艺。令人缘之以自修,修成则得六行矣。六行不正,反合六法。艺之所以六者,法六法而体六行故也,故曰六则备矣。"③其《道德说》篇云:"六理、六美,德之所以生阴阳、天地、人与万物也。固为所生者法也。故曰:道此之谓道,德此之谓德,行此之谓行。所谓行此者,德也。是故,著此竹帛谓之《书》。《书》者,此之著者也;《诗》者,此之志者也;《易》者,此之占者也;《春秋》者,此之纪者也;《礼》者,此之体者也;《乐》者,此之乐者也。祭祀鬼神,为此福者也;博学辩议,为此辞者也。"④又云:"《书》者,著德之理于竹帛而陈之令人观焉,以著所从事,故曰:'《书》者,此之著者也'。《诗》者,志德之理而明其

---

① (汉)陆贾撰,王利器校注:《新语校注》卷上《道基》,中华书局1986年版,第30页。
② (汉)陆贾撰,王利器校注:《新语校注》卷下《本行》,第142页。
③ (汉)贾谊撰,阎振益、钟夏校注:《新书校注》卷八《六术》,第316页。
④ (汉)贾谊撰,阎振益、钟夏校注:《新书校注》卷八《道德说》,第325页。

指,令人缘之以自成也,故曰'《诗》者,此之志者也'。《易》者,察人之精德之理与弗循而占其吉凶,故曰'《易》者,此之占者也'。《春秋》者,守往事之合德之理与不合而纪其成败,以为来事师法,故曰'《春秋》者,此之纪者也。'《礼》者,体德理而为之节文,成人事,故曰'《礼》者,此之体者也'。《乐》者,《书》《诗》《易》《春秋》《礼》五者之道备,则合于德矣。"①其《胎教》篇云:"《易》曰:'正其本而万物理,失之毫厘,差以千里。'故君子慎始。《春秋》之元,《诗》之《关雎》,《礼》之《冠婚》,《易》之《乾》《坤》,皆慎始敬终云尔。"②贾谊对"六艺"的论说比陆贾明显增多。一方面说明贾谊对"六艺"的研究较多,另一方面也说明"六艺"的社会功能越来越受到关注。陆贾和贾谊关于"六艺"的论说,都侧重于"六艺"社会功能的优长之处,是一种肯定和推崇的态度,并未论及其缺失和不足。

总的来说,孔子对《诗》《易》的态度非常理性,例如他对礼、乐的论说,其云:"人而不仁,如礼何! 人而不仁,如乐何!"又云:"礼云礼云,玉帛云乎哉? 乐云乐云,钟鼓云乎哉?"孔子更看重的是礼、乐背后蕴含的仁敬观念。这也说明孔子认为礼、乐本身有局限性。孔子之后至汉初的学者对"六艺"愈加重视,有经典化"六艺"的倾向。

《淮南子》对"六艺"的优长与局限有全面的论述,是比较理性的态度。《诠言训》指出了《诗》《乐》《礼》的偏失之处,其云:

---

① (汉)贾谊撰,阎振益、钟夏校注:《新书校注》卷八《道德说》,第327—328页。
② (汉)贾谊撰,阎振益、钟夏校注:《新书校注》卷一〇《胎教》,第390页。

"《诗》之失僻,《乐》之失刺,《礼》之失责。"①《修务训》指出研习《诗》《书》,目的在于明理治事,而不必计较其成书是否久远,其云:"诵《诗》《书》者,期于通道略物,而不期于《洪范》《商颂》。"②《泰族训》指出了六部经典的偏失,其云:"故《易》之失也卦,《书》之失也敷,《乐》之失也淫,《诗》之失也辟,《礼》之失也责,《春秋》之失也刺。"③下面这段话也非常中肯地列出了"六艺"的优长及偏失所在,其云:"温惠柔良者,《诗》之风也;淳庞敦厚者,《书》之教也;清明条达者,《易》之义也;恭俭尊让者,《礼》之为也;宽裕简易者,《乐》之化也;刺几辩义者,《春秋》之靡也。故《易》之失鬼,《乐》之失淫,《诗》之失愚,《书》之失拘,《礼》之失忮,《春秋》之失訾。"④

《淮南子》对"六艺"的这种认识,与孔、孟是一致的,孔子主张"君子不器",即不囿于某种狭隘的技能,而要注重诗书礼乐所承载的最为核心的东西。孟子主张"尽信书则不如无书",也有这层意思。先贤圣哲的智慧固然是社会历史经验的结晶,但后来者不应用先贤圣哲的智慧来禁锢当下的生活,而是要取其优长,兼用众家之善,结合当下的实际情况,形成自己的认识,再去解决现实生活中遇到的各种难题。《淮南子·泛论训》认为:"王道缺而《诗》作,周室废,礼义坏而《春秋》作。"⑤这与孟子所谓"王者之迹熄而《诗》亡,《诗》亡然后《春秋》作"如出一辙。

---

① 何宁:《淮南子集释》卷一四《诠言训》,第 1036—1037 页。
② 何宁:《淮南子集释》卷一九《修务训》,第 1361 页。
③ 何宁:《淮南子集释》卷二〇《泰族训》,第 1391 页。
④ 何宁:《淮南子集释》卷二〇《泰族训》,第 1392—1393 页。
⑤ 何宁:《淮南子集释》卷二〇《泰族训》,第 922 页。

第一章　论引"六艺"、尊孔子为"素王"

前引《泰族训》最后一段论说"六艺"的部分,应是本自《礼记·经解》。为方便讨论,将《经解》原文抄录如下:

> 孔子曰:"入其国,其教可知也。其为人也,温柔敦厚,《诗》教也;疏通知远,《书》教也;广博易良,《乐》教也;洁静精微,《易》教也;恭俭庄敬,《礼》教也;属辞比事,《春秋》教也。故《诗》之失愚,《书》之失诬,《乐》之失奢,《易》之失贼,《礼》之失烦,《春秋》之失乱。其为人也,温柔敦厚而不愚,则深于《诗》者也;疏通知远而不诬,则深于《书》者也;广博易良而不奢,则深于《乐》者也;洁静精微而不贼,则深于《易》者也;恭俭庄敬而不烦,则深于《礼》者也;属辞比事而不乱,则深于《春秋》者也。"①

这段话借孔子之口说出,其思想观念与孔子的主张仍属一脉相承。《淮南子》论"六艺"之优长与偏失,与《经解》在文字上略有不同。《淮南子》引《经解》论"六艺",是在"六艺异科而同道"的观念下审视六艺得失的。这一观念试图把诸子百家的学说调和到道德仁义的体系之中,以备帝王之用。在"《春秋》之失訾"之后紧承如下文字:"六者,圣人兼用而财制之。失本则乱,得本则治。其美在调,其失在权。"②申明六艺之得失,才能明晓六艺之本末;知六艺之本末,才能将六艺之长用于政治实践中。《经解》的阐述偏于学术理论层面,而《淮南子》引《经解》申明六艺之得失,则偏于政治

---

① (汉)郑玄注,(唐)孔颖达疏:《礼记正义》,(清)阮元校刻:《十三经注疏》,第1609页下。
② 何宁:《淮南子集释》卷二〇《泰族训》,第1393—1394页。

实践层面。"六艺异科而皆同道"及"圣人兼用而财制之",是《淮南子》论说"六艺"的点睛之笔,也是其论"六艺"的价值所在。

《淮南子》"六艺异科而皆同道"的思想,很可能是受了《荀子》的影响。前引《儒效》篇有云:"天下之道管是矣,百王之道一是矣。故《诗》《书》《礼》《乐》之道归是矣。"认为《诗》《书》《礼》《乐》都归于"道"。《淮南子》则进一步认为,六部经典都归于"道"。这里所谓"道",是指帝王君临天下之道。从这个意义上说,《淮南子》是继承并发展了《荀子》的观点。

第二节 征引和发明"六艺"

根据《史记·儒林列传》,秦始皇的"焚书坑儒",是学术史上的一个悲剧,也是学术史的一个拐点,司马迁感叹:"六艺从此缺焉。"汉高帝刘邦举兵围鲁之时,"鲁中诸儒尚讲诵习礼乐,弦歌之音不绝",这说明鲁国文化之繁荣。汉建立后,"诸儒始得修其经艺",儒学逐渐恢复。不过这种恢复也只是相对于焚书坑儒而言。汉惠帝、吕后之时,公卿权贵仍多是有军功战绩之人。汉文帝时,儒学虽然对儒生"颇征用",但此时的汉文帝喜好的是"刑名之言"。儒生不被任用,一直到汉文帝时都是如此。再加上窦太后笃好黄老之术,儒学的"诸博士具官待问,未有进者",儒学虽也在缓慢的发展中,但汉武帝之前始终未受到朝廷的重视,儒生也被当作花瓶。① 造成这

---

① 《史记》卷一二一《儒林列传》,第3116页。

种现象的原因至少有以下两个方面:首先,汉高帝由蔑视儒学到重视儒学,成为汉代重儒传统的开端。其次是汉代初期社会凋敝,亟须休养生息,儒学的兴盛的社会条件尚不具备。这是《淮南子》征引"六艺"的时代背景。

《淮南子》征引《书》《礼》《乐》相对较少,征引《诗》《易》《春秋》相对较多。《淮南子》征引"六艺",并不拘泥于文辞章句,而是对其多有发明。

一、引《书》《礼》《乐》

(一)引《书》

汉初研习《书》的学者并不多,据《汉书·艺文志》记载:"然西汉之初,《书》出最后。故陆生、贾生著书多引《易》《诗》《春秋》而不及《书》。至文帝始获伏生,虽遣晁错往受,习者终鲜。逮欧阳生出,《书》教始传。"①汉宣帝时,《尚书》才"立于官学"。《汉书·艺文志》云:"秦燔书禁学,济南伏生独避藏之。汉兴亡失,求得二十九篇,以教齐鲁之间。讫孝宣世,有欧阳、大小夏侯氏,立于学官。"②这说明在《淮南子》成书之际,《尚书》的影响是非常有限的。

关于《书》的功能,在先秦已有论及。《庄子·天下》云:"《书》以道事。"《荀子·劝学》云:"故《书》者,政事之纪也。"③

---

① (清)唐晏:《两汉三国学案》,中华书局1986年版,第99页。
② (汉)班固撰,(唐)颜师古注:《汉书》卷三〇《艺文志》,第1706页。
③ (清)王先谦撰,沈啸寰、王星贤点校:《荀子集释》,中华书局1988年版,第11—12页。

《庄》《荀》把《书》视为治国理政之事的指导性经验。到了汉代，则注重阐发《书》在人伦教化方面的重要价值。陆贾《新语·道基》云："《书》以仁叙九族，君臣以义制忠。"①贾谊《新书·道德说》云："《书》者，著德之理于竹帛而陈之令人观焉，以著所从事，故曰：《书》者，此之著者也。"②《礼记·经解》："疏通知远，《书》教也。"如果说先秦的思想家更注重《书》的工具性价值，那么汉代则比较注重《书》的人文性价值。

汉初的这种学术倾向，在《淮南子》中也有一定的呈现。《泰族训》云："淳庞敦厚者，《书》之教也。"③《书》能使人淳朴敦厚。《泰族训》引《书》，原文如下："所谓仁者，爱人也；所谓知者，知人也。爱人则无虐刑矣，知人则无乱政矣。治由文理，则无悖谬之事矣；刑不侵滥，则无暴虐之行矣。上无烦乱之治，下无怨望之心，则百残除而中和作矣，此三代之所昌。故《书》曰：'能哲且惠，黎民怀之。何忧讙兜，何迁有苗。'智伯有五过人之材，而不免于身死人手者，不爱人也；齐王建有三过人之巧，而身虏于秦者，不知贤也。故仁莫大于爱人，知莫大于知人，二者不立，虽察慧捷巧，劬禄疾力，不免于乱也。"④引《书》出自《皋陶谟》篇，"能哲且惠"，《皋陶谟》作"能哲而惠"，文字有一定差异⑤。《淮南子》此处的引

---

① （汉）陆贾撰，王利器校注：《新语校注》卷上《道基》，中华书局1986年版，第30页。
② （汉）贾谊撰，阎振益、钟夏校注：《新书校注》卷八《道德说》，第327页。
③ 何宁：《淮南子集释》卷二〇《泰族训》，第1392—1393页。
④ 何宁：《淮南子集释》，第1434—1435页。
⑤ 皋陶曰："都！在知人，在安民。"禹曰："吁！咸若时，惟帝其难之。知人则哲，能官人；安民则惠，黎民怀之。能哲而惠，何忧乎驩兜？何迁乎有苗？何畏乎巧言令色孔壬？"见（清）阮元校刻：《十三经注疏》，第138页中。

第一章　论引"六艺"、尊孔子为"素王"

《书》侧重的是其人文性的教化功能,认为当政者要心怀仁爱之心,治国理政的基本原则是"治由文理"和"刑无侵滥"。

《主术训》篇也有引《书》论证"权势"在移风易俗方面的重要性,其云:"不偏一曲,不党一事,是以中立而遍,运照海内。"①当是本自《尚书·洪范》②,强调当政者公正无私的重要性。《主术训》"昏张中则务种谷,大火中则种黍菽,虚中则种宿麦,昴中则收敛畜积,伐薪木"③,是本自《尚书大传》④,清代学者皮锡瑞根据《泰族训》言舜"既入大麓"烈风雷雨而不迷,判断此是本自《尚书大传》⑤。也就是说,《淮南子》引《书》与《尚书大传》有着一定的联系。

《淮南子》中还有两处征引《周书》。据《汉书·艺文志》的记载,有"《周书》七十一篇",注云"周史记"⑥。此所谓"《周书》"是否是今天《尚书》中的《周书》部分？抑或是今天的《逸周书》中的内容？从《汉志》的记载来看,《周书》在当时有单行本行世。《淮

---

① 权势之柄,其以移风易俗矣。尧为匹夫,不能仁化一里;桀在上位,令行禁止。由此观之,贤不足以为治,而势可以易俗明矣。《书》曰:"一人有庆,万民赖之。"此之谓也。何宁:《淮南子集释》,第643—644页。
② 《洪范》云:"无偏无陂,遵王之义;无有作好,遵王之道;无有作恶,遵王之路。无偏无党,王道荡荡;无党无偏,王道平平;无反无侧,王道正直。会其有极,归其有极。曰皇极之敷言,是彝是训,于帝其训。凡厥庶民,极之敷言,是训是行,以近天子之光。曰天子作民父母,以为天下王。"见(清)阮元校刻:《十三经注疏》,第190页中。
③ 何宁:《淮南子集释》,第687—688页。
④ 《尚书大传》卷一《尧典》:"主春者,张昏中可以种谷。主夏者,火昏中可以种黍。主秋者,虚昏中可以种麦。主冬者,昴昏中可以收敛。"转引自(清)朱鹤龄:《尚书埤传》卷一,见《景印文渊阁四库全书》第66册,第712页上、下。
⑤ 参见(清)皮锡瑞撰,盛冬铃、陈抗点校:《今文尚书考证》卷一《尧典》,中华书局1989年版,第40页。
⑥ (汉)班固撰,(唐)颜师古注:《汉书》卷三〇《艺文志》,第1705页。

南子》有两处直接征引《周书》，不见于今本《尚书》，亦不见于《逸周书》。

《览冥训》引《周书》，原文是："夫钳且、大丙不施辔衔，而以善御闻于天下。伏戏、女娲不设法度，而以至德遗于后世。何则？至虚无纯一，而不□喋苟事也。《周书》曰：'掩雉不得，更顺其风。'"①此处所引《周书》之文，不见于今本《尚书》，亦不见于《逸周书》。高诱注云："言掩雉虽不得，当更从其上风，顺其道理也。言可行与不，犹当以道德为本。"②这里的主要意思是因顺自然，无为而治。《泛论训》引《周书》，原文是："昔者，《周书》有言曰：'上言者下用也，下言者上用也。上言者常也，下言者权也'。此存亡之术也，唯圣人为能知权……权者，圣人之所独见也。故忤而后合者，谓之知权；合而后舛者，谓之不知权；不知权者，善反丑矣。"③高诱注云："《周书》，周史之书。用，可否相济也。常，为君常也。权，谋也。谋度事宜，不失其道也。"④值得注意的是，《文子·道德》有一段文字基本与《泛论训》所引基本相同，其云："老子〔文子〕曰：'上言者，下用也。下言者，上用也。上言者，常用也。下言者，权用也。'唯圣人为能知权……夫权者，圣人所以独见。夫先迕而后合者谓之权，先合而后迕者不知权。不知权者，善反丑矣。"⑤《老子》《文子》《战国策》的真伪及著撰具体年代都难以考定，相较而言，《韩非子》的征引更为可信，其《说林下》云："此《周

---

① 何宁：《淮南子集释》，第497—499页。
② 何宁：《淮南子集释》，第498页。
③ 何宁：《淮南子集释》，第952—957页。
④ 何宁：《淮南子集释》，第952—957页。
⑤ 王利器：《文子疏义》卷五《道德》，中华书局2000年版，第244—245页。

书》所谓'下言而上用者,惑也。'"①孙诒让认为,此所引可能是《逸周书》佚文,《韩非子·说林》与《泛论训》引《周书》之文"同出一原","而意恉皆不甚明晰"。②《韩非子》中有《解老》《喻老》,说明韩非对《老子》有相当精深的研究,应当不会误称《老子》为《周书》。另外,今天所能见到的《老子》版本,也没有《文子》所引的文段。

从以上分析可知,《淮南子》引《书》与《尚书大传》关系较为密切,其引《周书》部分不见于今天所见的《尚书》或《逸周书》,且能在《韩非子》中得到证明。《览冥训》所引非常简洁,有明显的道家立场,而《泛论训》《泰族训》所引具有鲜明的儒家风格。这对于研究汉初《尚书》学乃至先秦《尚书》学都有重要意义和价值。

(二)引《礼》《乐》

《淮南子》对礼、乐也有一定论述和征引。礼类典籍的问题十分复杂,《淮南子》引用的"礼"书,包括现在的《周礼》《礼记》等,但它们在汉初的名称和面貌与现今文本并不完全相同,与《汉志》的著录也有相当的差距。

《淮南子·原道训》中说:"故橘树之江北,则化而为枳。鸲鹆不过济,貉渡汶而死。形性不可易,势居不可移也。"③这段话应是本自《周礼·冬官·考工记》:"橘逾淮而北为枳。鸲鹆不逾济,貉

---

① (清)王先慎撰,钟哲点校:《韩非子集解》卷八《说林下》,第186页。
② (清)孙诒让著,梁运华点校:《札迻》卷七《韩非子某氏注》,中华书局1989年版,第209页。
③ 何宁:《淮南子集释》,第40—41页。

逾汶则死,此地气然也。"①《周官》由"天官""地官""春官""夏官""秋官""冬官"六篇组成。《考工记》本不属于《周官》,据《隋书·经籍志》载,"冬官"篇佚缺,河间献王刘德便取《考工记》补入②。根据《汉书》记载,刘德曾"献雅乐"给汉武帝,并未载记进献"古文先秦旧书"之事③。刘德与刘安同时,南橘北枳之说,可以说是本自《考工记》,说本自《周官》有些不妥。如果《隋书·经籍志》所言属实,那么当时在淮南王刘安及其宾客所见《考工记》当属单行本,而非刘德所补之《周官》本。

有学者根据1973年河北定州汉墓出土的竹简有《大戴礼记》的《哀公问无义》《保傅》两篇,而认为这是西汉时大小戴《礼记》单篇流传的确证;并根据《淮南子》有不少与二书文字相合之处,而推论出刘安等人可能见过这些流传的单篇④。这种推理也值得商榷。《大戴礼记》中的《保傅》篇是本自贾谊《新书》的《保傅》篇及《胎教》篇。以定州汉墓出土的《保傅》来断定《大戴礼记》有单篇流传,无论是逻辑上还是事实上,都难以让人信服。由此推出刘安及其宾客见过这些所谓的流行单篇,着实有较大问题。刘安所见,与其说是《大戴礼记》中的单篇,毋宁说是贾谊《新书》中的篇章。

《淮南子》对《乐记》《经解》都有征引。《原道训》征引《乐

---

① 《周礼·考工记》,见(清)阮元校刻:《十三经注疏》,第906页上。
② (唐)魏征、令狐德棻:《隋书》卷三二《经籍一》,中华书局1973年版,第925页。
③ (汉)班固撰,(唐)颜师古注:《汉书》卷五三《景十三王传》,第2410—2411页。
④ 马庆洲:《淮南子考论》,北京大学出版社2009年版,第113页。

第一章 论引"六艺"、尊孔子为"素王"

记》，原文如下：

> 人生而静，天之性也；感而后动，性之害也；物至而神应，知之动也；知与物接而好憎生焉，好憎成形而知诱于外，不能反己，而天理灭矣。①

此段文字与今本《礼记·乐记》几乎完全一样②，根据《汉书·艺文志》的记载，《乐记》是河间献王刘德与"毛生"等共同创作，其云："武帝时，河间献王好儒，与毛生等共采《周官》及诸子言乐事者，以作《乐记》，献八佾之舞，与制氏不相远。其内史丞王定传之，以授常山王禹。禹，成帝时为谒者，数言其义，献二十四卷记。刘向校书，得《乐记》二十三篇。与禹不同，其道浸以益微。"③河间王刘德与毛生等共采"《周官》及诸子言乐事"。也就是说，《原道训》与今本《乐记》几乎一致的这段话，可能是本自《周官》（即今《周礼》）或"诸子"。然而，时代久远，淹没难觅，已无从考证其出处。《原道训》引此段，是为了论证"达于道者，不以人易天"，认为"释大道而任小数，无以异于使蟹捕鼠，蟾蜍捕蚤，不足以禁奸塞邪，乱乃逾滋"④。这与今本《乐记》异趣。《乐记》此段描述，是为论证"礼乐刑政"作铺垫。《原道训》旨在论证"大道"是天下太平的根本，《乐记》旨在论证"礼乐刑政"是国家和平的必由之路。

---

① 何宁：《淮南子集释》，第24页。
② 《乐记》云："人生而静，天之性也。感于物而动，性之欲也。物至知知，然后好恶形焉。好恶无节于内，知诱于外，不能反躬，天理灭矣。"（清）阮元校刻：《十三经注疏》，第1529页上。
③ （汉）班固撰，（唐）颜师古注：《汉书》，第1712页。
④ 何宁：《淮南子集释》卷一《原道训》，第29页。

二、引《诗》

关于《淮南子》引《诗》,徐复观认为《淮南子》引《诗》在 29 次以上①,牟钟鉴认为全书引《诗》约 30 次②,马庆洲认为引《诗》凡 21 处③。不过,遗憾的是,他们均未一一列出具体条目进行佐证。笔者统计的结果,《淮南子》引《诗》共有 23 处(详见附表 1)。

有学者认为,《淮南子》所引的《诗》,绝大部分为"小雅""大雅"和"颂","风"诗只有一见④。这种观点恐与事实不符。经过笔者考察,《淮南子》引"风"有国风的《周南·卷耳》、邶风的《简兮》、曹风的《鸤鸠》。引"雅"最多,其中属于"小雅"的有《小旻》《节南山》《车舝》《皇皇者华》《正月》《伐木》,属于"大雅"的有《大明》《下武》《文王》《皇矣》《假乐》《荡之什·抑》《民劳》《旱麓》《思齐》《小宛》,引"颂"有《周颂·敬之》《周颂·时迈》⑤。可见,《淮南子》引《诗》,大部分为"雅","风""颂"相对较少。

马庆洲认为《淮南子》把《雅》《颂》之音作为"正音"看待,并重视《诗经》的教化作用,与孔门论《诗》有相似之处⑥。马庆洲从

---

① 徐复观:《〈淮南子〉与刘安的时代》,见徐复观:《两汉思想史》第 2 卷,第 123 页。
② 牟钟鉴:《〈吕氏春秋〉与〈淮南子〉思想研究》,第 163 页。
③ 马庆洲:《淮南子考论》,北京大学出版社 2009 年版,第 111 页。
④ 马庆洲:《淮南子考论》,第 111 页。
⑤ 详见附表 1"《淮南子》引《诗》"。
⑥ 马庆洲:《淮南子考论》,第 111 页。

《诗》的功能进行解读,确有新意,但泛泛而言"与孔门论《诗》有相似之处",并无论述和析证,难以遽信。《泰族训》云:"《关雎》兴于鸟而君子美之,为其雌雄之不乖居也;《鹿鸣》兴于兽,君子大之,取其见食而相呼也。"①孙纪文认为这个评说是立足于两首诗的本义,看不出过分的说教或过分的讽谏之义②。这个说法也值得商榷。"君子美之""君子大之",这本身就有"不乖居""相呼而食"的教化意味。

《淮南子》引《诗》并不囿于《诗》本身的意义,也非趋步于《孟子》《荀子》引《诗》,有其别开生面之处,从引《诗》之"风""雅""颂"分别加以考察。

(一) 引"风"

《淮南子》引"风"有"国风"的《周南·卷耳》、"邶风"的《简兮》(或"郑风"的《太叔于田》)、"曹风"的《鸤鸠》等。

《俶真训》引《周南·卷耳》,其云:"舜之耕陶也,不能利其里,南面王则德施乎四海。仁非能益也,处便而势利也……故《诗》云:'采采卷耳,不盈倾筐。嗟我怀人,置彼周行。'以言慕远世也。"③所谓"以言慕远世也",是指追慕周代的政治,其重点在"势"与仁德的结合。这与荀子所谓"择一而壹"④及《毛传》所谓

---

① 何宁:《淮南子集释》,第1394页。
② 孙纪文:《淮南子研究》,第54页。
③ 何宁:《淮南子集释》卷二《俶真训》,第162—163页。
④ 《荀子·解蔽》引此四句论证"择一而壹",云:"倾筐易满也,卷耳易得也,然而不可以贰周行。故曰:心枝则无知,倾则不精,贰则疑惑。以赞稽之,万物可兼知也。身尽其故则美。类不可两也,故知者择一而壹焉。"(清)王先谦撰,沈啸寰、王星贤点校:《荀子集释》卷一五《解蔽》,第398页。

"后妃之志""辅助君子,求贤审官"①大相异趣。

《缪称训》引《邶风·简兮》或《郑风·太叔于田》,其云:"义正乎君,仁亲乎父。故君之于臣也,能死生之,不能使为苟简易;父之于子也,能发起之,不能使无忧寻。故义胜君,仁胜父,则君尊而臣忠,父慈而子孝。圣人在上,化育如神。太上曰:'我其性与!'其次曰:'微彼其如此乎!'故《诗》曰:'执辔如组。'"②《淮南子》着眼于"情",反复强调"情"在治国理政中的重要性,认为"无诸己,求诸人,古今未之闻也"。引"执辔如组"论证"情"在政治实践中的关键作用。相较于《韩诗外传》③、《毛传》论"御众"之术④而言,《淮南子》的论证更具实践性。《淮南子》从君、臣、父、母、子的伦理层面,论证"情"在忠、信、仁、义、慈、爱等德目中的重要性。

《诠言训》引《曹风·鸤鸠》,其云:"贾多端则贫,工多技则穷,心不一也。故木之大者害其条,水之大者害其深。有智而无术,虽钻之不通;有百技而无一道,虽得之弗能守。故《诗》曰:'淑人君子,其仪一也。其仪一也,心如结也。'君子其结于一乎!"⑤《荀

---

① 《毛传》云:"《卷耳》,后妃之志也,又当辅佐君子,求贤审官,知臣下之勤劳。内有进贤之志,而无险诐私谒之心,朝夕思念,至于忧勤也。"(清)阮元校刻:《十三经注疏》,第277页下。
② 何宁:《淮南子集释》,第716—721页。
③ 《诗》曰:"执辔如组,两骖如舞。"贵能御也。故御马有法矣,御民有道矣。法得则马和而欢,道得则民安而集。《诗》曰:"执辔如组,两骖知舞。"此之谓也……《诗》曰:"执辔如组,两骖如舞。"善御之谓也。《韩诗外传集释》卷二第10章,第42页。
④ 《毛传》云:"组,织组也。武力比于虎,可以御乱。御众有文章,言能治众,动于近,成于远也。"(清)阮元校刻:《十三经注疏》,第308页中、下。另,《大叔于田》"执辔如组,两骖如舞"注云:"骖之与服,和谐中节。"(清)阮元校刻:《十三经注疏》,第337页下。
⑤ 何宁:《淮南子集释》,第1028页。

子》引"其仪一兮"是为论证一心向学①,《韩诗外传》引以论证专一的养心之术②,《毛诗》则强调执义要有始有终③。《淮南子》引以论人应当专心于一事,这与《荀子》的诠释相同。《毛诗》的诠释比较偏重道德伦理层面,《韩诗外传》比较偏重道德内省,《荀子》《淮南子》则较为偏重专心致志地研习某种具体的技艺、学问等。《淮南子》与《荀子》的不同之处在于,其比较侧重理论与实践的融通,如重视"智"与"术"的融通,"技"与"道"的融通。质言之,《淮南子》比较重视智术合一、道技合一。这可以看出,对此《诗》的诠释,《淮南子》有继承《荀子》的一面,也有发展和发明的一面。

(二)引"雅"

《淮南子》引《诗》,"雅"最多,其中属于"小雅"的有《小旻》《节南山》《车舝》《皇皇者华》《正月》《伐木》,属于"大雅"的有《大明》《下武》《文王》《皇矣》《假乐》《荡之什·抑》《民劳》《旱麓》《思齐》《小宛》。

《本经训》引《小雅·小旻》,其云:"五帝三王,殊事而同指,异

---

① "蚓无爪牙之利,筋骨之强,上食埃土,下饮黄泉,用心一也。蟹六跪而二螯,非蛇鳝之穴无可寄托者,用心躁也。是故无冥冥之志者,无昭昭之明,无惛惛之事者,无赫赫之功。行衢道者不至,事两君者不容。目不能两视而明,耳不能两听而聪。螣蛇无足而飞,鼫鼠五技而穷。《诗》曰:'尸鸠在桑,其子七兮。淑人君子,其仪一兮。其仪一兮,心如结兮。'故君子结于一也。"(清)王先谦撰,沈啸寰、王星贤点校:《荀子集解》卷一《劝学篇》,第9—10页。

② "凡治气养心之术,莫径由礼,莫优得师,莫慎一好。好一则抟,抟则精,精则神,神则化。是以君子务结心乎一也。《诗》曰:'淑人君子,其仪一兮。其仪一兮,心如结兮。'"(汉)韩婴撰,许维遹校释:《韩诗外传集释》卷二,中华书局1980年版,第75页。

③ "言执义一,则用心固。"(清)阮元校刻:《十三经注疏》,第385页中。

路而同归。晚世学者,不知道之所一体,德之所总要,取成之迹,相与危坐而说之,鼓歌而舞之,故博学多闻,而不免于惑。《诗》云:'不敢暴虎,不敢冯河。人知其一,莫知其它。'此之谓也。"①这里批判的是"晚世学者"不明"道之所一体,德之所总要",而一味地"博学多闻",终究"不免于惑"。这与《荀子》所谓"敬贤"②、《毛诗》所谓"不敬小人之危殆"③不同。高诱注以"当畏慎小人"④,与《淮南子》文意相去甚远。

《泰族训》引《小雅·正月》,其云:"逆天暴物,则日月薄蚀,五星失行,四时干乖,昼冥宵光,山崩川涸,冬雷夏霜。《诗》曰:'正月繁霜,我心忧伤。'天之与人,有以相通也。故国危亡而天文变,世惑乱而虹霓见,万物有以相连,精祲有以相荡也。"⑤此处引《诗》以论"天人相通"。《淮南子》所谓天人相通,是由人而天的,而不是由天而人的,即国危邦乱,则天文多有异象。这里的"天人相通",以人事为起点,这与董仲舒的"天人相通"是异趣的。《淮南子》里的"人"更具主体性,而董仲舒"天人"视野下的"人"则成了

---

① 何宁:《淮南子集释》,第581页。
② 《荀子·臣道篇》云:"仁者必敬人。凡人非贤,则案不肖也。人贤而不敬,则是禽兽也;人不肖而不敬,则是狎虎也。禽兽则乱,狎虎则危,灾及其身矣。诗曰:'不敢暴虎,不敢冯河。人知其一,莫知其它。战战兢兢,如临深渊,如履薄冰。'此之谓也。故仁者必敬人。"(清)王先谦撰,沈啸寰、王星贤点校:《荀子集解》卷九《臣道篇》,第255页。
③ "徒涉曰冯河,徒博曰暴虎。一,非也。他,不敬小人之危殆也。"(清)阮元校刻:《十三经注疏》,第449页下。
④ 高诱注云:"无兵搏虎曰暴虎,无舟楫而渡曰冯河,言小人而为政,不可不敬,不敬则危,犹暴虎冯河之必死。人皆知暴虎冯河立至害也,故曰知其一;而不知当畏慎小人危亡也,故曰莫知其它。此不免于惑,此之谓也。"何宁:《淮南子集释》,第581页。
⑤ 何宁:《淮南子集释》,第1375页。

第一章 论引"六艺"、尊孔子为"素王"

"天"宰制的客体。虽然二者都着眼于讽谕政治,但其理论的逻辑顺序是不一样的。在《淮南子》中,"人"在"天"面前是挺立的,而在董仲舒那里,"人"是"天"的附属,"人"在"天"面前是渺小的。造成这种思想上差异的,可能与作者的政治地位及角色有关。刘安是诸侯王,且是汉高帝刘邦之孙,在政治上更为自信挺立;而董仲舒是《春秋》博士,是臣下,虽有学术自信,但其政治地位更为被动,其政治处境较为弱势,寄望构建一个至高无上且有意志的"天"来震慑拥有无上权威的"皇帝",也在情理之中。

《泰族训》引《小雅·伐木》,其云:"故大人者,与天地合德,日月合明,鬼神合灵,与四时合信。故圣人怀天气,抱天心,执中含和,不下庙堂而衍四海,变习易俗,民化而迁善,若性诸己,能以神化也。《诗》云:'神之听之,终和且平。'"①此处引《诗》自《小雅·伐木》,以论"执中含和"的重要性。《毛传》认为《伐木》是宴请故旧之诗,意谓此诗宜在宴请之时唱诵,利于"民德归厚"②。《韩诗外传》卷九第25章征引此《诗》,以证"神奇难料"的道理③。从引证及诠释来看,《淮南子》引论与《毛诗》释义相去甚远,与《韩诗》稍近。三者虽都强调"教化"的作用,但层次上有一定差异,《毛

---

① 何宁:《淮南子集释》,第1378页。
② 《毛传》:"《伐木》,燕朋友故旧也。自天子至于庶人,未有不须友以成者。亲亲以睦,友贤不弃,不遗故旧,则民德归厚矣。"(清)阮元校刻:《十三经注疏》,第410页下。
③ 子贡曰:"善哉!谨身事一言,愈于终身之诵,而事一士,愈于治万民之功。夫知人者不可以不知,何也?吾尝蓻焉吾田,暮岁不收。土莫不然,何况于人乎?与人以实,虽疏必密。与人以虚,虽戚必疏。夫实之与实,如胶如漆。虚之与虚,如薄冰之见昼日。君子可不留意哉?"《诗》曰:"神之听之,终和且平。"(汉)韩婴撰,许维遹校注:《韩诗外传集释》卷九第25章,第329—330页。

诗》从故旧交游层面,追求"民德归厚";《韩诗外传》则从"治道"层面,追求人君慎德的垂范作用;而《淮南子》则强调"圣人怀天气,抱天心,执中含和",追求无为而治的高妙境界。

《缪称训》引《大雅·下武》,其云:"圣人之道,犹中衢而致尊邪,过者斟酌多少不同,各得其所宜。是故得一人所以得百人也。人以其所愿于上以交其下,谁弗戴;以其所欲于下以事其上,谁弗喜?《诗》云:'媚兹一人,应侯慎德。'慎德大矣,一人小矣,能善小斯能善大矣。"①从"得一人所以得百人"来看,"一人"是指贤人,而非天子、君王。这与《荀子·仲尼篇》引此以论臣下"持宠处位"之术②,以及《毛传》释"一人"为天子③,截然不同。《荀子》及《毛传》侧重的是臣民仰承天子、君王的德泽,而《淮南子》则着眼于重视天子、君王应以"德"选臣。解"一人"为天子、人君,侧重的是"德"的垂范作用,其发展趋势是圣王政治;解"一人"为"贤人",侧重的是"德"的规范作用,其发展趋势是贤人政治。相较而言,强调垂范作用,可谓是一种理想的描摹,而强调规范作用,则是现实的展开。

《泰族训》引《大雅·民劳》,其云:"圣主在上,廓然无形,寂然无声,官府若无事,朝廷若无人。无隐士,无轶民,无劳役,无冤刑,四海之内,莫不仰上之德,象主之指,夷狄之国,重译而至,非户辩而家说之也,推其诚心,施之天下而已矣。《诗》曰:'惠此中国,以

---

① 何宁:《淮南子集释》,第 708—709 页。
② (清)王先谦撰,沈啸寰、王星贤点校:《荀子集解》卷三《仲尼篇》,第 110 页。
③ 《毛传》云:"《下武》,继文也。武王有圣德,复受天命,能昭先人之功焉。"(清)阮元校刻:《十三经注疏》,第 525 页中。

第一章 论引"六艺"、尊孔子为"素王"

绥四方。'内顺而外宁矣。"①此处引《诗》以论"推其诚心,施之天下"则可以实现"内顺外宁"的政治局面。言"圣主在上""官府若无事,朝廷若无人",实即借由"推其诚心"以实现无为而治。《左传》僖公二十八年曾引此《诗》以论赏罚分明②,《左传》昭公十九年亦曾引此,以论施政需宽猛相济③。《荀子·致士篇》引此《诗》以论"王者之事",明确地提出"刑政平""礼义备"④。《淮南子》提到"无冤刑""仰上之德""推其诚心",也是宽猛相济的主张。从这里可以看出,《淮南子》的作者把孔子、荀子所主张的宽猛相济与子思一派所强调的"诚"、《孟子》的"推恩"思想融合在一起,追求一种"内顺外宁"的治道境界。从这一点也可以看出,《淮南子》

---

① 何宁:《淮南子集释》,第 1382—1383 页。
② 《左传》僖公二十八年载:"城濮之战,晋中军风于泽,亡大旆之左旃。祁瞒奸命,司马杀之,以徇于诸侯,使茅茷代之。师还。壬午,济河。舟之侨先归,士会摄右。秋,七月丙申,振旅恺以入于晋,献俘授馘,饮至大赏,征会讨贰。杀舟之侨以徇于国,民于是大服。君子谓文公其能刑矣,三罪而民服。《诗》云:'惠此中国,以绥四方',不失赏刑之谓也。"(清)阮元校刻:《十三经注疏》,第 1826—1827 页。
③ 《左传》昭公十九年载:郑子产有疾,谓子大叔曰:"我死,子必为政。唯有德者能以宽服民,其次莫如猛。夫火烈,民望而畏之,故鲜死焉;水懦弱,民狎而玩之,则多死焉,故宽难。"疾数月而卒。大叔为政,不忍猛而宽。郑国多盗,取人于萑苻之泽。大叔悔之,曰:"吾早从夫子,不及此。"兴徒兵以攻萑苻之盗,尽杀之,盗少止。仲尼曰:"善哉!政宽则民慢,慢则纠之以猛。猛则民残,残则施之以宽。宽以济猛,猛以济宽,政是以和。《诗》曰:'民亦劳止,汔可小康;惠此中国,以绥四方',施之以宽也。'毋从诡随,以谨无良;式遏寇虐,惨不畏明',纠之以猛也。'柔远能迩,以定我王',平之以和也。又曰:'不竞不絿,不刚不柔,布政优优,百禄是遒',和之至也。"及子产卒,仲尼闻之,出涕曰:"古之遗爱也。"(清)阮元校刻:《十三经注疏》,第 2094—2095 页。
④ 《荀子·致士篇》载:川渊深而鱼鳖归之,山林茂而禽兽归之,刑政平而百姓归之,礼义备而君子归之。故礼及身而行修,义及国而政明,能以礼挟而贵名白,天下愿,令行禁止,王者之事毕矣。《诗》曰:"惠此中国,以绥四方。"此之谓也。(清)王先谦撰,沈啸寰、王星贤点校:《荀子集解》,第 260 页。

的作者有着明确的政治主张,并不是简单地把诸子百家的文句集录备览。

（三）引"颂"

《淮南子》引《诗》之"颂"有《周颂·敬之》《周颂·时迈》。

《缪称训》引《大雅·文王》,其云:"积薄为厚,积卑为高,故君子日孳孳以成辉,小人日怏怏以至辱。其消息也,离朱弗能见也。文王闻善如不及,宿不善如不祥。非谓日不足也,其忧寻推之也。故《诗》曰:'周虽旧邦,其命维新。'"①《淮南子》言"其命维新"在于坚持积累自新,或者说在于德、善等方面不断地反省自新并躬行之。这与《孟子》所谓文王"新国"②、《韩诗外传》所谓文王为"大儒"③及《毛诗》所谓"新在文王"④不同。

《修务训》征引《周颂·敬之》两次,其云:"知人无务,不若愚而好学。自人君公卿至于庶人,不自强而功成者,天下未之有也。

---

① 何宁：《淮南子集释》,第725—726页。
② 孟子曰："……人伦明于上,小民亲于下,有王者起,必来取法,是为王者师也。《诗》云：'周虽旧邦,其命惟新',文王之谓也。子力行之,亦以新子之国。"赵岐注云："言周虽后稷以来旧为诸侯,其受王命,惟文王新复修治礼义以致之耳。以是劝勉文公,欲使庶几新其国也。"(清)焦循撰,沈文倬点校：《孟子正义》卷一〇《滕文公上》,中华书局1987年版,第347页。
③ 《韩诗外传》卷五云：法先王,依礼义,以浅持博,以一行万。苟有仁义之类,虽鸟兽若别黑白。奇物变怪,所未尝闻见,卒然起一方,则举统类以应之,无所疑怍,援法而度之,奄然如合符节。是大儒者也。故人主用俗人,则万乘之国亡。用俗儒,则万乘之国存。用雅儒,则千里之国安。用大儒,则百里之地,久而三年,天下为一,诸侯为臣。用万乘之国则举错而定,一朝而白。《诗》曰："周虽旧邦,其命维新。"可谓白矣。谓文王亦可谓大儒已矣。(汉)韩婴撰,许维遹校释：《韩诗外传集释》卷五,中华书局1980年版,第172—174页。
④ (清)阮元校刻：《十三经注疏》,第503页下。

第一章　论引"六艺"、尊孔子为"素王"

《诗》云：'日就月将,学有缉熙于光明。'此之谓也。"①此处引《诗》,侧重于修务及为学的效果,即"光明"。又云："夫事有易成者名小,难成者功大。君子修美,虽未有利,福将在后至。故《诗》云：'日就月将,学有缉熙于光明。'此之谓也。"②此处引《诗》,侧重于为学的方法及毅力,即"日就月将"。贾谊曾引此《诗》,不过他的重点在"敬"③,与《毛传》④相近。《韩诗外传》引"日就月将",凡5见,均侧重于为学的方法和毅力而言⑤。《韩诗外传》强调的是学问,《淮南子》强调的是政治。《韩诗外传》重在论述潜心向学、日积月累、尊师尚道、教学相长,《淮南子》重在论述"自人君公卿至于庶人"要自强不息、修美不辍。前者追求的是"学"以实现自我提升,后者追求的是功成名就、和谐幸福。

《泰族训》引《周颂·时迈》,其云："故精诚感于内,形气动于天,则景星见,黄龙下,祥凤至,醴泉出,嘉谷生,河不满溢,海不溶波。故《诗》云：'怀柔百神,及河峤岳。'"⑥此处引《诗》以论圣人"怀天心""动化天下""精诚感于内,形气动于天"的崇高境界。《荀子·礼论篇》曾引此诗句论圣人于天、地、人三才的地位和作

---

① 何宁：《淮南子集释》,第1344—1347页。
② 何宁：《淮南子集释》,第1370—1371页。
③ （汉）贾谊撰,阎振益、钟夏校注：《新书校注》卷一〇《礼容语下》云："《诗》曰：'敬之敬之,天惟显思,命不易哉,毋曰高高在上,陟降厥士,日监在兹。维予小子,不聪敬止。日就月将,学有缉熙于光明。佛时仔肩,视我显德行。'故弗顺弗敬,天下不定,忘敬而怠,人必乘之。呜呼,戒之哉！"第381页。
④ "将,行也。光,广也。"（清）阮元校刻：《十三经注疏》,第599页上。
⑤ （汉）韩婴撰,许维遹校注：《韩诗外传集释》卷三第14章,第98—99、294—296页。
⑥ 何宁：《淮南子集释》,第1375页。

用,指出"圣人"于天、地、人三才最为重要①。《毛诗》则从政治层面强调"天子"的职责②。"天子"与《荀子》所言圣人,并不在一个层面。《淮南子》引"怀柔百神,及河乔岳"以论圣人能"怀天心""动化天下""精诚感于内,形气动于天",与《荀子》有承继关系。《淮南子》对《荀子》的"圣人"观念有重要的演进,其强调"怀天心""动化天下""精诚感于内,形气动于天",秉承了自《荀子》以来就已出现的儒道合流的学术发展趋势。《鲁诗》的开山学者申公,师从浮邱伯学《诗》,而浮邱伯是荀子的门生③。从这一点来看,《淮南子》此处引《诗》,当属《鲁诗》系统。

学界对《淮南子》引《诗》颇有批评。如孙纪文认为《淮南子》的作者在一段说理、说事之后,引《诗》作权威性的论断,意在引《诗》以明理明事,而不是引理引事以明《诗》。他认为这样的做法则不仅破碎《诗》意,而且距离《诗》所蕴涵的文学、美学意义愈来愈远④。这种批评需要商榷。首先,《淮南子》是子学而非经学,其作者不必像《诗》博士或后来的经学家那样阐述《诗》义;其次,《淮南子》关注的焦点是政治,而非文学或美学;最后,引《诗》作权威性的论断,在《孟子》《荀子》中已经出现,并不是《淮南子》的首

---

① 性者、本始材朴也;伪者、文理隆盛也。无性则伪之无所加,无伪则性不能自美。性伪合,然后成圣人之名,一天下之功于是就也。故曰:天地合而万物生,阴阳接而变化起,性伪合而天下治。天能生物,不能辨物也,地能载人,不能治人也;宇中万物生人之属,待圣人然后分也。《诗》曰:"怀柔百神,及河乔岳。"此之谓也。(清)王先谦撰,沈啸寰、王星贤点校:《荀子集解》卷一三《礼论》,第366页。
② 《毛传》:"《时迈》,巡守告祭柴望也。巡守告祭者,天子巡行邦国,至于方岳之下而封禅也。"(清)阮元校刻:《十三经注疏》,第588页。
③ (汉)班固撰,(唐)颜师古注:《汉书》卷三六《楚元王传》,第1921页。
④ 孙纪文:《淮南子研究》,第50页。

创。如《孟子·公孙丑上》引《诗》论证"以德行仁者王",并举商汤、文王、孔子以德服人的故事作为论据,最后以《诗》结束讨论:"诗云:'自西自东,自南自北,无思不服。'此之谓也。"①此处诗句出自《文王之什·文王有声》,这本是描述文王以德服人,与商汤、孔子无任何关系。孟子引此,其意不是为了明《诗》,而是为论证"以德服人"寻求经典依据。这种行文的特点,在《荀子》中被运用得淋漓尽致,引《诗》后云"此之谓也"。这说明《诗》在流传的过程中,逐渐被权威化、经典化。《淮南子》受《孟子》《荀子》的影响较大,出现与它们相似的行文特点及论证风格,不足为奇。孙纪文之所以对《淮南子》引《诗》有那样的批评和苛责,是因为他用了"经学"的视角②。实际上,即使《韩诗外传》这样的专门阐发《诗》意的著作,也存在"引《诗》以证事,非引事以明《诗》"③的问题。也就是说,韩婴是以一种"《诗经》注我"的理念和态度研究《诗》,引《诗》不是为了明《诗》,而是为了论证自己的论点。《淮南子》并非专门的《诗》学著作,对《诗》的阐释论说,多有"发明",若要研究汉初的《诗》学,这是要给予足够重视的。

三、引《易》

《淮南子》对《易》的征引及论述数量仅次于《诗》。考察《淮

---

① 《孟子·公孙丑上》第3章,见(清)焦循撰,沈文倬点校:《孟子正义》,中华书局1987年版,第222页。
② 参见孙纪文:《淮南子研究》,第24页。
③ 明代学者王世贞语。转引自《四库全书总目》卷一六《经部》,中华书局1965年版,第136页。

南子》中的《易》学,对于研究汉初易学具有重要意义。一般认为,西汉《易》学多出自田何系统。有学者认为田何是汉兴第一位易学大师①。这种观点的依据一般是《史记》的《仲尼弟子列传》②《儒林传》③和《汉书·儒林传》④云"要言《易》者,本之田何"。另外,《汉书·艺文志》易学著作部分载有"《淮南道训》二篇",云:"淮南王安聘明《易》者九人,号九师说。"⑤这说明汉初精通易学的人相当不少,从"号九师说"也可以看出《淮南道训》在当时具有较大的影响。有学者认为《淮南子》引《易》当本自《淮南道训》⑥。

孔子之后的著作中,引《易》最多的当属《左传》,《孟子》言《易》甚少,《荀子·大略篇》有"善为易者不占"云云,但《荀子》一书直接引《易》仅也不是很多⑦,其他诸子遗籍虽偶有征引,但像《淮南子》如此多征引《易经》的,恐怕找不出第二部。

---

① 高怀民:《两汉易学史》,广西师范大学出版社2007年版,第7页。
② (汉)司马迁撰,(南朝宋)裴骃集解,(唐)司马贞索隐,(唐)张守节正义:《史记》《仲尼弟子列传》云:"商瞿,鲁人,字子木,少孔子二十九岁。孔子传易于瞿,瞿传楚人馯臂子弘,弘传江东人矫子庸疵,疵传燕人周子家竖,竖传淳于人光子乘羽,羽传齐人田子庄何,何传东武人王子中同,同传菑川人杨何,何元朔中以治易为汉中大夫。"《儒林传》云:"自鲁商瞿受易于孔子,孔子卒,商瞿传易,六世,至齐人田何字子庄而汉兴。"《汉书·儒林传》云:"自鲁上去子木受易于孔子,以授鲁桥庇子庸,子庸授江东馯臂子弓,子贡授燕周丑子家,子家授东武孙虞子乘,子乘授齐田何子装。"
③ 《儒林传》云:"自鲁商瞿受易于孔子,孔子卒,商瞿传易,六世,至齐人田何字子庄而汉兴。"
④ 《汉书·儒林传》云:"自鲁上去子木受易于孔子,以授鲁桥庇子庸,子庸授江东馯臂子弓,子贡授燕周丑子家,子家授东武孙虞子乘,子乘授齐田何子装。"
⑤ (汉)班固撰,(唐)颜师古注:《汉书》,第1703页。
⑥ 刘大钧:《〈淮南子〉蕴〈易〉考》,《周易研究》2012年第4期。
⑦ 《非相篇》引《坤》卦六四爻辞"括囊""无咎无誉",《赋》篇云:"忽兮其极之远也,攭兮其相逐而反也,卬卬兮天下之《咸》《塞》也。"《大略篇》论及《易》之《咸》卦,又引《小畜》初九爻辞"复自道,何其咎",云"善为易者不占",(清)王先谦撰,沈啸寰、王星贤点校:《荀子集解》,第84、475、495、498、507页。

第一章 论引"六艺"、尊孔子为"素王"

(一)引卦辞、爻辞

《淮南子》引《易》涉及《乾》卦初爻、九三爻、上九爻爻辞,《坤》卦初六爻、六三爻、六四爻爻辞,《同人》卦卦辞,《屯》卦六三爻、上六爻爻辞,《小过》卦卦辞,《中孚》卦九二爻爻辞,《丰》卦上六爻爻辞,等等。

《缪称训》引《同人》卦,其云:"故至德者,言同略,事同指,上下一心,无岐道旁见者遏障之于邪,开道之于善而民乡方矣。故《易》曰:'同人于野,利涉大川。'"①德性至高的表现是言语行事都能抓住核心,众志成城,抑邪扬善,民众因此而趋向正直。所以《易》说:"同心协力,可以克服任何困难。"从《同人》上乾下离的卦象来看,强调的应是君子臣民各安其位、各尽其职。就君子而言,强调的是权位、权势。而《淮南子》从"至德者"言,并不是强调权位、权势。也就是说,《淮南子》此处引《易》与今本《周易》并不相同,而与马王堆帛书《周易》中的《二三子》说《易》非常相似。《二三子》第十九章云:"《卦》曰:'同人于野,亨,利涉大川。'孔子曰:此言大德之好远也。所行□□□□远,和同者众,以济大事,故曰'利涉大川'"②以"大德"为起点,以和同济事为根本追求。廖名春指出《二三子》解《易》有一明显的特色,就是只谈德义,罕言卦象、爻位和筮数,认为这不但迥异于《左传》《国语》的《易》说,与今本《易传》诸篇也颇有不同③。《淮南子》此处以《易》之

---

① 何宁:《淮南子集释》,第 706 页。
② 邓球柏:《帛书周易校释》(增订本),湖南出版社 1996 年版,第 372 页。
③ 廖名春:《帛书二三子简说》,陈鼓应主编:《道家文化研究》第 3 辑,上海古籍出版社 1993 年版,第 190—195 页。

"同人于野,利涉大川"为证断,其理路正与《二三子》解《易》的理路相合。李学勤认为马王堆帛书《周易》的抄写约在汉文帝初,而本子的形成还要更早,这是迄今最古的《周易》本子①。如果这个判断没有问题,那么《淮南子》的作者读到的《周易》当是马王堆帛书的版本。也就是说,《淮南子》引《易》与帛书《周易》关系密切②。

《缪称训》引《屯》卦六三爻爻辞,其云:"道者物之所导也,德者性之所扶也,仁者积恩之见证也,义者比于人心而合于众适者也。故道灭而德用,德衰而仁义生。故上世体道而不德,中世守德而弗坏也,末世绳绳乎唯恐失仁义。君子非仁义无以生,失仁义则失其所以生;小人非嗜欲无以活,失嗜欲则失其所以活。故君子惧失仁义,小人惧失利,观其所惧,知各殊矣。《易》曰:'即鹿无虞,惟入于林中,君子几,不如舍,往吝。'"③即是说,"道"是万物的主导,"德"是天性的扶持,"仁"是积累恩德的见证,"义"是同人心相比并,而与众人适宜相配合。所以"道"消亡而后"德"被重用,"德"衰落而后"仁义"产生。所以上古之世体察"道"而不需要"德",中古之世持守"德"而不需要安抚,末世之时国君谨慎小心,只担心失去仁义。君子不用仁义就没有办法生存;失去仁义,那么就失去了他的生存基础。小人没有嗜欲就没有办法生活;失去嗜欲,那么就失去了他赖以生活的基础。所以君子担心失去"仁

---

① 李学勤:《〈周易〉研究的新途径——读〈帛书周易校释〉》,《湘潭大学学报(社会科学版)》1991年第3期。

② 杨默玄认为《淮南子》对《易》的理解和运用与当时汉初至今的一些易学大师不尽相同,这种将易理运用于社会实践自《易》始至今都有,唯不成宗不成派,又无专书传世,故多令人茫然。杨默玄:《〈淮南子〉运用易学的思考》,《周易研究》1991年第2期。

③ 何宁:《淮南子集释》,第706—707页。

义",小人害怕失掉利益。考察他们所害怕的,知道是各自不同的①。根据这个语境,再结合许慎的注②、王弼及孔颖达对《屯》六三爻辞的释义③,如果再把"《易》曰:'即鹿无虞,惟入于林中,君子几,不如舍,往吝。'"直译为"逐鹿没有虞人帮助,鹿入于林中,不可获得。君子求鹿,不如舍弃它,往求会有恨惜",就不甚通畅。《缪称训》此处受《老子》影响较大,《老子》第38章云:"故失道而后德,失德而后仁,失仁而后义,失义而后礼。"《缪称训》上段引文是站在道家立场批评仁义。引《易》作为证断,应是站在道家立场的。以这样的视角再来审视引《易》的文本,"鹿"是指仁义、嗜欲,追求它不如舍弃它,不然内心就会充满遗憾。这里透露出作者像《老子》一样的情怀,冀望用"道""德"来匡扶充满仁义和嗜欲的社会。不过,审读《屯》卦的六爻爻辞,这样的理解有断章取义之嫌。"不如舍"是说条件不成熟,并非真要放弃。《屯》卦在《乾》《坤》之后,《乾》言天之道,《坤》言地之道,《屯》言婚媾之事,属于人道范畴。那么,六三爻的爻辞所言,应该也是与婚媾之事有关。六二爻说求婚媾失败,六三爻以打猎需虞人相助,喻指婚媾之事需要有媒妁之言。有了媒妁之言,所以六四爻爻辞是指求婚媾成功。

---

① 参见陈广忠:《淮南子校诠》卷一〇《缪称训》,第468页。
② 许慎注云:"即,就也。鹿以谕民。虞,欺也。几,终也。就民欺之,即入林中,几终不如舍之,使之不终如其吝也。"见何宁:《淮南子集释》,第706页。
③ 王弼云:"虽见其禽而无其虞,徒入于林中,其可获乎?几,辞也。夫君子之动,岂取恨辱哉!故不如舍,往吝,穷也"。见王弼著,楼宇烈校释:《王弼集校释》,中华书局1980年版,第235页。孔颖达云:"'即鹿无虞'者,即,就也。虞谓虞官,如人之田猎,欲从就于鹿,当有虞官助己,商度形势可否,乃始得鹿,若无虞官,即虚入于林木之中,必不得虞,故云'唯入于林中'。此是假物为喻……'君子几,不如舍'者,几,辞也。夫君子之动,自知可否,岂取恨辱哉!见此形势,即不如休舍也……'往吝'者……即有悔吝也。"见(清)阮元校刻:《十三经注疏》,第20页上。

那么,六三爻爻辞"不如舍"就不是舍弃的意思,而是暂时放弃以待时机,有"临渊羡鱼不如退而结网"的意味。

《缪称训》引《屯》卦上六爻爻辞,其云:"凡人各贤其所说而说其所快,世莫不举贤,或以治,或以乱,非自遁,求同乎己者也。己未必得贤,而求与己同者而欲得贤,亦不几矣。使尧度舜则可,使桀度尧,是犹以升量石也。今谓狐狸,则必不知狐,又不知狸。非未尝见狐者,必未尝见狸也。狐、狸非异,同类也。而谓狐狸,则不知狐、狸。是故谓不肖者贤,则必不知贤;谓贤者不肖,则必不知不肖者矣。圣人在上,则民乐其治;在下,则民慕其意。小人在上位,如寝关曝纩,不得须臾宁。故《易》曰:'乘马班如,泣血涟如。'言小人处非其位,不可长也。"①此引《易》之义非常明晰,喻指小人处在不适宜的位子是不能长久的。许慎注云:"谕乘马班如,难也,故有泣血之忧。"以乘马班如谕险难②。王弼注《周易》此爻辞云:"处险难之极,下无应援,进无所适,虽比于五,五屯其膏,不与相得,居不获安,行无所适,穷困阸厄,无所委仰,故'泣血涟如'。"③与许慎的解说,意义相同。帛书《屯》云:"尚六云:'乘马烦如,汲血连如。'"④文字略有不同。《屯·上六·象》云:"泣血涟如,何可长也。"《淮南子》此处解《易》与《象传》接近,而"小人处非其

---

① 何宁:《淮南子集释》,第 709—711 页。
② 何宁:《淮南子集释》卷一〇《缪称训》,第 711 页。另,吴承仕云:王弼注曰:"处险难之极,下无应援,居不获安,行无所适,故泣血涟如。"此注义与彼同,亦以乘马班如谕险难,则注文当作"乘马班如,谕难也。"今注"谕"字误移在上,义不可通。吴承仕著:《淮南旧注校理》,北京师范大学出版社 1985 年版,第 75 页。
③ (魏)王弼:《周易注·上经·屯》,见(魏)王弼著,楼宇烈点校:《王弼集校释》,中华书局 1980 年版,第 236 页。
④ 邓球柏:《帛书周易校释》(增订本),湖南出版社 1996 年版,第 173 页。

第一章 论引"六艺"、尊孔子为"素王"

位"应是《淮南子》作者的发挥和引申。这里说的"小人处非其位"当是上文所谓"小人在上位",小人位高权重,百姓则"如寝关曝纩,不得须臾宁",生活在水深火热之中,当有"泣血涟如"之忧患。而这样的统治,是不可能长久的。相较而言,《淮南子》的解说有浓厚的政治性,或者说是以治道的视角来解说《周易》,王弼的解说则专注于《周易》的卦象及爻辞本身。

《缪称训》引《乾》上九爻的爻辞,其云:"无诸己,求诸人,古今未之闻也。同言而民信,信在言前也;同令而民化,诚在令外也。圣人在上,民迁而化,情以先之也;动于上,不应于下者,情与令殊也。故《易》曰:'亢龙有悔。'三月婴儿未知利害也,而慈母之爱谕焉者,情也。故言之用者,昭昭乎小哉!不言之用者,旷旷乎大哉!身君子之言,信也;中君子之意,忠也。忠信形于内,感动应于外,故禹执干戚,舞于两阶之间,而三苗服从。"① 审读《淮南子》此处的文意,其重点并不是《乾·文言》所谓"进退存亡"的智慧,而在于"悔过"这种真情。《二三子》云:"《易》曰:'抗龙有悔(悔)。'孔子曰:'此言为上而骄下,骄下而不佁(殆)者,未之有也。'"② 刘大钧认为《淮南子》言"动于上,不应于下者"与《二三子》一脉相承③。不过,《二三子》强调的是治国理政的君王要"立正",其云:"圣人之立正也,若遁木,俞高俞畏下,故曰:'抗龙有悔(悔)。'"④ 而治国理政若爬树杆一样,爬得越高越要害怕摔下来,这是告诫君

---

① 何宁:《淮南子集释》卷一〇《缪称训》,第717—718页。
② 邓球柏:《帛书周易校释》(增订本),第351页。
③ 刘大钧:《〈淮南子〉蕴〈易〉考》,《周易研究》2012年第4期。
④ 邓球柏:《帛书周易校释》(增订本),第351页。

王要尊重民众、敬畏民众。《淮南子》强调的是"悔过"的真情,注重的是君王内心深处的自警自省。可见,《淮南子》并未步趋于《二三子》。关于"情",杨默玄认为"情与令殊"的"情"指客观情况①,即情实、情况之意。笔者认为"情与令殊"之"情"是指情感、真情而言,是"圣人在上,民迁而化,情以先之"的"情",强调内心的情感应与律令相一致,若有殊异,则将"有悔"。其讲"无诸己,求诸人,古今未闻",又讲"忠信形于内,感动应于外",与"君子求诸己"(《论语·卫灵公》)、"行有不得,反求诸己""胸中正,则眸子了焉;胸中不正,则眸子眊焉"(《孟子·离娄上》)、"诚于中,形于外"(《礼记·中庸》)等,是一致的。

《缪称训》引《坤》卦六三爻爻辞,其云:"子之死父也,臣之死君也,世有行之者矣,非出死以要名也,恩心之藏于中而不能违其难也。故人之甘,(甘)非正为蹠也,而蹠焉往;君子之惨怛,非正为伪形也,谕乎人心:非从外入,自中出者也。义正乎君,仁亲乎父。故君之于臣也,能死生之,不能使为苟简易;父之于子也,能发起之,不能使无忧寻。故义胜君,仁胜父,则君尊而臣忠,父慈而子孝。圣人在上,化育如神。太上曰:'我其性与!'其次曰:'微彼其如此乎!'故《诗》曰:'执辔如组。'《易》曰:'含章可贞。'动于近,成文于远。夫察所夜行,周公惭乎景,故君子慎其独也。"②《淮南子》此处引《易》,侧重的是"恩心藏于中"的"情",只有充满深"情",才能做到"动于近,成文于远"。君子慎独的一个重要目的就是要涵养其"情"。这与《易之义》所论一致。《易之义·第六

---

① 杨默玄:《〈淮南子〉运用易学的思考》,《周易研究》1991年第2期。
② 何宁:《淮南子集释》,第720—722页。

第一章 论引"六艺"、尊孔子为"素王"

章》云:"'含章可贞',言美请也。"①此处的"请"当为"情"字之假借。《象传》强调的是情感抒发之"时"②,与"情"相去甚远;《二三子》③、王弼注强调的"美"④,与"情"有共通之处。

《缪称训》引《坤》初六爻爻辞,其云:"夫虾蟇为鹑,水虿为蟌蒀,皆生非其类,唯圣人知其化。夫胡人见黂,不知其可以为布也;越人见毳,不知其可以为旃也。故不通于物者,难与言化。昔太公望、周公旦受封而相见。太公问周公曰:'何以治鲁?'周公曰:'尊尊亲亲。'太公曰:'鲁从此弱矣。'周公问太公曰:'何以治齐?'太公曰:'举贤而上功。'周公曰:'后世必有劫杀之君!'其后,齐日以大至于霸,二十四世而田氏代之;鲁日以削,至三十二世而亡。故《易》曰'履霜,坚冰至。'圣人之见终始微言。"⑤《淮南子》的作者以"圣人之见终始微言"解"履霜坚冰至",承前文周公与太公讨论治国之策,意在表明太公、周公都是"见终始微言"的圣人。这个解说与《象传》大不相同⑥,与《坤·文言》⑦及《易之义》⑧较为接

---

① 邓球柏:《帛书周易校释》(增订本),第464页。
② 象曰:含章可贞,以时发也,或从王事,知光大也。见(清)阮元校刻:《十三经注疏》,第18页中。
③ 《二三子》有解"含章可贞",但缺文较多,可见"含亦美,贞之可也"字句。邓球柏:《帛书周易校释》(增订本),第370页。
④ 王弼注《周易》云:"不为事始,须唱乃应,待命乃发,含美而可正者也,故曰'含章可贞'。"见(魏)王弼著,楼宇烈点校:《王弼集校释》,中华书局1980年版,第227页。
⑤ 何宁:《淮南子集释》,第763—765页。
⑥ 《坤》初六爻《象》曰:"履霜坚冰,阴始凝也。驯致其道,至坚冰也。"见(清)阮元校刻:《十三经注疏》,第18页中。
⑦ 《坤·文言》云:"积善之家,必有余庆,积不善之家,必有余殃。臣弑其君,子弑其父,非一朝一夕之故,其所由来者渐矣,由辨之不早辨也。《易》曰'履霜坚冰至',盖言顺也。"见(清)阮元校刻:《十三经注疏》,第19页上。
⑧ 《易之义》第六章云:"'履霜坚冰至',豫□□也。"邓球柏:《帛书周易校释》(增订本),湖南出版社1996年版,第464页。

近。《坤·文言》阐发的是见微知著、防微杜渐的思想。《淮南子》的解说,与《文言》是一致的。《易之义》第六章云:"'履霜坚冰至',豫□□也。"① 因有缺文,其意不甚明白。此处的"豫"字应是"预想""预知"之意。梁韦弦认为,根据《坤·文言》,此处的"豫"应是"早辨"之意②。如果是这样,《易之义》的解说与《象传》《二三子》较远,而与《坤·文言》《淮南子》较近。帛书《周易》中《二三子》对"履霜坚冰至"的解说,侧重于"因顺"而言③。

《泛论训》引《小过》卦的卦辞,其云:"故小谨者无成功,訾行者不容于众,体大者节疏,跖距者举远。自古及今,五帝三王,未有能全其行者也。故《易》曰:'小过,亨,利贞。'言人莫不有过,而不欲其大也。"④《淮南子》此处引《易》,旨在论证世上无"全其行者",即使像尧、舜、汤、武这样的圣人,也有不好的名声,因此不能"责备于一人"。"今志人之所短,而忘人之所修,而求得其贤于天下则难矣",如果过分注重"小恶""小过"而否定其"大美",那么想找到贤能的人治理国家,是几乎不可能的。前文云"人有厚德,无问其小节;而有大誉,无疵其小故",人有大的美德,就不去苛求

---

① 《易之义》第六章云:"'履霜坚冰至',豫□□也。"邓球柏:《帛书周易校释》(增订本),湖南出版社1996年版,第464页。
② 梁韦弦:《关于帛书〈易之义〉解说坤卦卦爻辞之文义的辨正》,《周易研究》2005年第3期。
③ 其云:"《卦》曰:'履霜,坚冰至。'孔子曰:此言天时潜,戒葆常也。岁□之田产湿,以虡始于之□□□□□□□□守之□□□□□□□□□□□德与天道始,必顺五行,亓孙贵而宗不灭。"邓球柏:《帛书周易校释》(增订本),湖南出版社1996年版,第366—367页。
④ 何宁:《淮南子集释》,第965—967页。

第一章　论引"六艺"、尊孔子为"素王"

他的小节；人有大的荣誉，就不要挑剔他小的毛病。又云："夫人之情，莫不有所短。诚其大略是也，虽有小过，不足以为累。"有所欠缺乃是人之常情，如果他大的方面值得肯定，即便有小的过错，也不能因此否定他。

《诠言训》引《坤》卦六四爻爻辞，其云："为治之本，务在于安民；安民之本，在于足用；足用之本，在于勿夺时；勿夺时之本，在于省事；省事之本，在于节欲；节欲之本，在于反性；反性之本，在于去载。去载则虚，虚则平。平者，道之素也；虚者，道之舍也。能有天下者，必不失其国；能有其国者，必不丧其家；能治其家者，必不遗其身；能修其身者，必不忘其心；能原其心者，必不亏其性；能全其性者，必不惑于道。"故广成子曰："慎守而内，周闭而外，多知为败。毋视毋听，抱神以静，形将自正。"不得之己而能知彼者，未之有也。故《易》曰："括囊，无咎，无誉。"①《淮南子》"为治之本，务在于安民；安民之本，在于足用；足用之本，在于勿夺时；勿夺时之本，在于省事；省事之本，在于节欲；节欲之本，在于反性；反性之本，在于去载"，与《大学》所谓"古之欲明明德于天下者先治其国，欲治其国者先齐其家，欲齐其家者先修其身，欲修其身者先正其心，欲正其心者先诚其意，欲诚其意者先致其知，致知在格物"②，理路基本相同，都是从治国层面，演进至修身层面。《淮南子》所谓的"括囊"应是喻指慎守内心，抱神以静，其追求的是自正与得己。这与《象传》的解说较为接近③，而与

---

① 何宁：《淮南子集释》，第997—998页。
② 见（清）阮元校刻：《十三经注疏》，第1673页上。
③ 《象》曰："'括囊无咎'，慎不害也。"孔颖达云："'慎不害'者，释所以'括囊无咎'之义。曰其谨慎，不与物竞，故不被害也。"（清）阮元校刻：《十三经注疏》，第18页下。

《二三子》①、《易之义》②、王弼注及孔颖达的解说相去甚远③。《象传》及《淮南子》有"慎独"的修身意味,而《二三子》、《易之义》、王弼注及孔颖达的解说则倾向于慎防小人之言。廖名春认为《二三子》其释《坤》卦六四爻辞为"箴小人之口",慎防小人之言,与《象传》的"慎不害也"、《文言》的"盖言谨也"意思相同,而《荀子·非相》认为以"括囊无咎无誉"来形容"腐儒",这与《象传》《文言》之意正相反④。《荀子》主张赠人以金玉良言,君子要"好言""乐言",诵传那些合乎先王的思想观念。廖名春认为以"括囊无咎无誉"来形容"腐儒",这与《象传》《文言》之意正相反⑤。其实,《荀子》所倡导的"好言""乐言",前提是"合先王""顺礼义"⑥;《象传》《文言》

---

① 《易》曰:"括囊,无咎无誉。"孔子曰:此言箴小人之口也。小人多言多过,多事多患,□□□以衍矣,而不可以言箴之。亓兪"括囊"也,莫出莫入,故曰"无咎无誉"。二三子:独无箴于圣人之口乎孔子曰圣人之言也,德之首也。圣人之有口也,犹地之有川浴也,财用所由出也;犹山林陵泽也,衣食家给所由生也。圣人壹言,万世用之。唯恐其不言也,有何箴焉?邓球柏:《帛书周易校释》(增订本),湖南出版社1996年版,第359—360页。

② "括囊,无咎",语无声也。邓球柏:《帛书周易校释》(增订本),湖南出版社1996年版,第464页。

③ 王弼注《周易》云:"处阴之卦,以阴居阴,履非中位,无'直方'之质,不造阳事,无'含章'之美,括结否闭,贤人乃隐。施慎则可,非泰之道。"孔颖达云:"括,结也。囊所以贮物,以譬心藏知也。闭其知而不用,故曰'括囊'。功不显物,故曰'无誉'。不与物忤,故曰'无咎'。"见(清)阮元校刻:《十三经注疏》,第18页下。

④ 廖名春:《帛书二三子简说》,陈鼓应主编:《道家文化研究》第3辑马王堆帛书专号,上海古籍出版社1993年版,第190—195页。

⑤ 廖名春:《帛书二三子简说》,陈鼓应主编:《道家文化研究》第3辑马王堆帛书专号,上海古籍出版社1993年版,第190—195页。

⑥ 《荀子·非相篇》:"凡言不合先王,不顺礼义,谓之奸言;虽辩,君子不听。法先王,顺礼义,党学者,然而不好言,不乐言,则必非诚士也。故君子之于言也,志好之,行安之,乐言之,故君子必辩。凡人莫不好言其所善,而君子为甚。故赠人以言,重于金石珠玉;观人以言,美于黼黻、文章;听人以言,乐于钟鼓琴瑟。故君子之于言无厌。鄙夫反是:好其实,不恤其文,是以终身不免埤污佣俗。故易曰:'括囊,无咎无誉。'腐儒之谓也"。(清)王先谦撰,沈啸寰、王星贤点校:《荀子集解》,第83—84页。

第一章 论引"六艺"、尊孔子为"素王"

慎防小人之言及谨言慎行,其直接目的是正己,最终目的是治国安邦。从这个角度来看,两者并无本质不同。《荀子》批判的是"好其实不恤其文",反对徒好其质而不论精神。这种思想是《荀子》极力批判的。杨默玄认为,《淮南子》此处的"括囊"就是对贯通天下(即天地)、国、家、身、心、性、道三个环节七个层次的"道",既观道又体道,从宏观到微观,从精神到物质总揽于心握之于掌,放之则六合之外,收之则心镜之中。他认为《坤》卦六四爻爻辞所表达的是"坤"包容承载育化万物从而体现天道《乾》的美德和伟大精神的,此即"括囊"之意①。虽有诠释过度之嫌,但基本仍是慎守内心、自正正人的理路。

《人间训》引《乾》卦初爻爻辞,其云:"仁者,百姓之所慕也;义者,众庶之所高也。为人之所慕,行人之所高,此严父之所以教子,而忠臣之所以事君也。然世或用之而身死国亡者,不同于时也……古者,五帝贵德,三王用义,五霸任力。今取帝王之道,而施之五霸之世,是由乘骥逐人于榛薄,而蓑笠盘旋也。今霜降而树谷,冰泮而求获,欲其食则难矣。故《易》曰:'潜龙勿用'者,言时之不可以行也。"②即说话做事要注意时代、时间的变化,知"仁义"的同时,还要知"世变",即时移世变之后,仁、义如何适应时代的发展而与时俱进,而不能照搬昔日的仁义观念来规范当下的生活和思想,照搬照用则无异于胶柱鼓瑟。《淮南子》这里并不是站在道家立场批评儒家的仁义思想,而是强调要适时因世地运用仁义的思想观念。简单来说,仁义的观念必须

---

① 杨默玄:《〈淮南子〉运用易学的思考》,《周易研究》1991年第2期。
② 何宁:《淮南子集释》,第1295—1296页。

与时俱进、因世制宜地运用。重"时",是《淮南子》释"潜龙"的一个重要特点。这与《乾·文言》所论"隐而未见,行而未成"①并不相同。"潜龙",《二三子》作"寝龙",谓"时至矣而不出,可胃寝矣"②,与《淮南子》"言时之不可以行也"相同,都强调"时"的重要性。

《人间训》引《乾》卦九三爻爻辞,其云:"故'君子终日乾乾,夕惕若厉,无咎'。终日乾乾,以阳动也;夕惕若厉,以阴息也。因日以动,因夜以息,惟有道者能行之。夫徐偃王为义而灭,燕子哙行仁而亡,哀公好儒而削,代君为墨而残。灭亡削残,暴乱之所致也,而四君独以仁义儒墨而亡者,遭时之务异也。非仁义儒墨不行,非其世而用之,则为之禽矣。"③《乾·文言》所强调的是"进德修业",要因事而行,因时而行④。《淮南子》解"君子终日乾乾,夕惕若厉,无咎"与《乾·文言》并不相同,其云:"终日乾乾,以阳动

---

① 《乾·文言》云:"初九曰潜龙勿用,何谓也?子曰:龙,德而隐者也。不易乎世,不成乎名,遁世无闷,不见是而无闷。乐则行之,忧则违之,确乎其不可拔,潜龙也。"又云:"'潜之为言也,隐而未见,行而未成。'"(清)阮元校刻:《十三经注疏》,第15页下、17页上。

② "潜龙",《二三子》作"寝龙",其第二章云:"《易》曰:'寝龙勿用。'孔子曰:龙寝矣而不阳,时至矣而不出,可胃寝矣。大人安失矣而不朝,詢獣在廷,亦獣龙之寝也。其行灭而不可用也,故曰'寝龙勿用'。"《易之义》第七章云:"《易》曰'潜龙勿用',亓义潜清勿使之胃也。子曰:废则不可入于谋,朕则不可与戒,忌者不可与亲,缴□□□□□□。"见邓球柏:《帛书周易校释》(增订本),湖南出版社1996年版,第350、465页。

③ 何宁:《淮南子集释》,第1296—1297页。

④ 《乾·文言》云:"九三曰'君子终日乾乾,夕惕若厉,无咎',何谓也?子曰:'君子进德修业。忠信所以进德也。修辞立其诚,所以居业也。知至至之,可与几也。知终终之,可与存义也。是故,居上位而不骄,在下位而不忧。故乾乾因其时而惕,虽危无咎矣。"又云:"'终日乾乾',行事也。"又云:"'终日乾乾',与时偕行。"(清)阮元校刻:《十三经注疏》,第15—16页。

第一章 论引"六艺"、尊孔子为"素王"

也;夕惕若厉,以阴息也。因日以动,因夜以息,唯有道者能行之。"强调阳动阴息,并且认为唯有掌握大道的人才能做到这一点。张涛认为以阴阳变易之说解《易》是《淮南子》易学的一个重要特征①。其实,这并不是《淮南子》的发明,在《二三子》②及《易之义》③中已有阐发。《淮南子》所谓"终日乾乾,以阳动也""夕惕若厉,以阴息也""因日以动,因夜以息",可谓是对《二三子》与《易之义》的简洁概括。刘大钧认为《淮南子》与帛书《二三子》解释乾卦初九爻与九三爻的文字,其言"时"、言"动"、言"息",旨义相通④。

《人间训》载有孔子论《易》,其云:"孔子读《易》,至《损》《益》,未尝不喟然而叹,曰:'益损者,其王者之事与!事或欲与利之,适足以害之;或欲害之,乃反以利之。利害之反,祸福之门户,不可不察也。'"⑤ 此段文字应是化自马王堆帛书《要》

---

① 张涛:《〈淮南子〉易学思想探析》,《孔子研究》1999 年第 3 期。
② 《二三子》第十一章云:"《卦》曰:'君子终日键键,夕泝若,厉,无咎。'孔子曰:'此言君子务时,时至而动□□□□□□屈力以成功,亦日中而不止,时年至而不淹。君子之务时,犹驰驱也,故"君子终日键键"。时尽而止之以置身,置身而□(引者按:疑为静字),故曰:"夕泝若,厉,无咎。"'"邓球柏:《帛书周易校释》(增订本),湖南出版社 1996 年版,第 362 页。
③ 《易之义》第七章云:"《易》曰:'君子冬日键键,夕沂若厉,无咎。'子曰:'知息也,何咎之有?人不渊不播□则不见□□□□□反居其□□。'"邓球柏:《帛书周易校释》(增订本),湖南出版社 1996 年版,第 466 页。
④ 刘大钧:《〈淮南子〉蕴〈易〉考》,《周易研究》2012 年第 4 期。
⑤ 何宁:《淮南子集释》卷一八《人间训》,第 1246—1247 页。"愤然而叹",王念孙认为当为"喟然而叹",据改。何宁《淮南子集释》从"事或欲与利之……不可不察也"断开,归入下一段。刘文典《淮南鸿烈集解》把"事或欲与利之……不可不察也"断为上段,即仍属孔子之叹。根据下文所引马王堆帛书《要》篇,以刘文典的校读为妥,据改。

篇①。孔子确实对"损""益"非常重视。子张问孔子:"十世可知也?"孔子说:"殷因于夏礼,所损益可知也;周因于殷礼,所损益可知也;其或继周者,虽百世可知也。"②这是从文化发展的角度论说"损""益"。孔子还从社会交游这个生活层面运用过"损""益"的思想观念,孔子曾论"益者三友,损者三友""益者三乐,损者三乐"③,等等。这种"损""益"的思想观念,很可能是受《易》的影响。根据《论语》的记载,孔子读过《周易》六十四卦的爻辞,这在《论语·子路》篇可以找到证据,孔子说:"南人有言曰:'人而无恒,不可以作巫医。'善夫!"又云:"不恒其德,或承之羞。""不恒其

---

① 马王堆帛书《要》篇云:孔子繇(籀)《易》,至于损益一卦,未尚(尝)不废书而叹。戒门弟子曰:二仚(参)子!夫损益之道,不可不察也,吉凶之〔门〕也。益之为卦也,春以授夏之时也,万勿(物)之所出也,长日之所至也。产之(?)室也,故曰益。损者,秋以授冬之时也,万勿(物)之所老衰也长〔夕之〕所至也,故曰产。道穷□□□□□□□焉。〔益之〕始也吉,其冬(终)也凶;损之始凶,亓冬(终)也吉。损益之道,足以观天地之变,而君者之事已。是以察于损益之总(?)者,不可动以忧(意)。故明君不时不宿,不日不月,不卜不□□□□□□□□地之也,此谓易道。故易又(有)天道焉,而不可以日月生(星)辰称也,故为之以阴阳;又(有)地道焉,不可以水火金土木尽称也。故律之以柔刚;又(有)人道焉,不可以父子君臣夫妇先后尽称也,故为之以上下;又(有)四时之变焉,不可以万勿尽称也,故为之以八卦。故易之为书也,一类不足以亟(极)之,变以备其请(情)者也。故胃之易。又(有)君道焉,五官六府不足以尽称之,五正之事不足以至之,而诗书礼乐不□百篇,难以致之。不问于古法,不可顺以辞令,不可求以志善。能者繇(由)一求之,所谓得一而君(群)毕者也,此之谓也。损益之道,足以观得失矣。陈松长、廖名春:《帛书〈二三子〉、〈易之义〉、〈要〉释文》,载陈鼓应主编:《道家文化研究》,上海古籍出版社1993年版,第435页。并参见刘彬:《帛书〈要〉篇"损益"章校释》,《周易研究》2008年第2期。

② 《论语·为政》,见(清)阮元校刻:《十三经注疏》,第2463页中。

③ 孔子曰:"益者三友,损者三友:友直,友谅,友多闻,益矣;友便辟,友善柔,友便佞,损矣。"孔子曰:"益者三乐,损者三乐:乐节礼乐,乐道人之善,乐多贤友,益矣;乐骄乐,乐佚游,乐宴乐,损矣。"《论语·季氏》,见(清)阮元校刻:《十三经注疏》,第2521—2522页。

德,或承之羞"是《恒》卦九二爻爻辞,原文云:"九三,不恒其德,或承之羞。贞吝。"孔子重视的是爻辞所讲述的思想,"贞吝"一类的占辞,在他看来是没有多少意义的。《人间训》云:"物或损之而益,或益之而损。"损益之间是一种辩证关系。利与害、祸与福、功与罪等,二者之间的关系都像损益的关系一样。"事或欲与利之,适足以害之;或欲害之,乃反以利之",看起来有利的事,可能正好是有害的;看起来有害的事,可能正好是有益处的。因此,"利害之反,祸福之门户,不可不察",利害之间的相反相成,祸福的门径,一定要认真考察。"或有功而见疑,或有罪而益信",功罪之间的关系也是如此。"福之为祸,祸之为福,化不可极,深不可测",好事可能变成坏事,坏事也可能变成好事,这样的变化、转化是深不可测的,难以把握的。这都是因为其中有损益的道理。而要掌握这个道理,就必须懂得权变、权衡的艺术,即"见本而知末,观指而睹归,执一而应万,握要而治详"。看到事情的起始,要知道它的发展趋势;观察它的发展趋势,要知道它的最终的结局和归往;掌握最根本的准则而应对千变万化;把握要害、关键而应对种种情况,这就是权变的艺术。综看《人间训》全篇,用大量的历史事实阐述损益的道理,是为了强调权变的重要性。

《泰族训》引《中孚》卦九二爻爻辞,其云:"故寒暑燥湿,以类相从;声响疾徐,以音相应也。故《易》曰:'鹤鸣在阴,其子和之。'高宗谅暗,三年不言,四海之内寂然无声;一言声然大动天下。是以天心呿唫者也,故一动其本而百枝皆应,若春雨之灌万物也,浑然而流,沛然而施,无地而不澍,无物而不生。故圣人者怀天心,声然能动化天下者也。故精诚感于内,形气动于天,则景星见,黄龙下,祥凤至,醴泉出,嘉谷生,河不满溢,海不溶波。"①《中孚·彖传》云:"中孚,柔在内而刚得中。说而巽。孚。乃化邦也……中孚以利贞,乃应乎天也。"又云:"'其子和之',中心愿也。"②《系辞传》云:"'鸣鹤在阴,其子和之;我有好爵,吾与尔靡之。'子曰:'君子居其室,出其言善,则千里之外应之,况其迩者乎?居其室,出其言不善则千里之外违之,况其迩者乎?言出乎身,加乎民;行发乎迩,见乎远。言行,君子之枢机,枢机之发,荣辱之主也。言行,君子之所以动天地也,可不慎乎?'"③这里强调的是君王要慎言,言行是君王生死存亡的关键,也是号令天下的关键。《二三子》也有相关解说,但缺文较多④,其意不明。《缪和》有相对比较明晰的阐释,虽也讲号令天下,但与《系辞传》的解说有所不同,强调圣王要以道治国才能得到百姓的拥护⑤。《淮南子》解说"鹤鸣在阴,其子鹤之",虽也是从"道"的层面着手,但要比《缪和》更为具体,其言

---

① 何宁:《淮南子集释》卷二〇《泰族训》,第1374—1375页。
② 见(清)阮元校刻:《十三经注疏》,第71页上、中。
③ 见(清)阮元校刻:《十三经注疏》,第79页中、下。
④ 《卦》曰:"鸣鹤在阴,亓子和之,我有好爵,与尔羸之。"孔子曰:□□□□□□□□□□□□亓子随之,通也;昌而和之,和也。曰:和同至矣。"好爵"者,言者酒也。弗□□□□□□□□□□□之德。唯饮与食,绝甘分少。邓球柏:《帛书周易校释》(增订本),第379页。
⑤ 吴孟问先[生曰]:《易·中復》之九二》亓辭曰:"鸣颧在阴,亓子和之,我有好爵,吾与璽羸之"何谓[也]?子曰:"夫《易》,圣君之所尊也。吾庸与焉乎?吴子曰:亚又然!愿先生式略之,以为毋忘,以匡弟子所[疑]。子曰:]□□□□者,所独擅也,道之所见也,故曰"在阴"。君者,人之□□□□□□□□□□□□□□□□□□□□□□□□□□□□盈[不]敬则不傅,不傅则□□□□□□□□□□□之父母也。人者,君子之也。君发号出令,士今以死力襄之。故曰"亓子和之"。"我又好爵,吾与璽羸之"者,夫爵禄在君,在人君,不□□□□□□□□□□亓人也,诉焉而欲利之,忠臣之事亓君也,骥然而欲明之,骥忻交迥,此圣王之所以君天下也。故《易》曰"鸣鹤在阴,亓子和之,我有好爵,吾与尔羸之"亓此之谓乎?邓球柏:《帛书周易校释》(增订本),第506—507页。

第一章　论引"六艺"、尊孔子为"素王"

"圣人者怀天心"能够"声然能动化天下",又云"精诚感于内,形气动于天",强调的是内心要专一,要精诚。总体来看,《象传》《系辞传》《缪和》《泰族训》所论,有层层推进的意味:《象传》则进一步,认为"其子和之"是内心所愿的真实回应;《系辞传》讲"慎言",这应是从"鹤鸣子和"推出的治国之道;《缪和》则上升到"道"的高度;《泰族训》应是综合了《象传》与《缪和》,提出"怀天心""动化天下"以及"精诚感于内""形气动于天",这是更为深刻的阐发。

《泰族训》引《丰》卦上六爻爻辞,其云:"故国之所以存者,非以有法也,以有贤人也;其所以亡者,非以无法也,以无贤人也……《易》曰:'丰其屋,蔀其家,窥其户,阒其无人。'无人者,非无众庶也,言无圣人以统理之也。"①此处解"阒其无人"为"无人者,非无众庶也,言无圣人以统理之也",与《象传》的解说②并不相同。与王弼的注释,理路也不相同,有机会出仕而不出仕,宁愿离家弃屋,隐逸山林,远离政治及社会,自命清高③。帛书《周易》的阐释则着眼于生活层面④。《淮南子》的解说并非自创,当是本自陆贾《新语》,《新语·思务》云:"《易》曰:'丰其屋,蔀其家,窥其户,阒其

---

① 何宁:《淮南子集释》卷二〇《泰族训》,第1403—1406页。
② 《象传》曰:"'丰其屋',天际翔也。'窥其户,阒其无人',自藏也。"(清)阮元校刻:《十三经注疏》,第68页中。
③ 王弼的注解主要是就知识分子而言,其云:"既丰其屋,又蔀其家,屋厚家覆,暗之甚也。虽窥其户,阒其无人,弃其所处而自深藏也。处于明动尚大之时,而深自幽隐以高其行;大道既济而犹不见,隐不为贤,更为反道,凶其宜也。三年,丰道之成。治道未济,隐犹可也;既济而隐,是以治为乱者也。"见(魏)王弼著,楼宇烈点校:《王弼集校释》(下册),中华书局1980年版,第494页。
④ 《帛书周易·丰》"尚六":丰亓屋,剖亓家,圉亓户,□亓无人,三岁不遂。兇。见邓球柏:《帛书周易校释》(增订本),湖南出版社1996年版,第210页。

无人。'无人者,非无人也,言无圣贤以治之耳。"①《淮南子·泰族训》引《丰》卦上六爻爻辞与此略有不同,其意完全相同。《新语》与《淮南子》的解说,都是从治道的角度而言。从《淮南子》对《丰》卦上六爻爻辞的征引来看,其作者主张学者要积极参与政治及社会事务,推动社会发展。

(二)引"易传"

这里所谓"易传"并不是指现今的"十翼",而是泛指《淮南子》成书之前研究《易》学的各种成果。《淮南子》引《乾·文言》1次,引《序》卦1次,引马王堆帛书《要》1次,论《易》1次②。其中,对《乾》《坤》两卦的征引最多。

《缪称训》引《序》卦,其云:"圣人为善,非以求名,而名从之,名不与利期而利归之。故人之忧喜,非为蹴蹴焉往生也。故至人不容。故若眯而抚,若跌而据。圣人之为治,漠然不见贤焉,终而后知其可大也。若日之行,骐骥不能与之争远。今夫夜有求,与瞽师并,东方开,斯照矣。动而有益,则损随之。故《易》曰:'剥之不可遂尽也。故受之以复。'"③《淮南子》所引与今本《序》卦文字不尽相同。《序》卦原文为:"物不可以终尽。剥穷上反下,故受之以复。"④杨默玄认为《淮南子》可能另有所本,也可能是今本《序》卦是《淮南子》之后的学者在原《序》卦的基础上进行了修改后定本

---

① (汉)陆贾撰,王利器校注:《新语校注》卷下《思务》,中华书局1986年版,第170—171页。
② 详见附表2《淮南子》引《易》。
③ 何宁:《淮南子集释》,第724—725页。
④ (清)阮元校刻:《十三经注疏》,第96页上。

第一章 论引"六艺"、尊孔子为"素王"

传今的①。杨氏此说颇值得商榷,《淮南子》明确指明"《易》曰",即说明是《淮南子》作者征引之时已有《序》卦存在。《淮南子》征引前代典籍,并非全文征引,多是根据行文需要,摘取某些文句,甚至对原文进行调整。朱伯崑、张岱年等学者都曾征引《淮南子》此处引《易》,论证《序》卦最晚是秦汉之际或汉初的作品。值得注意的是,帛书《周易》并无《序》卦,而帛书《周易》被学界一般认为抄写于汉文帝初年②。

《泰族训》引《乾·文言》,其云:"故大人者,与天地合德,日月合明,鬼神合灵,与四时合信。"③"大人"和天地的德性一致,和日月一齐普照万物,和鬼神一齐掌握吉凶祸福,和四季一齐循环往复④。这段话,今《乾·文言》作:"夫大人者,与天地合其德,与日月合其明,与四时合其序,与鬼神合其吉凶。"《淮南子》所引略有不同。

综合来看,《淮南子》引《易》有明显的特点,首先是引《易》论《易》与《乾·文言》《坤·文言》《象传》《二三子》《易之义》《荀子》论《易》等有密切关系;其次,对《易》的阐释虽有融合道家及阴阳思想的倾向,但所论与先秦儒学如出一辙,如从"求诸己""慎独""诚""情""权"等层面进行论述和阐发;最后,对《易》的解说有浓厚的政治性,以治道的视角进行阐释,强调的是"传统"应服务"当下",在政治生活和社会生活中发挥其应有的作用。

---

① 杨默玄:《〈淮南子〉运用易学的思考》,《周易研究》1991 年第 2 期。
② 于豪亮:《帛书〈周易〉》,《文物》1984 年第 3 期。
③ 何宁:《淮南子集释》,第 1378 页。
④ 参见陈广忠:《淮南子校诠》卷二〇《泰族训》,黄山书社 2008 年版,第 1105 页。

四、引《春秋》经传

据《汉书·艺文志》记载,《春秋》经有五部传,分别是《左传》《公羊传》《穀梁传》《邹氏传》《夹氏传》。桓谭《新论》云:"《左氏传》遭战国寝藏。后百余年,鲁人穀梁赤作《春秋》,残略,多有遗文;又有齐人公羊高,缘经文作传,弥失其本事矣。"① 西汉时,《公羊传》《穀梁传》立于学官②。西汉初期,"言《春秋》于齐鲁自胡毋生,于赵自董仲舒。"③ 胡毋生治《公羊春秋》,是汉景帝时博士④,董仲舒也治《公羊春秋》,也是汉景帝时博士⑤。"汉兴至于五世之间,惟董仲舒名为明于《春秋》,其传公羊氏也。"⑥ 从汉朝建立到汉武帝时期,精通《春秋公羊传》而闻名于世的,只有董仲舒。这是春秋公羊学在汉初的基本情况。

清代学者唐晏认为陆贾是研究《穀梁传》的大师⑦。另据《汉书·儒林传》记载,瑕丘江公受《穀梁传》于申公。汉武帝时,江公与董仲舒齐名。汉武帝让他与董仲舒辩论,江公言语迟钝,不如董

---

① (汉)桓谭撰,朱谦之校辑:《新辑本桓谭新论》卷九《正经》,第39页。
② (汉)班固撰,(唐)颜师古注:《汉书》卷三〇《艺文志》,第1715页。
③ (汉)司马迁撰,(南朝宋)裴骃集解,(唐)司马贞索隐,(唐)张守节正义:《史记》卷一二一《儒林列传》,第3118页。
④ (汉)班固撰,(唐)颜师古注:《汉书》卷八八《儒林传·胡毋生传》,第3615页。
⑤ (汉)班固撰,(唐)颜师古注:《汉书》卷三〇《艺文志》,第1703页。
⑥ (汉)司马迁撰,(南朝宋)裴骃集解,(唐)司马贞索隐,(唐)张守节正义:《史记》卷一二一《儒林列传》,第3128页。
⑦ (清)唐晏著,吴东民点校:《两汉三国学案》卷八《春秋》,中华书局1986年版,第405页。

仲舒。于是汉武帝尊崇《公羊传》,并诏令太子受《公羊春秋》,从此公羊学兴盛。虽然太子通晓《公羊传》之后曾"私问《穀梁》而善之",但《穀梁传》最终日渐式微①。这是《穀梁传》在汉代前中期的基本情况。

《左传》在汉初也有相当发展。北平侯张苍及梁太傅贾谊、京兆尹张敞、太中大夫刘公子都研习《春秋左氏传》。贾谊为《左传》训诂,并传授给赵人贯公,贯公后来做了河间献王博士②。最初,《春秋》三传,唯有《公羊传》被立为博士。《穀梁传》于汉宣帝时被立为博士,《左传》于汉平帝时被立为博士③。这是《春秋》学在西汉的基本情况。以上是"春秋学"在西汉发展的基本情况。在这个学术背景中,考察《淮南子》引、论《春秋》的基本情况。

(一) 引《春秋公羊传》

《淮南子》在论说孔子《春秋》时说:"《春秋》二百四十二年,亡国五十二,弑君三十六,采善锄丑,以成王道,论亦博矣。"④《公羊传》的《春秋》经文止于鲁哀公十四年"西狩获麟"。自鲁隐公元年(前722年)至鲁哀公十四年(前481年),计242年。《穀梁传》经文亦止于哀公十四年。《左传》的经文止于鲁哀公十六年"孔丘卒",计244年。这说明,《淮南子》引《春秋》学类典籍与《左传》有一定距离,与《公羊传》及《穀梁传》的关系较为紧密。

---

① (汉)班固撰,(唐)颜师古注:《汉书》卷八八《儒林传》,第3617页。
② (汉)班固撰,(唐)颜师古注:《汉书》卷八八《儒林传》,第3620页。
③ (汉)班固撰,(唐)颜师古注:《汉书》卷八八《儒林传》,第3621页。
④ 何宁:《淮南子集释》卷九《主术训》,第697页。

《淮南子》以"王道"的视域看待《春秋》,这与董仲舒《春秋繁露·玉杯》所云"《春秋》论十二世之事,人道浃而王道备"①基本一致。《淮南子》又云《春秋》"论亦博矣",这与董仲舒《春秋繁露·十指》所云"春秋二百四十二年之文,天下之大,事变之博,无不有也"②,亦别无二致。《淮南子》论说《春秋》与《春秋繁露》十分相近,二者之间应存在学术上的关联。

《泛论训》引庄公十三年,其云:"昔者,曹子为鲁将兵,三战不胜,亡地千里。使曹子计不顾后,足不旋踵,刎颈于阵中,则终身为破军擒将矣。然而曹子不羞其败,耻死而无功。柯之盟,揄三尺之刃,造桓公之胸,三战所亡,一朝而反之,勇闻于天下,功立于鲁国。"③又云:"故齐桓公亡汶阳之田而霸。"④向宗鲁认为《淮南子》此处"用《战国策·齐策》《史记·鲁仲连传》语"⑤。从具体表述来看,《淮南子》的行文确与《战国策》的行文更为接近⑥。但《战国策》由刘向集录,在《淮南子》成书之际并无《战国策》一书。《淮南子》所本当是战国之时的史书资料,或名"国策",或名"国事",或名"短长",或名"事语",或名"长书",或名"修书",刘向认

---

① 苏舆撰,钟哲点校:《春秋繁露义证》,中华书局1992年版,第32页。
② 苏舆撰,钟哲点校:《春秋繁露义证》,第145页。
③ 何宁:《淮南子集释》,第962页。
④ 何宁:《淮南子集释》,第1431页。
⑤ 转引自何宁:《淮南子集释》卷一三《泛论训》,第962页。
⑥ 曹沫为鲁君将,三战三北,而丧地千里。使曹子之足不离阵,计不顾后,出必死而不生,则不免为败军禽将。曹子以败军禽将,非勇也;功废名灭,后世无称,非知也。故去三北之耻,退而与鲁君计也,曹子以为遭。齐桓公有天下,朝诸侯。曹子以一剑之任,劫桓公于坛位之上,颜色不变,而辞气不悖。三战之所丧,一朝而反之,天下震动惊骇,威信吴、楚,传名后世。(汉)刘向集录:《战国策》卷一三《齐六》,上海古籍出版社1985年版,第456—457页。

第一章 论引"六艺"、尊孔子为"素王"

为这些书是战国时期的游士为国君策谋的书籍,都属于"中书"①。有一种可能是,《淮南子》及《史记》《战国策》有关此事的载记,是本自同一档案史料;也有另外一种可能,即刘向集录曹沫之事可能本自《淮南子》。《淮南子》被汉武帝"爱秘",也在"中书"之列。在《淮南子》之前,除《公羊传》②外,《管子·大匡》《吕氏春秋·贵信》亦详载此事③。《公羊传》《淮南子》之"曹子",《管子》作"曹刿",《吕氏春秋》作"曹翙",与《战国策》作"曹沫"不同。从"曹子"一名来看,《淮南子》所载之事当是化自《公羊传》《管子》《吕氏春秋》,并以《公羊传》为主要依据。《公羊传》作者公羊高是战国时期齐国人,其所载此事,当为最早最可信。《吕氏春秋》的《贵信》篇以此故事为例,也极有可能是受《公羊传》的影响。《公羊传》云"桓公之信著乎天下,自柯之盟始焉",当是"贵信"篇名的由来。《公羊传》及《吕氏春秋》载此事,重点在阐述"信"的重要性,而《淮南子》述此事,重点在"功"不在"信"。这也符合《淮南子》一书"务于治"的基本风格。论曹子"不羞其败",以无功而死为耻辱,其建一功而泯三战三败之耻,意在劝诫世人,把"立功"作为人生追求的目标。

---

① (汉)高诱注:《战国策·刘向叙》,上海书店出版社1987年版。
② 《春秋公羊传》庄公十三年载:庄公将会乎桓,曹子进曰:"君之意何如?"庄公曰:"寡人之生,则不若死矣!"曹子曰:"然则君请当其君,臣请当其臣。"庄公曰:"诺。"于是会乎桓。庄公升坛,曹子手剑而从之。管子进曰:"君何求乎?"曹子曰:"城坏压竟,君不图与?"管子曰:"然则君将何求?"曹子曰:"愿请汶阳之田。"管子顾曰:"君许诺。"桓公曰:"诺。"曹子请盟,桓公下与之盟。已盟,曹子摽剑而去之。要盟可犯,而桓公不欺;曹子可仇,而桓公不怨。桓公之信著乎天下,自柯之盟始焉。见(清)阮元校刻:《十三经注疏》,第2233页中、下。
③ 黎翔凤撰,梁运华整理:《管子校注》卷七《大匡》,中华书局2004年版,第355页。许维遹撰,梁运华整理:《吕氏春秋》卷一九《贵信》,第535—536页。

《说林训》引庄公十七年,其云:"献公之贤,欺于骊姬;叔孙之智,欺于竖牛。故郑詹入鲁,《春秋》曰'佞人来,佞人来'。"①这里所谓"《春秋》曰"本自《春秋公羊传》。《春秋》庄公十七年云:"春,齐人执郑詹。"又云:"秋,郑詹自齐逃来。"《公羊传》云:"何以书?书甚佞也。曰佞人来矣!佞人来矣!"②《穀梁传》虽称郑詹为"郑之佞人",但并无"佞人来,佞人来"的说法③;《左传》并未称郑詹为"佞人",只是记述其事,并无道德评判④。杜预《左传注》说:"齐桓始霸,郑既伐宋,又不朝齐,詹为郑执政大臣,诣齐见执,不称行人,罪之也。"⑤《淮南子》引郑詹被称"佞人"一事,主要论述"诚"的重要性。

　　《精神训》引僖公二年,其云:"虞君利垂棘之璧,而擒其身。"⑥高诱注云:"晋大夫荀息谋于献公,以屈产之马、垂棘之璧假道于虞以伐虢。虞公贪璧、马,假晋道。既灭虢,遂袭虞,灭之。"虞君贪宝亡国之事,于《左传》《公羊传》《穀梁传》《韩非子·十过》《吕氏春秋·权勋》等典籍中均有记载,但明确写明虞君亡国被擒的,唯有《公羊传》。晋国用荀息之谋(即送璧玉、宝马借道伐虢),灭了虢国之后,又灭了虞国。《左传》《穀梁传》《韩非子·十

---

① 何宁:《淮南子集释》卷一七《说林训》,第1214页。
② (清)阮元校刻:《十三经注疏》,第2234页中。
③ 《穀梁传》云:"郑詹,郑之卑者。卑者不志,此其志,何也?以其逃来志之也。逃来则何志焉?将有其末,不得录其本也。郑詹,郑之佞人也。"(清)阮元校刻:《十三经注疏》,第2384页中。
④ 其云:"十七年春,齐人执郑詹,郑不朝也。"(清)阮元校刻:《十三经注疏》,第1772页下。
⑤ (清)阮元校刻:《十三经注疏》,第1772页下。
⑥ 何宁:《淮南子集释》,第553页。

第一章　论引"六艺"、尊孔子为"素王"

过》《吕氏春秋》等典籍均未述及虞君被擒一事,惟有《公羊传》载有"虞公抱宝牵马而至"一语,可以明确看出虞君被擒。从这可以看出,《淮南子》此处所引,当是本自《公羊传》,而非《左传》①。

僖公二十二年,宋国与楚国交战于泓。《泰族训》云:"泓之战,军败君获,而《春秋》大之,取其不鼓不成列也。"②此处对宋襄公的评价,当是本自《公羊传》。按照《公羊传》的解释,宋襄公此举是反对以诈取胜为耻,把仁义诚信看得比国家和自身的命运还重要。《公羊传》认为"君子大其不鼓不成列,临大事而不忘大礼,有君而无臣,以为虽文王之战,亦不过此也"③。对宋襄公所作所为极力褒扬。《春秋繁露》的评价亦是如此,其《俞序》篇云:"故善宋襄公不厄人,不由其道而胜,不如由其道而败,《春秋》贵之,将以变习俗,而成王化也。"④司马迁认为宋襄公之所以会得到褒扬,是因为春秋时期礼崩乐坏,褒之以劝诫世人。宋国在襄公之前,"国以不宁者十世",宋襄公"修行仁义",有中兴气象,其大臣正考父作《商颂》美之。司马迁说:"襄公既败于泓,而君子或以为多,伤中国缺礼义,褒之矣。"⑤而《左传》《穀梁传》、韩非子及陆贾等学者,对宋襄公均持批评态度。《左传》批评宋襄公"未知战"⑥;

---

① 陈广忠谓此事见于《左传》僖公五年,不确。僖公五年所载是宫之奇的谏言。虞君贪璧、马而国亡身擒,此事原委载于《左传》僖公二年。陈广忠:《淮南子校诠》卷七《精神训》,黄山书社2008年版,第342页注④。
② 何宁:《淮南子集释》,第1394—1395页。
③ (清)阮元校刻:《十三经注疏》,第2259页上。
④ 苏舆撰,钟哲点校:《春秋繁露义证》卷六《俞序》,中华书局1992年版,第162页。
⑤ (汉)司马迁撰,(南朝宋)裴骃集解,(唐)司马贞索隐,(唐)张守节正义:《史记》卷三八《宋微子世家》,第1633页。
⑥ (清)阮元校刻:《十三经注疏》,第1814页上。

《穀梁传》批评宋襄公知"信"而不知"道",认为"道之贵者"在于"时"①;《韩非子·外储说上》批评宋襄公所谓是"慕仁义之祸"②;陆贾批评宋襄公死于泓之战是由于其"乘大国之权,仗众民之威"造成的,《春秋》之所以"重而书之",是"嗟叹而伤之",以作"来事之师"③。可见,《淮南子》对宋襄公的肯定与《公羊传》更为贴近,与《左传》《穀梁传》、韩非子及陆贾等学者的批评态度相反。

《泰族训》引襄公三十年,其云:"宋伯姬坐烧而死,《春秋》大之,取其不踰礼而行也。"④宋伯姬宁愿被火烧死,也不愿违背礼义,这种舍身遵礼的信念被后人称颂⑤。《左传》《公羊传》《穀梁传》及《春秋繁露》都对伯姬进行了褒扬。《左传》认为宋伯姬所为是"义事"⑥,《公羊传》称宋伯姬之"贤"⑦,《穀梁传》说:"妇人以贞为行者也,伯姬之妇道尽矣!详其事,贤伯姬也。"⑧《春秋繁露·楚庄王》说:"《春秋》贤而举之,以为天下法。"⑨其《王道》篇认为:"观乎宋伯姬,知贞妇之信。"⑩值得注意的是,宋襄公遵礼而死与宋伯姬遵礼而死,《公羊传》及《淮南子》都持褒扬的态度。这说明《淮南子》对"礼"非常推崇。

---

① 《穀梁传》僖公二十二年。(清)阮元校刻:《十三经注疏》,第 2400 页下。
② 王先慎撰,钟哲点校:《韩非子集解》卷一一《外储说左上》1998 年版,第 283 页。
③ 王利器:《新语校注》卷下《至德》,中华书局 1986 年版,第 121—122 页。
④ 何宁:《淮南子集释》,第 1395 页。
⑤ 刘向《列女传》赞颂道:"伯姬心专,守礼一意,宫夜失火,保傅不备,逮火而死,厥心靡悔,春秋贤之,详录其事。"《列女传》卷四《贞顺传·宋恭伯姬》,第 132—133 页。
⑥ 《左传》襄公三十年。(清)阮元校刻:《十三经注疏》,第 2012 页下。
⑦ 《公羊传》襄公三十年。(清)阮元校刻:《十三经注疏》,第 2314 页上。
⑧ 《穀梁传》襄公三十年。(清)阮元校刻:《十三经注疏》,第 2432 页中。
⑨ 苏舆撰,钟哲点校:《春秋繁露义证》卷一《楚庄王》,第 6 页。
⑩ 苏舆撰,钟哲点校:《春秋繁露义证》卷四《王道》,第 130 页。

（二）引《春秋左氏传》

《淮南子》引《左传》也相当不少。《精神训》引襄公十四年，其云："公子札不以有国为尊，故让位。"① 高诱注云："札，吴寿梦之少子，延州来季子也。让位不受兄国，《春秋》贤之。"② 公子札，即季札，又称延州季子、延州来季子、季子。高注所云《春秋》，当是指《左传》，而非《春秋》经，《春秋》经未述及此事。《穀梁传》述及季札有尊君之贤③，未提及让位不受国一事。《左传》襄公十四年记载此事较为简略，其载有季札所云"有国，非吾节也"④；襄公三十一年，吴国大臣屈狐庸赞颂季札有国不立，是"守节者"的典范⑤。正是《淮南子》所云"公子札不以有国为尊"之意。《春秋》三传，《公羊传》记载季札让位不受兄国最为详备。从其记载来看，季札之所以让位，是因为不愿看到为争王位而父子兄弟相互残杀⑥。

---

① 何宁：《淮南子集释》，第539页。
② 何宁：《淮南子集释》，第539页。
③ 《穀梁传》襄公二十九年。（清）阮元校刻：《十三经注疏》，第2313页。
④ 《左传》襄公十四年载："吴子诸樊既除丧，将立季札。季札辞曰：'曹宣公之卒也，诸侯与曹人不义曹君，将立子臧。子臧去之，遂弗为也，以成曹君。君子曰：能守节。君，义嗣也，谁敢奸君，有国，非吾节也。札虽不才，愿附于子臧，以无失节。'固立之，弃其室而耕，乃舍之。"（清）阮元校刻：《十三经注疏》，第1956页中。
⑤ （清）阮元校刻：《十三经注疏》，第2015页下。
⑥ 《公羊传》襄公二十九年载：吴无君、无大夫，此何以有君、有大夫？贤季子也。何贤乎季子？让国也。其让国奈何？谒也、余祭也、夷昧也。与季子同母者四，季子弱而才，兄弟皆爱之，同欲立之以为君，谒曰："今若是迮而与季子国，季子犹不受也，请无与子而与弟，弟兄迭为君，而致国乎季子。"皆曰："诺。"故诸为君者，皆轻死为勇，饮食必祝，曰："天苟有吴国，尚速有悔于予身。"故谒也死，余祭也立。余祭也死，夷昧也立。夷昧也死，则国宜之季子者也。季子使而亡焉。僚者长庶也，即之，季子使而反，至，而君之尔。阖庐曰："先君之所以不与子国，而与弟者，凡为季子故也。将从先君之命与，则国宜之季子者也；如不从先君之命与，则我宜立者也，僚恶得为君乎？"于是使专诸刺僚，而致国乎季子。季子不受，曰："尔弑吾君，吾受尔国，是吾与尔

《公羊传》虽褒扬季札"以其不受不义,以其不杀为仁",但从季札对阖闾所说的一番话,看不出季札"不以有国为尊"之意。

《精神训》引襄公二十五年,其云:"晏子与崔杼盟,临死地而不易其义"。① 此事见于《左传》《晏子春秋·内篇杂上》《吕氏春秋·知分》。从《淮南子》此处行文来看,是糅合三者而成。"晏子与崔杼盟",当应是直接取自《吕氏春秋》"晏子与崔杼盟",但《吕氏春秋》记载此事,不是为了论证晏子"临死地而不易其义",而是论证晏子"知命"②。《晏子春秋·内篇杂上》述及此事更为详细③,

---

为篡也。尔杀吾兄,吾又杀尔,是父子兄弟相杀,终身无已也。"去之延陵,终身不入吴国。故君子以其不受为义,以其不杀为仁。贤季子则吴何以有君、有大夫?以季子为臣,则宜有君者也。札者何?吴季子之名也。《春秋》贤者不名,此何以名?许夷狄者,不一而足也。季子者所贤也,曷为不足乎季子?许人臣者必使臣,许人子者必使子也。(清)阮元校刻:《十三经注疏》,第2313页。

① 何宁:《淮南子集释》,第538页。

② 《吕氏春秋·知分》载:晏子与崔杼盟。其辞曰:"不与崔氏而与公孙氏者,受其不祥!"晏子俛而饮血,仰而呼天曰:"不与公孙氏而与崔氏者,受此不祥!"崔杼不说,直兵造胸,句兵钩颈,谓晏子曰:"子变子言,则齐国吾与子共之;子不变子言,则今是已!"晏子曰:"崔子,子独不为夫《诗》乎!《诗》曰:莫莫葛藟,延于条枚。凯弟君子,求福不回。'婴且可以回而求福乎?子惟(推)之矣!"崔杼曰:"此贤者,不可杀也。"罢兵而去。晏子援绥而乘,其仆将驰,晏子抚其仆之手曰:"安之!毋失节!疾不必生,徐不必死。鹿生于山而命悬于厨。今婴之命有所悬矣。"晏子可谓知命矣。《吕氏春秋集释》,第555—556页。

③ 崔杼既弑庄公而立景公,杼与庆封相之,劫诸将军大夫及显士庶人于太宫之坎上,令无得不盟者。为坛三仞,埳其下,以甲千列环其内外,盟者皆脱剑而入。维晏子不肯,崔杼许之。有敢不盟者,戟拘其颈,剑承其心,令自盟曰:"不与崔庆而与公室者,受其不祥。言不疾,指不至血者死。"所杀七人。次及晏子,晏子奉杯血,仰天叹曰:"呜呼!崔子为无道,而弑其君,不与公室而与崔庆者,受此不祥。"俛而饮血。崔子谓晏子曰:"子变子言,则齐国吾与子共之;子不变子言,戟既在脰,剑既在心,维子图之也。"晏子曰:"劫吾以刃,而失其志,非勇也;回吾以利,而倍其君,非义也。崔子!子独不为夫诗乎!诗云:'莫莫葛藟,施于条枚,恺恺君子,求福不回。'今婴且可以回而求福乎?曲刃钩之,直兵推之,婴不革矣。"崔杼将杀之,或曰:"不可!子以子之君无道而杀之,今其臣有道之士也,又从而杀之,不可以为教矣。"崔子遂舍之。晏子曰:

与《左传》所载①基本一样,晏子的言说多含"义"的成分。《淮南子》言"君民者,岂以陵民?社稷是主。臣君者,岂为其口实,社稷是养。故君为社稷死,则死之;为社稷亡,则亡之",属于"义"的范畴。面对崔杼的威慑,晏子有生命之忧,然而其大义凛然,让人钦佩。所以,《淮南子》云晏子"临死地而不易其义。"《吕氏春秋》称晏子"知命"。相较而言,《淮南子》的记载与评述更为允当。

《精神训》引襄公十五年,其云:"子罕不以玉为富,故不受宝。"②《左传》襄公十五年详载此事,子罕让玉匠雕琢宋人所得璞玉,卖出去换成财富之后,派人送献玉的人回家③。《淮南子》所谓"子罕不以玉为富,故不受宝",与《左传》所载,其意正合。《韩非子·喻老》亦载此事,论证"不贵难得之货"④,《吕氏春秋·异宝》

"若大夫为大不仁,而为小仁,焉有中乎!"趋出,授绥而乘。其仆将驰,晏子抚其手曰:"徐之!疾不必生,徐不必死,鹿生于野,命县于厨,婴命有系矣。"按之成节而后去。诗云:"彼己之子,舍命不渝。"晏子之谓也。吴则虞编著:《晏子春秋集释》,中华书局1962年版,第298—299页。

① 《左传》襄公二十五年云:晏子立于崔氏之门外,其人曰:"死乎?"曰:"独吾君也乎哉,吾死也?"曰:"行乎?"曰:"吾罪也乎哉,吾亡也?"曰:"归乎?"曰:"君死,安归?君民者,岂以陵民?社稷是主。臣君者,岂为其口实,社稷是养。故君为社稷死,则死之;为社稷亡,则亡之。若为己死,而为己亡,非其私昵,谁敢任之?且人有君而弑之,吾焉得死之?而焉得亡之?将庸何归?"门启而入,枕尸股而哭,兴,三踊而出。人谓崔子必杀之。崔子曰:"民之望也,舍之得民。"(清)阮元校刻:《十三经注疏》,第1983页下。

② 何宁:《淮南子集释》,第539页。

③ 《左传》襄公十五年载:"宋人或得玉,献诸子罕。子罕弗受。献玉者曰:'以示玉人,玉人以为宝也,故敢献之。'子罕曰:'我以不贪为宝,尔以玉为宝。若以与我,皆丧宝也,不若人有其宝。'稽首而告曰:'小人怀璧,不可以越乡,纳此以请死也。'子罕置诸其里,使玉人为之攻之,富而后使复其所。"《左传》襄公十五年。(清)阮元校刻:《十三经注疏》,第1960页上。

④ (清)王先慎撰,钟哲点校:《韩非子集解》卷七《喻老》,第165页。

认为子罕有"异宝",即以不受玉为宝①。相较而言,《淮南子》说"子罕不以玉为富",当正是《左传》"富而后使复其所"的化用。

《主术训》引襄公二十九年,其云:"延陵季子听鲁乐,而知殷、夏之风,论近以识远也。"②季札观乐一事,《左传》襄公二十九年记载最为详细③,《公羊传》《穀梁传》未见有相关记载。《韩非子》《吕氏春秋》等重要文献也未提及,《淮南子》的征引,当是本自《左传》。

《道应训》引僖公二十五年,其云:"晋文公伐原,与大夫期三日。三日而原不降。文公令去之。军吏曰:'原不过一二日将降矣。'君曰:'吾不知原三日而不可得下也。以与大夫期,尽而不罢,失信得原,吾弗为也。'原人闻之,曰:'有君若此,可弗降也?'遂降。温人闻,亦请降。"④晋文公伐原,见载于《左传》僖公二十五年⑤、《国语·晋语四》⑥、《韩非子·外储说左上·说六》⑦、《吕氏

---

① 许维遹撰,梁运华整理:《吕氏春秋集释》卷一〇《异宝》,第 233 页。
② 何宁:《淮南子集释》,第 620 页。
③ 《左传》襄公二十九年。(清)阮元校刻:《十三经注疏》,第 2007—2008 页。
④ 何宁:《淮南子集释》,第 869 页。
⑤ 《左传》僖公二十五年:冬,晋侯围原,命三日之粮。原不降,命去之。谍出,曰:"原将降矣。"军史曰:"请待之。"公曰:"信,国之宝也,民之所庇也。得原失信,何以庇之?所亡滋多。"退一舍而原降。(清)阮元校刻:《十三经注疏》,第 1821 页上。
⑥ 上海师范大学古籍整理研究所校点:《国语》卷一〇《晋语四》,上海古籍出版社 1998 年版,第 376 页。
⑦ 《韩非子·外储说左上·说六》:晋文公攻原,裹十日粮,遂与大夫期十日。至原十日而原不下,击金而退,罢兵而去。士有从原中出者,曰:"原三日即下矣。"群臣左右谏曰:"夫原之食竭力尽矣,君姑待之。"公曰:"吾与士期十日,不去,是亡吾信也。得原失信,吾不为也。"遂罢兵而去。原人闻曰:"有君如彼其信也,可无归乎!"乃降公。卫人闻曰:"有君如彼其信也,可无从乎!"乃降公。孔子闻而记之曰:"攻原得卫者,信也。"(清)王先慎撰,钟哲点校:《韩非子集解》卷一一《外储说左上》,第 285—286 页。

春秋·为欲》①等。但从文字上来看，《淮南子》应是综合了《左传》和《韩非子》而成文。《吕氏春秋》所载此事，基本是抄自《韩非子》。这里值得注意的是，《韩非子》说晋文公与诸大夫"期十日"，当以《左传》"三日"为准。《国语》亦作"三日"②。《韩非子》说"卫人"听闻晋文公信守然诺亦归顺晋国，而《淮南子》作"温人"。根据《左传》记载，僖公二十五年十二月，卫国与鲁国结盟修好③，何来归顺晋国？可见，《韩非子》"卫人"之说是错误的。《吕氏春秋》改《韩非子》的"期十日"为"期七日"，"卫人"未变。可见，《淮南子》的记载比较严谨。

《道应训》引僖公三十三年"秦穆公兴师袭郑之事"④，秦穆公兴师袭郑之事，见载于《左传》、《公羊传》和《穀梁传》。《淮南子》此处征引，当是本自《左传》。《公羊传》虽提及先轸，重点批斥他违背礼义，即"君在乎殡而用师，危不得葬"，晋文公薨，殡而未葬即兴兵打仗，不合礼义。未提及先轸打败秦军并俘

---

① 许维遹撰，梁运华整理：《吕氏春秋集释》，第543—535页。
② 《国语》卷一〇《晋语四》，上海古籍出版社1998年版，第376页。
③ 《左传》僖公二十五年载：卫人平莒于我。十二月，盟于洮，修卫文公之好，且及莒平也。见(清)阮元校刻：《十三经注疏》，第1821页上。
④ 其云：秦穆公兴师将以袭郑，蹇叔曰："不可。臣闻袭国者，以车不过百里，以人不过三十里，为其谋未及发泄也，甲兵未及锐弊也，粮食未及乏绝也，人民未及罢病也。皆以其气之高与其力之盛至，是以犯敌能威。今行数千里，又数绝诸侯之地，以袭国，臣不知其可也。君重图之！"穆公不听。蹇叔送师，衰绖而哭之。师遂行，过周而东。郑贾人弦高矫郑伯之命，以十二牛劳秦师而宾之。三帅乃惧而谋曰："吾行数千里以袭人，未至而人已知之。其备必先成，不可袭也。"还师而去。当此之时，晋文公适薨，未葬。先轸言于襄公曰："昔吾先君与穆公交，天下莫不闻，诸侯莫不知，今吾君薨未葬，而不吊吾丧，而不假道，是死吾君而弱吾孤也。请击之。"襄公许诺。先轸举兵而与秦师遇于殽，大破之，禽其三帅以归。穆公闻之，素服庙临，以说于众。何宁：《淮南子集释》，第878—880页。

获三位将帅一事①。《穀梁传》虽提及殽之战,但并未提及先轸之名,更未提及俘获秦国三位将帅之事②。

《道应训》引哀公三年"苌弘知天道而不知人事",其云:"昔者苌弘,周室之执数者也。天地之气,日月之行,风雨之变,律历之数,无所不通。然而不能自知,车裂而死……苌弘知天道而不知人事。"③苌弘的主要任务是观测天象、推演历法、占卜等。苌弘博学,通晓"天地之气,日月之行,风雨之变,律历之数",他甚至对"乐"也有相当精深的造诣,据《史记·乐书》记载,孔子与宾牟贾讨论礼乐时说"唯丘之闻诸苌弘"④。《庄子·外物》对苌弘之死十分惋惜,认为他是含冤而死,其云:"人主莫不欲其臣之忠,而忠未必信,故伍员流于江,苌弘死于蜀,藏其血三年,而化为碧。"⑤后人常以"苌弘化碧"来比喻千古奇冤。《淮南子》对苌弘的博学予以肯定,但也对齐提出了批评——知天道而不知人事,用《缪称训》的话来说,苌弘是"以智困"。《史记·封禅书》对苌弘也有"周人之言方怪者自苌弘"的微词⑥。《淮南子》说苌弘"不知人事",可以从《左传》定公四年找到有力证据。根据记载,定公四年三月,"刘文公合诸侯于召陵",打算攻打楚国。诸侯会合,要

---

① 《公羊传》僖公三十三年。(清)阮元校刻:《十三经注疏》,第2264页上、中。
② 《穀梁传》僖公三十三年。(清)阮元校刻:《十三经注疏》,第2403页中、下。
③ 何宁:《淮南子集释》,第958—959页。
④ 司马贞云:《大戴礼》云孔子适周,访礼于老聃,学乐于苌弘是也。(汉)司马迁撰,(南朝宋)裴骃集解,(唐)司马贞索隐,(唐)张守节正义:《史记》卷二四《乐书》,第1226—1228页。
⑤ (清)郭庆藩撰,王孝鱼点校:《庄子集释》卷九上《外物》,第920页。
⑥ (汉)司马迁撰,(南朝宋)裴骃集解,(唐)司马贞索隐,(唐)张守节正义:《史记》卷二八《封禅书》,第1364页。

第一章 论引"六艺"、尊孔子为"素王"

举行歃血之盟的仪式,卫国担心在歃血仪式上排在蔡国之后,就派祝佗跟苌弘说,周王室的传统是序德不序齿的,苌弘信以为真①,便把此事告诉了刘文公,刘文公听信了苌弘,便让卫国排在蔡国之前进行歃血仪式。苌弘被杀于哀公三年,原因是当时晋国的范氏、中行氏与赵氏交战,而刘氏与范氏世为婚姻,所以苌弘主张支持范氏。后赵氏击败范氏、中行氏,兴师问罪刘氏,苌弘因此被诛杀②。这也可作为苌弘不谙人事的一个证据。周朝大夫单穆公对苌弘、刘文公等所作所为提出了严厉的批评,他认为苌弘以所谓天道欺骗刘文公,苌弘违天、反道、诳人,必有灾祸及身。③

《人间训》引昭公二十五年季氏与郈氏斗鸡产生矛盾引发两国战争之事④。《淮南子》得出的结论——"故祸之所从生者,始于鸡斗;及其大也,至于亡社稷",有劝诫和警示意义。《吕氏春秋·察微》亦述及此事,但其重点在于批评鲁昭公不懂"察微","不达乎

---

① 苌弘之所以会相信祝佗的尚德之说,是因为他自己也尚德。昭公二十四年,他曾对刘文公说"同德度义",并引用《太誓》"同心同德"勉励刘文公,认为"君其务德,无患无人"。(清)阮元校刻:《十三经注疏》,第2105页下。
② 《左传》哀公三年载:刘氏、范氏,世为婚姻。苌弘事刘文公。故周与范氏,赵鞅以为讨。六月癸卯,周人杀苌弘。(清)阮元校刻:《十三经注疏》,第2158页上。
③ 上海师范大学古籍整理研究所校点:《国语》卷三《周语下》,上海古籍出版社1998年版,第146—147页。
④ 其云:鲁季氏与郈氏斗鸡,郈氏介其鸡,而季氏为之金距,季氏之鸡不胜,季平子怒,因侵郈氏之宫而筑之。郈昭伯怒,伤之鲁昭公曰:"祷于襄公之庙,舞者二人而已,其余尽舞于季氏。季氏之无道,无上久矣!弗诛,必危社稷!"公以告子家驹,子家驹曰:"季氏之得众,三家为一。其德厚,其威强,君胡得之!"昭公弗听,使郈昭伯将卒以攻之。仲孙氏、叔孙氏相与谋曰:"无季氏,死亡无日矣。"遂兴兵以救之。郈昭伯不胜而死,鲁昭公出奔齐。故祸之所从生者,始于鸡斗;及其大也,至于亡社稷。何宁:《淮南子集释》,第1282页。

人心",最后丢了社稷江山①。相较而言,《淮南子》的总结更贴近《左传》详载此事的用意。

《人间训》引哀公十二年吴王夫差囚禁卫出公一事②,此事见载于《左传》③,其他文献暂未见载有此事。《左传》中出现的鲁国大夫"子服景伯",《淮南子》未提及。事迹梗概相近,具体细节略有不同。

综合来看,《淮南子》引《春秋》经传,并不拘泥于某一学派,或征《公羊传》,或引《左传》。所征引的历史故事,用以论证王道、立

---

① 《吕氏春秋·察微》载:鲁季氏与郈氏斗鸡,郈氏介其鸡,季氏为之金距。季氏之鸡不胜,季平子怒,因归郈氏之宫而益其宅。郈昭伯怒,伤之于昭公,曰:"禘于襄公之庙也,舞者二人而已,其余尽舞于季氏。季氏之舞道,无上久矣,弗诛,必危社稷。"公怒不审,乃使郈昭伯将师徒以攻季氏,遂入其宫。仲孙氏、叔孙氏相与谋曰:"无季氏,则吾族也,死亡无日矣。"遂起甲以往,陷西北隅以入之,三家为一,郈昭伯不胜而死。昭公惧,遂出奔齐,卒于乾侯。鲁昭听伤而不辩其义,惧以鲁国不胜季氏,而不知仲、叔氏之恐而与季氏同患也,是不达乎人心也。不达乎人心,位虽尊,何益于安也? 以鲁国恐不胜一季氏,况于三季? 同恶固相助,权物若此其过也。非独仲、叔氏也,鲁国皆恐。鲁国皆恐,则是与一国为敌也,其得至乾侯而卒犹远。见许维遹撰,梁运华点校:《吕氏春秋集释》,第421—423页。

② 昔者,卫君朝于吴,吴王囚之,欲流之于海。说者冠盖相望,而弗能止。鲁君闻之,撤钟鼓之县,缟素而朝。仲尼入见,曰:"君胡为有忧色?"鲁君曰:"诸侯无亲,以诸侯为亲;大夫无党,以大夫为党。今卫君朝于吴王,吴王囚之,而欲流之于海,孰意卫君之仁义而遭此难也! 吾欲免之而不能,为奈何?"仲尼曰:"若欲免之,则请子贡行。"鲁君召子贡,授之将军之印。子贡辞曰:"贵无益于解患,在所由之道。"敛躬而行,至于吴,见太宰嚭。太宰嚭甚悦之,欲荐之于王。子贡曰:"子不能行说于王,奈何吾因子也!"太宰嚭曰:"子焉知嚭之不能也?"子贡曰:"卫君之来也,卫国之半曰:'不若朝于晋。'其半曰:'不若朝于吴。'然卫君以为吴可以归骸骨也。故束身以受命。今子受卫君而囚之,又欲流之于海,是赏言朝于晋者,而罚言朝于吴也。且卫君之来也,诸侯皆以为蓍龟,兆今朝于吴而不利,则皆移心于晋矣。子之欲成霸王之业,不亦难乎!"太宰嚭入,复之于王。王报出令于百官曰:"比十日,而卫君之礼不具者死!"子贡可谓知所以说矣。何宁:《淮南子集释》,第1301—1302页。

③ 《左传》哀公十二年。(清)阮元校刻:《十三经注疏》,第2170页中、下—2171页上。

功、礼义、诚、知人事等对治国理政的重要性,其所论证的这些方面,也正是儒家所重视的。

第三节 尊孔子为"素王"

"素王"之说,在《庄子》已有,其《天道》篇中说:"虚静恬淡寂漠无为"是"帝王天子之德""玄圣素王之道"①。郭象注云:"有其道为天下所归而无其爵者,所谓素王自贵也。"②。但这是一种泛指,并不专指孔子。不过有一点需要注意,郭象是东晋时人,而"素王"的观念在汉代已有相当影响。

在汉初的时代,"素王"仍未专指孔子,贾谊《过秦论》云:"诸侯起于匹夫,以利会,非有素王之行也。"这样的诸侯国,"其交未亲,其民未附"③。从贾谊所说的诸侯"以利会"来看,"素王"有重道的内涵在里面。贾谊说:"周王序得其道,千余载不绝;秦本末并失,故不能长。由是观之,安危之统相去远矣。"④贾谊虽然将"素王"与周朝治国理政之"道"放在一起论述,但并未直接与孔子关联。司马迁在撰写商朝历史时,曾使用过"素王"的说法。《史记·殷本纪》云:"或曰,伊尹处士,汤使人聘迎之,五反然后肯往从汤,言素王及九主之事。"唐朝学者司马贞谓:"素王者,太素上

---

① (清)郭庆藩撰,王孝鱼点校:《庄子集释》,第457页。
② (清)郭庆藩撰,王孝鱼点校:《庄子集释》,第461页。
③ 阎振益、钟夏:《新书校注·过秦论》,中华书局2000年版,第16页。
④ 阎振益、钟夏:《新书校注·过秦论》,第16—17页。

皇,其道质素,故称素王。"①司马迁的这个说法应该是汉朝的时代新语,而不是远古商朝的素有词汇。那么,以"素王"尊称孔子,究竟始于何时?

根据颜师古注《汉书》所云:"《穀梁》曰:'孔子素王。'"②但这个说法,不见于今本《穀梁传》,难以遽信。学界一般认为尊孔子为"素王"始于董仲舒。《汉书·董仲舒传》载:"仲舒对曰:……孔子作《春秋》,先正王而系万事,见素王之文焉。"③董仲舒认为孔子作《春秋》,以"正王"为先,而辅以"万事",不过"见素王之文"这个说法至少可以有两种解释,一是这显示了有德无位的所谓素王的文章,一是通过孔子的记载呈现了重道轻利、以道为本的君王之道。前一种解释可以将孔子看作是"素王",而后一种解释只能将孔子看作是史家。

在《淮南子》中,孔子直接被尊为"素王",且有详尽的论述,《主术训》篇云:

> 孔子之通,智过于苌宏,勇服于孟贲,足蹑郊菟,力招城关,能亦多矣。然而勇力不闻,伎巧不知,专行教道,以成素王,事亦鲜矣。《春秋》二百四十二年,亡国五十二,弑君三十六,采善锄丑,以成王道,论亦博矣。然而围于匡,颜色不变,弦歌不辍,临死亡之地,犯患难之危,据义行理,而志不慑,分亦明矣。然为鲁司寇,听狱必为断,作为《春秋》,不道鬼神,

---

① (汉)司马迁:《史记·殷本纪》,第94页。
② (汉)班固:《汉书·杨胡朱梅云传》,第2926页。
③ (汉)班固:《汉书·董仲舒传》,中华书局1962年版,第2509页。

第一章 论引"六艺"、尊孔子为"素王"

不敢专己。①

此段话一方面说明孔子博学多才,另一方面强调孔子"专行教道""采善锄丑,以成王道""据义行理""不道鬼神,不敢专己"。这与《庄子》中"素王"的含义并不相同。另外,《淮南子》言孔子为素王,是基于"尧、舜、禹、汤、文、武、成、康"这个"政统",《主术训》云"尧、舜、禹、汤、文、武皆坦然天下而南面焉",又云"成、康继文、武之业,守明堂之制"②。在《淮南子》看来,孔子虽智慧通达、勇力超群,却并不以此名闻天下,而是"专行教道",虽未曾居王位,但其德与尧、舜、禹、汤、文、武、成、康诸王是齐一的,因此尊其为"素王"。这与董仲舒仅从孔子作《春秋》进行论证说明,是不同的。从《淮南子》与董仲舒尊孔子为"素王"的这种论述上的差异,可以看出,在《淮南子》成书之际,尊孔子为"素王"当尚未成为社会的共识,属于观念上的学术创新,因此需要详尽的论说和证明。董仲舒在"对策"之时,虽也尊称孔子为素王,论证极为简捷,说明当时称孔子为素王,已经具有相当的社会共识。

另外,《淮南子》中有孔子、墨子"无地而为君、无官而为长"的描述,可以看作尊孔子为"素王"的注脚。《道应训》篇借惠盎③之口说出孔子"为君""为长",原文如下:

> 孔丘、墨翟,无地而为君,无官而为长。天下丈夫女子,莫

---

① 何宁:《淮南子集释》,第 695—696 页。
② 何宁:《淮南子集释》,第 692、695 页。
③ 《道应训》作"惠孟",据《吕氏春秋·顺说》改。参见许维遹撰,梁运华整理:《吕氏春秋集释》,中华书局 2009 年版,第 378—379 页。

不延颈举踵而愿安利之者。今大王,万乘之主也。诚有其志,则四境之内,皆得其利矣。此贤于孔墨也远矣。①

这是宋国人惠盎在宋康王面前的辩论之词。高诱注云:"康王,宋昭公曾孙辟公之子,名侵,立十一年,僭号称王,四十五年,大为不道,故曰宋子不足仁义者也,齐湣王伐灭之。"②即宋康王名偃。若高注可信,则惠盎与孔子当是同时代人。宋昭公前619年至前612年在位,宋康王是昭公四世孙,相去百余年,当与孔子同一时代。但惠盎并称孔、墨,此番对话当在墨子显闻天下之后。如此看来,此番对话当是后人臆造,非为信史。《顺说》录此以证"因则贫贱可以胜富贵矣,小弱可以制强大矣"③,而《道应训》引以证《老子》所谓"勇于不敢则活"。从对话本身来看,惠盎是褒扬孔墨的,其言若宋康王诚心实行孔墨思想以行治道,既有孔、墨之贤,又君临天下,将会比孔墨还要有贤德。惠盎言孔子、墨子"无地而为君,无官而为长",亦即在世人心中,孔子、墨子已经贵为君长。这从另一个方面说明,孔子、墨子都属于有德有才而无爵位的人。

尊孔子为"素王",董仲舒与《淮南子》孰早孰晚?《淮南子》的成书时间较为明确,即建元二年(前139年)之前。而董仲舒"对策"的具体时间,学界一直争讼不断,主要有三种观点:建元元年说、建元五年说、元光元年说。"建元元年说"主要来自《资治通鉴》。根据《汉书》的相关记载,这种观点并不可信。钟肇鹏等认为董仲舒对策当在元光元年,证据充分,较为可信,理由如下:

---

① 何宁:《淮南子集释》,第839—841页。
② 《吕氏春秋·顺说》,第378页。
③ 《吕氏春秋·顺说》,第380页。毕沅认为"侵"是"偃"之讹。

第一章 论引"六艺"、尊孔子为"素王"

证据一,董仲舒"对策"有云"今临政而愿治,七十余岁矣",刘邦开国在公元前206年,若算至建元元年(前140年),只有六十七年,不应该说"七十余岁",若以元光元年(前134年)计算,则已七十三年,与"七十余岁"正相吻合。证据二,董仲舒"对策"中有"夜郎康居殊方万里,说德归谊"之说,"夜郎之通",据《汉书·西南夷传》记载,在建元六年,大行王恢击东粤后,次年即为元光元年。证据三,《汉书》载"自武帝初立,魏其、武安侯为相而隆儒术矣,及仲舒对策,推明孔氏",说明董仲舒对策在魏其侯、武安侯为相之后。据《史记·汉兴以来将相名臣年表》载魏其侯窦婴为丞相在武帝建元元年,则董仲舒对策在建元元年之后。证据四,《汉书·董仲舒》说:"对既毕,天子以为江都相,事易王。"可见,董仲舒为江都相正值对策之后。《春秋繁露·止雨篇》说:"二十一年八月甲申"董仲舒为江都王求止雨。这说明对策之年当在江都易王二十一年之前。据《史记·汉兴以来诸侯王表》载,景帝四年(前153年)为易王元年,《汉书·地理志下》于广陵国云:"景帝四年更名江都。"两者完全一致。景帝四年(前153年)即为江都易王元年,则江都易王二十一年正武帝元光二年(前133年)。《汉书》董仲舒本传云:"对既毕,天子以为江都相,事易王。"可见董仲舒对策在元光元年,对既毕,为江都相。故于易王二十一年在江都求止雨,事实一一符合,这是董仲舒对策在元光元年最有力的证据。①

此外,还可以在《汉书·礼乐志》找到董仲舒对策不在建元元年的证据,其云:"至武帝即位,进用英隽,议立明堂,制礼服,以兴

---

① 钟肇鹏主编:《春秋繁露校释》(校补本),河北人民出版社2005年版,第1117页。

太平。会窦太后好黄老言,不说儒术,其事又废。后董仲舒对策言。"①这也充分说明董仲舒对策是在建元元年之后。《礼乐志》"董仲舒对策言"之后,节录"对策"的具体内容,与董仲舒本传所载对策内容一致②。

  从上面的论述可以看出,《淮南子》尊孔子为素王,应当早于董仲舒对策之时。《淮南子》把孔子纳入"尧、舜、禹、汤、文、武、成、康"这个"政统"序列,这在崇尚黄老之术的景帝时期具有突破性意义。《淮南子》遍引"六艺"、尊孔子为"素王",客观上提升了儒学的学术地位。虽然《淮南子》没有像董仲舒那样从"改正朔,易服色"③的应天改制的角度提升孔子在政治上的地位,但不可忽视的是,《淮南子》在汉初"由道而儒"的思想转型中,对汉代中期的新秩序的构建作出了学术上的重要贡献。

---

① （汉）班固撰,（唐）颜师古注:《汉书》卷二二《礼乐志》,第1031页。
② （汉）班固撰,（唐）颜师古注:《汉书》卷二二《礼乐志》,第1031—1032页。
③ （汉）班固:《汉书·董仲舒传》,第2509页。

第二章 "仁以为经,义以为纪":儒学制度化的理论探索

西汉景、武之际,社会秩序急需转型,但黄老道家思想在意识形态方面依然占据主导地位,转型的阻力巨大。《淮南子》以儒学倡导的核心观念——"仁""义"为思想资源,对汉代社会新秩序的构建进行了有益的理论探索,取得了一定的理论突破。

《淮南子》虽有站在道家立场批评儒家仁义的一面,同时也有肯定儒家仁义积极作用的一面,如《览冥训》中说:"逮至当今之时,天子在上位,持以道德,辅以仁义,近者献其智,远者怀其德,拱揖指麾而四海宾服,春秋冬夏皆献其贡职,天下混而为一,子孙相代,此五帝之所以迎天德也。"①这虽然仍有推崇道家道德之说,但同时也承认仁义是治国理政必不可少的思想观念。《览冥训》又云:"仁者所以救争也,义者所以救失也,礼者所以救淫也,乐者所以救忧也。"②这其实也说明,道家的所谓道、德,面对社会伦理的

---

① 何宁:《淮南子集释》,第497页。
② 何宁:《淮南子集释》,第569页。

衰败,显得有些束手无策,可见也不是"通治之至"。而应对伦理的衰败,需要借助儒家的仁义礼乐来匡正和救治。

《淮南子》有为儒家学说进行辩护的一面,如《泛论训》云:"诎寸而伸尺,圣人为之;小枉而大直,君子行之。周公有杀弟之累,齐桓有争国之名;然而周公以义补缺,桓公以功灭丑,而皆为贤。今以人之小过,掩其大美,则天下无圣王贤相矣。"①周公、齐桓公都有过失之处,然而他们都有比过失更为重要的德或功,相较而言,其过失是"小过",以其"小过"来否定大德、大功,则天下就没有什么圣王贤相了。又云:"使管仲出死捐躯,不顾后图,岂有此霸功哉!今人君论其臣也,不计其大功,总其略行,而求其小善,则失贤之数也。"又云:"夫人之情莫不有所短。诚其大略是也,虽有小过,不足以为累;若其大略非也,虽有闾里之行,未足大举。"又云:"自古及今,五帝三王,未有能全其行者也。故《易》曰:'小过,亨,利贞。'言人莫不有过,而不欲其大也。夫尧、舜、汤、武,世主之隆也;齐桓、晋文,五霸之豪英也。然尧有不慈之名,舜有卑父之谤,汤、武有放弑之事,五霸有暴乱之谋,是故君子不责备于一人。"②《人间训》云:"仁者,百姓之所慕也;义者,众庶之所高也。为人之所慕,行人之所高,此严父之所以教子,而忠臣之所以事君也。然世或用之而身死国亡者,不同于时也。"又云:"夫徐偃王为义而灭,燕子哙行仁而亡,哀公好儒而削,代君为墨而残。灭亡削残,暴乱之所致也,而四君独以仁义儒墨而亡者,遭时之务异也。非仁义

---

① 何宁:《淮南子集释》,第961页。
② 何宁:《淮南子集释》卷一三《泛论训》,第961—965页。

儒墨不行,非其世而用之,则为之禽矣。"①《修务训》列举神农、尧、舜、禹、汤五圣"劳形尽虑,为民兴利除害"之事,指出:"圣人忧民如此其明也,而称以'无为',岂不悖哉?"又云:"子有弑父者,然而天下莫疏其子,何也? 爱父者众也。儒有邪辟者,而先王之道不废,何也? 其行之者多也。"②这里《淮南子》的作者对儒家的学说、儒家的圣人,都作了较为有力的辩护。这些辩护更为务实,更加切合生活和社会的实际,使得站在道家立场对儒家思想的指责显得非常迂阔。

《淮南子》有诸多关于仁义的讨论,在汉初有重要地位。如果说春秋战国时期,仁、义观念还停留在学术讨论和扩大社会影响的阶段,到了汉初,儒家的这些思想观念逐渐开始被关涉到具体的政治层面。

第一节 "仁者爱其类":"仁"思想的发展

孔子贵"仁",提出一个以"仁"为核心的政治、伦理学说。"仁"既是指人们内在的心理意识、心理活动,又是人行为的道德规范,"成仁"是人生价值的基本追求。樊迟曾问仁于孔子,孔子以"爱人"来揭示其内涵。爱人,要从身边的人做起,爱父母兄弟亲戚,然后推扩出去,爱天下民众。对父母的爱用"孝"进行规定,兄弟之爱用"悌"进行规定。"仁"除了孝、悌这样的德目之外,还

---

① 何宁:《淮南子集释》卷一八《人间训》,第 1295—1297 页。
② 何宁:《淮南子集释》卷一九《修务训》,第 1311—1317、1331—1332 页。

有诸如忠、恕、信、恭、敏、惠、让、宽、智、勇等。孟子把孔子的这一思想阐述得更加明白,直接说"仁者爱人"①,倡导"亲亲而仁民,仁民而爱物"②,把孔子的"仁"作为政治指导思想,位居权位者尤其是君主,要"仁民"。孟子这种以仁政爱民的推进,学界一般称为"仁政"。孟子又把仁和义统一起来,形成了仁义观念。他说:"仁,人心也;义,人路也。"③倡导"居仁由义""不偏爱人""老吾老以及人之老,幼吾幼以及人之幼"④。并进一步提出所谓"仁"就是"仁心",即"不忍人之心",并在此基础上提出"性善论"。孔子对人性的品性质地没有更多讨论,但孟子的性善论与孔子的"仁"观念有着密切的关系。孔、孟关于"仁"的讨论,对后世影响极大。

《淮南子》提出"仁者爱人类",其基本理念是"仁莫大于爱人",以"爱人"为"仁"最重要的内容。反对"遍爱群物而不爱人类"。《主术训》云:

> 遍爱群生而不爱人类,不可谓仁。仁者爱其类也……仁者,虽在断割之中,其所不忍之色可见也。⑤

热爱万物而不爱人类,不能算是有仁爱之心。具备仁德的人热爱他的同类。仁德之人即使在杀鸡宰羊之时,脸上也有不忍心的表情。《泰族训》云:"仁莫大于爱人。"⑥把"爱人"作为"仁"最

---

① (清)焦循撰,沈文倬点校:《孟子正义》卷一七《离娄下》,第595页。
② (清)焦循撰,沈文倬点校:《孟子正义》卷二七《尽心上》,第949页。
③ (清)焦循撰,沈文倬点校:《孟子正义》卷二三《告子上》,第786页。
④ (清)焦循撰,沈文倬点校:《孟子正义》卷三《梁惠王上》,第86页。
⑤ 何宁:《淮南子集释》卷一三《泛论训》,第698—699页。
⑥ 何宁:《淮南子集释》卷一三《泛论训》,第1435页。

第二章 "仁以为经,义以为纪":儒学制度化的理论探索

核心的部分,与孔子"仁者爱人"的理念一脉相承。《淮南子》的"爱人类"比孔子的"爱人",范围要广大,不仅包括活着的世人,也包括先祖鬼神。"仁者爱人类"思想基本内容,可以概括为以下两个方面:以爱为务,不能自已;重仁袭恩,不忘鬼神。

一、以爱为务,"不能自已"

《本经训》云:"事亲有道矣,而爱为务。"高诱将此处的"道"解释为"孝道",认为孝道"务在爱敬其亲"①。陈广忠将此"道"解释为"规定",即奉事亲人是有规定的,而要把"爱"作为致力的目的②。解释为"规定",不如高注"孝道"妥帖,即是说,奉养父母要讲求孝道,其核心是爱亲敬亲。

《淮南子》还主张长辈对晚辈也要以爱为务。《淮南子》云:"仁者,百姓之所慕也;义者,众庶之所高也。为人之所慕,行人之所高,此严父之所以教子,而忠臣之所以事君也。"③父母教育子女也要以仁、义为最重要的教育内容,这也是一种对子女的关爱。因为仁、义是众人追慕推崇的德行。这种"爱"不是短暂的爱,而是长久的恩惠累积而形成的深厚情感,《缪称训》云:"仁者积恩之见证也。"④即是说,仁是日积月累的恩惠最终形成的结果。

《淮南子》认为,内心的仁爱除了不求回报外,它还是一种不

---

① 何宁:《淮南子集释》卷八《本经训》,第603—604页。
② 陈广忠:《淮南子校诠》卷八《本经训》,黄山书社1985年版,第378—379页。
③ 何宁:《淮南子集释》卷一八《人间训》,第1295页。
④ 何宁:《淮南子集释》卷一〇《缪称训》,第706页。

能自已、无法停止的高尚品质,甚至值得用生命去保护它。《缪称训》云:"子之死父也,臣之死君也,世有行之者矣,非出死以要名也,恩心之藏于中而不能违其难也。"又云:"二月婴儿未知利害也,而慈母之爱谕焉者,情也。"又云:"慈父之爱子,非为报也,不可内解于心。"①慈母慈父爱子,不是为了获得回报,而是因为内心无法停止对子女的仁爱之心。这种仁爱之心,推扩到政治上,便是"仁政"。《缪称训》云:"圣人之养民,非求用也,性不能已。"圣人教养民众,并不是希望他们能够为自己所用,而是仁爱的本性不能停止对民众的爱。这可谓是仁爱的最高境界,也是仁政的最高境界。

《淮南子》认为,社会成员"各致其爱",才能实现和谐幸福。其云:"古者,上求薄而民用给,君施其德,臣尽其忠,父行其慈,子竭其孝,各致其爱,而无憾恨其间。"②上古社会,统治者轻徭薄赋,物阜民丰,君主施行德政,臣下恪尽职守,父亲慈爱,子女孝顺,各自付出自己的仁爱之心,就不会有什么怨愤遗憾发生了。这当然是一种理想的状态,在现实生活中很难实现。但描述理想的目的是为了对现实进行鞭策和讽谕。《淮南子》把君德、臣忠、父慈、子孝,都纳入"致爱",即要用"爱"来统领德、忠、慈、孝。也就是说,君对民的爱表现为施行德政,臣对君的爱表现为忠诚尽职,父亲对儿女的爱表现为"慈",儿女对父母的爱表现为"孝"。

---

① 引文见何宁:《淮南子集释》卷一〇《缪称训》,第720、775、714页。解,这里应该释作解除之意。《楚辞·九章·悲回风》"居戚戚而不可解",洪兴祖注云:"解,除也。"可参考。见(宋)洪兴祖撰,白化文等点校:《楚辞补注》,中华书局1983年版,第158页。

② 何宁:《淮南子集释》卷八《本经训》,第601页。

第二章 "仁以为经,义以为纪":儒学制度化的理论探索

另外,在《淮南子》的思想中,还有注重妇女地位的一面。《主术训》云:"孝于父母,悌于兄嫂。"值得注意的是,这里的表述与先秦"孝于亲""悌于长"的表述不同,《淮南子》的这种表述注重女性在社会伦理生活中的地位,这也是《淮南子》仁爱思想的表现。

二、重仁袭恩,不忘鬼神

在"仁者爱其类"的观念下,《淮南子》的作者认为当世之人对于前代有重大贡献的先贤也应有仁爱之心。《泛论训》云:

> 牛马有功,犹不可忘,又况人乎?此圣人所以重仁袭恩。故炎帝于火而死为灶,禹劳天下而死为社,后稷作稼穑而死为稷,羿除天下之害死而为宗布,此鬼神之所以立。①

《淮南子》认为应当把有杰出贡献的人神圣化,以宗教的方式追思纪念,这是继承传统文化的重要方式。《淮南子》提出要对历史上有杰出贡献的人念念不忘,这也是其仁爱思想的一种表现。"重仁袭恩",后来之人承袭前代恩惠,要念念不忘,也是"重仁"(心怀仁爱)的一种表现。《淮南子》认为现世的人们生活在前世英俊豪杰的恩惠之中,因此要对前世英俊豪杰的恩惠心存感激,对他们抱以崇敬的仁爱之心,并继承他们留存下来的宝贵文化遗产,发扬光大之。这在《修务训》中有详尽的阐述,其云:

---

① 何宁:《淮南子集释》卷一三《泛论训》,第985—986页。

> 今使人生于辟陋之国,长于穷榈漏室之下,长无兄弟,少无父母,目未尝见礼节,耳未尝闻先古,独守专室而不出门,使其性虽不愚,然其知者必寡矣。昔者,苍颉作书,容成造历,胡曹为衣,后稷耕稼,仪狄作酒,奚仲为车,此六人者,皆有神明之道,圣智之迹,故人作一事而遗后世,非能一人而独兼有之。各悉其知,贵其所欲达,遂为天下备。今使六子者易事,而明弗能见者何?万物至众,而知不足以奄之。周室以后,无六子之贤,而皆修其业;当世之人,无一人之才,而知其六贤之道者何?教顺施续而知能流通。①

如果没有前代英俊豪杰的文化遗产,现世人们的生活将无法想象。人们通过学习前代人留下的文化遗产,掌握前代人留下来的智慧,能更好地劳作和生活。

《淮南子》的这种态度,与孔子"敬鬼神而远之"的理念是不同的。造成这种不同的原因,应是对鬼神的不同理解造成的。《论语》有关"鬼""神"的讨论有6处:《为政》篇载:"子曰:'非其鬼而祭之,谄也。'"《八佾》篇载:"祭如在,祭神如神在。子曰:'吾不与祭,如不祭。'"《雍也》篇载:"樊迟问知。子曰:'务民之义,敬鬼神而远之,可谓知矣。'"《述而》篇云:"子不语怪、力、乱、神。"《泰伯》篇载:"子曰:'禹,吾无间然矣。菲饮食而致孝乎鬼神,恶衣服而致美乎黻冕,卑宫室而尽力乎沟洫。禹,吾无间然矣。'"《先进》篇载:"季路问事鬼。子曰:'未能事人,焉能事鬼?'"②从这些记

---

① 何宁:《淮南子集释》卷一九《修务训》,第 1342—1343 页。
② 见(清)阮元校刻:《十三经注疏》,第 2463 页下,2497 页上,2479 页中,2483 页上,2488 页上,2499 页上。

第二章 "仁以为经,义以为纪":儒学制度化的理论探索

载来看,孔子对鬼、神并不特别关注,他的基本态度是"敬而远之"。孟子未论及鬼,对"神"的讨论也仅有3处:《万章上》云:孟子曰:"使之主祭,而百神享之,是天受之。"《尽心上》云:孟子曰:"夫君子所过者化,所存者神,上下与天地同流,岂曰小补之哉?"《尽心下》云:"圣而不可知之之谓神。"①孟子把"圣而不可知"称作是"神",算是对神进行了界定。《荀子·天论篇》对"神"的界定较为详尽,如下:"列星随旋,日月递照,四时代御,阴阳大化,风雨博施,万物各得其和以生,各得其养以成,不见其事而见其功,夫是之谓神。皆知其所以成,莫知其无形,夫是之谓天功。唯圣人为不求知天。"又云:"雩而雨,何也?曰:无何也,犹不雩而雨也。日月食而救之,天旱而雩,卜筮然后决大事,非以为得求也,以文之也。故君子以为文,而百姓以为神。以为文则吉,以为神则凶也。"②如果说在孔、孟那里,"神"还有一层"魅"的色彩,但在《荀子》这里则几乎完成了对"神"的"祛魅"。在《荀子》看来,所谓"神"不过是大自然的力量使然,并无所谓超自然的意志存在。而在《淮南子》看来,炎帝是灶神,大禹是社神,后稷是谷神(或稷神),后羿是宗布神,等等。这些所谓"神",都是由对社会发展贡献巨大者转化而来,他们首先是"人",其次才是"神",尊他们为"神",是为了纪念他们在某项领域里的特殊贡献,而对这样的"神",要抱以仁爱之心。

《淮南子》"仁者爱其类"的思想是对先秦仁爱思想的总结和概括。其"仁爱"思想主要来自孔孟,"爱人类"思想主要来自《荀

---

① (清)焦循撰,沈文倬点校:《孟子正义》,第644、895、994页。
② (清)王先谦撰,沈啸寰、王星贤点校:《荀子集解》,第308—309、316页。

子》和《吕氏春秋》。

先来谈"仁爱"的思想来源。孔子贵仁,主张"爱人""泛爱众而亲仁",这种"爱"还是以人为本的。从马厩失火、孔子问人不问马这一典型事件来看,他有着深沉的人本情怀。孟子主张"仁者,人心也",仁爱是人内心最宝贵的情愫。他提出的"亲亲而仁民,仁民而爱物"(《尽心上》),确实把孔子的仁爱思想向前推进了一步,认为治国理政者不仅要以仁爱之心爱民,也要以仁爱之心怜爱万物。孟子的这种仁爱思想是其"仁政"思想的一部分。也就是说,孟子的仁爱思想,立论的主要对象是治国理政的君主,仍带有贵族色彩,这是其仁爱思想的特点所在,也是其局限所在。同时,把"爱物"归入"仁",发展下去,有可能出现"爱物"较多而爱人较少,或者爱物不爱人的现象。或者可以说,《淮南子》批评的"遍爱群生不爱人类"的现象,就是对孟子"爱物"思想的化用和发展。孟子"仁民而爱物"的思想对《吕氏春秋》有较大影响。

其次,《淮南子》仁爱思想中的"爱类"观念主要来自《荀子》和《吕氏春秋》。《荀子·礼论》提出"有知之属莫不爱其类",具备聪明智慧的物种都爱他的同类。不过,《荀子》此处的"爱类"观念并不是人类独有的特点,而是"凡有血气之属",《荀子》认为"凡生天地之间者,有血气之属必有知,有知之属莫不爱其类"[1]。这里的"有血气之属"是包含飞禽走兽在内的。《吕氏春秋·爱类》提出:"仁于他物,不仁于人,不得为仁。不仁于他物,独仁于人,犹若为仁。仁也者,仁乎其类者也。"[2]仁爱他物而不仁爱于人,不

---

[1] (清)王先谦撰,沈啸寰、王星贤点校:《荀子集解》,第372页。
[2] 许维遹撰,梁运华点校:《吕氏春秋集释》,第593页。

能算是"仁"。不仁爱他物而只仁爱于人,才能算得上是"仁"。所谓仁,即仁爱自己的同类。此处的仁爱思想,尤其是说"不仁于他物,独仁于人,犹若为仁",在《吕氏春秋》的作者看来,"独仁于人"也不能够是完整意义上的"仁",仁人仁物,应是其对"仁"的基本界定。这可能是受孟子"仁民爱物"及《荀子》"有知之属莫不爱其类"思想的影响。《淮南子》的作者认识到:"凡人之性,莫贵于仁","仁以为质",人性之中,最可贵的就在于"仁",这是人最基本也是最宝贵的内在。"君子非仁义无以生,失仁义则失其所以生",如果没有仁义之爱,就没有继续活下去的凭借。其云"遍爱群物而不爱人类,不可谓仁",旗帜鲜明地提出"仁者爱其类",强调爱人是最重要的,爱物是相对次要的。"仁者爱其类",是较"仁民爱物"更具人文关怀的思想理论。"人类"概念的提出,涵盖了全社会所有人。"仁者爱其类"这一思想理论,可以涵盖孔子、墨子、孟子的仁爱思想,从而使仁爱这一思想体系更为完善。"人类",无论男女老幼、鳏寡孤独、高低贵贱等,都包括其中。无论是达官贵人,还是贩夫走卒,如果以"成仁"作为追求的目标,都应该"爱人类",即达官贵人要爱贩夫走卒,贩夫走卒也要爱达官贵人。

《淮南子》"仁者爱人类"在当时影响较大。例如,董仲舒《春秋繁露》中有"仁者所以爱人类也",且在论述的文字上,也有诸多相同之处,为便于比较,列表如下:

《淮南子·主术训》	《春秋繁露·必仁且智》
遍知万物而不知人道,不可谓智;遍爱群生而不爱人类,不可谓仁。仁者爱其类也;智者,不可惑也。仁者,虽在断割之中,其所不忍之色可见也;智者,虽烦难之事,其不暗之效可见也。内恕反情心之所欲,其不加诸人,由近知远,由己知人,此仁智之所合而行也。小有教而大有存也,小有诛而大有宁也,唯恻隐推而行之,此智者之所独断也。故仁智错有时合,合者为正,错者为权,其义一也……凡人之性,莫贵于仁,莫急于智。仁以为质,智以行之,两者为本,而加之以勇力、辩慧、捷疾、劾录、巧敏、迟利、聪明审察,尽众益也。身材未修,伎艺曲备,而无仁智以为表干,而加之以众美,则益其损。故不仁而有勇力果敢,则狂而操利剑;不智而辩慧怀[懁]给,则(弃)[乘]骥而不(式)[或]。虽有材能,其施之不当,其处之不宜,适足以辅伪饰非,伎艺之众,不如其寡也。故有野心者,不可借便势;有愚质者,不可与利器①	莫近于仁,莫急于智。不仁而有勇力材能,则狂而操利兵也;不智而辩慧獧给,则迷而乘良马也。故不仁不智而有材能,将以其材能以辅其邪狂之心,而赞其僻违之行,适足以大其非而甚其恶耳。其强足以覆过,其御足以犯诈,其慧足以惑愚,其辨足以饰非,其坚足以断辟,其严足以拒谏。此非无材能也,其施之不当而处之不义也。有否心者,不可借便势,其质愚者不与利器,《论》之所谓不知人也者,恐不知别此等也。仁而不智,则爱而不别也;智而不仁,则知而不为也。故仁者所以爱人类也,智者所以除其害也②

(说明:引文中的着重号是笔者所加。)

① 根据王念孙校注,改。见何宁:《淮南子集释》,第 698—702 页。
② 苏舆撰,钟哲点校:《春秋繁露义证》卷八《必仁且智》,第 257 页。

第二章 "仁以为经,义以为纪":儒学制度化的理论探索

《淮南子》先对"遍知万物""遍爱群生"提出质疑,认为这并不能称得上是"智"和"仁",紧接着对"智""仁"进行界定、论析,然后再分析为什么人性"莫贵于仁,莫急于智"以及不仁、不智的危害。这是一种比较符合逻辑的论述。而在《春秋繁露·必仁且智》中,与《淮南子》的论述顺序完全不同,开篇便是"莫近于仁,莫急于智",非常突兀,并且没有主语。然后阐述"莫近于仁,莫急于智"的原因是不仁者、不智者的危害,最后才界定"仁""智"。另外,《春秋繁露》在袭用《淮南子》时,有改字的情况,如把《淮南子》的"莫贵于仁"改为"莫近于仁",一字之差,其意义相异。孔子说:"刚毅木讷近仁。"(《宪问》)朱熹注云:"四者,质之近乎仁者也。"①《礼记·祭义》"为其近于道也"。孔颖达疏云:"凡言近者,非是实到,附近而已。"《春秋繁露》此处的"近"与"急"相对,应当解释为"迫",即"迫近"之意。相较而言,《淮南子》"莫贵于仁"更为妥帖通畅。《吕氏春秋·不二》云:"孔子贵仁。"②"贵"是崇尚之意。

再如,《春秋繁露》把《淮南子》的"有野心者,不可借便势"改为"有否心者,不可借便势"。野,许慎注曰:"外"③。"否心",注者直接释为"野心"④。这里的"否",应该读作"臧否"之"否",为"不善"之意。相较而言,"野心"较为顺畅。"野心"一词,见于《左传》宣公四年"谚曰:狼子野心。"《论衡·本性篇》有"野心无

---

① 朱熹:四者,质之近乎仁者也。见氏著:《四书章句集注》,第148页。
② 许维遹撰,梁运华整理:《吕氏春秋集释》,第467页。
③ 何宁:《淮南子集释》卷一〇《缪称训》,第702页。
④ 曾振宇、傅永聚注:《春秋繁露新注》,商务印书馆2010年版,第183页注⑨。

亲"之说。

又如,《春秋繁露》把《淮南子》的"不仁而有勇力果敢,则狂而操利剑;不智而辩慧(怀)[憪]给,则(弃)[乘]骥而不(式)[或]"改为"不仁而有勇力材能,则狂而操利兵也;不智而辩慧獧给,则迷而乘良马也"。"果敢"改为"材能","利剑"改为"利兵",意思变化不大。

从前面的分析来看,就"仁者爱人类"这一思想而言,很难排除《淮南子》与《春秋繁露》之间的学术关系。从文本来看,《淮南子》应对《春秋繁露》产生的学术影响极大。

综上所述,《淮南子》提出"仁者爱其类"的主张,"人类"概念的引入,使得其仁爱思想,既继承了孔子"仁者爱人"的人文情怀,又摆脱了孟子对仁爱思想的泛化。其"仁者爱其类""仁莫大于爱人"的主张,可以说是汉初对孔子"仁者爱人"思想的复归和阐扬。这种复归和阐扬,具有鲜明而强烈的人文精神,也具有重要的时代价值。

第二节　循理而行宜："义"思想的发展

"义"最早的含义是"威仪"[①],有礼容法度的意味。春秋战国时期,又引申出道义等语义,如"多行不义必自毙"[②]。在先秦以及秦汉之际的文献里,"义"的解释路径至少有四种:仪、宜、正、理。

---

① （汉）许慎撰,（宋）徐铉校定:《说文解字》,中华书局2013年版,第267页。
② 《左传·隐公元年》,见（清）阮元校刻:《十三经注疏》,第1716页中。

第二章 "仁以为经,义以为纪":儒学制度化的理论探索

除"仪"外,其他三种解释路径都带有明显而直接的道德色彩。《礼记·中庸》:"义者,宜也。"①《墨子·天志下》:"义者,正也。"②《荀子·大略篇》:"义者,理也。"③

孔子认为"义"是君子所应该具有的重要的品质,也是人生所应追求的精神境界。他认为,君子要"义以为上""义以为质"、见义勇为、见利思义等。他认为君子要"喻于义",即以"义"为人生追求的重要目标。另外,他认为国家的统治者也应该以"义"作为各项政策的原则之一,他说:"其养民也惠,其使民也义。"④只有这样,百姓才会归顺。《中庸》的作者主张"义者宜也",即"义"的行为都是非常合宜的。

孔子及《中庸》对"义"都是一种褒扬和积极倡导的态度。到了孟、荀之时,"义"却带有明显的强制色彩,即把"义"变成强制性的伦理规范。有学者指出,孟子把"羞恶之心"即做错事的羞愧心作为"义"德的源头,暗示了"义"的要旨就在于不行不义,不违背道理或规范。孟子说:"人皆有所不忍,达之于其所忍,仁也;人皆有所不为,达之于其所为,义也。"⑤他还主张"舍生而取义""穷不失义""居仁由义""尊德乐义"、先义后利、"惟义所在"等;荀子认为"义"是人与动物不同的本质所在,他说:"人何以能群?曰分。分

---

① (清)阮元校刻:《十三经注疏》,第 1629 页中。
② 吴毓江撰,孙启治点校:《墨子校注》,第 312 页。
③ (清)王先谦撰,沈啸寰、王星贤点校:《荀子集解》,第 491 页。
④ 《论语·公冶长》,见(清)阮元校刻:《十三经注疏》,第 2474 页中。
⑤ (清)焦循撰,沈文倬点校:《孟子正义》卷二九《尽心下》,中华书局 1987 年版,第 1007 页。

合一能行？曰义。"①他主张以礼行义、唯义为行、"重死持义而不桡"②等。孔子所谓的"义"侧重于"正"，孟、荀所谓的"义"侧重于"宜"。"义"是儒家思想中一种重要的伦理观念和规范。儒家所谓的"义"，用今天的话说即是道义、正义、公义等。"义者，宜也"，即是说只有符合道义、正义的行为才是合宜的、正当的。有学者把"宜"当作是"义"的内容，并批评《中庸》的界定存在逻辑上的问题③，这种批评是值得商榷的。

墨家以利人、利天下为"义"，"义，利也。说利。志以天下为芬，而能能利之，不必用"④，这个"义"可以看作是公义，与儒家所谓正义，不能等同看待。一般而言，公义可以被正义涵盖。儒家所谓"义"，一般而言，指通过内心的自我调节，使思想行为符合道、礼、理等准则。《礼记·中庸》云："义者，宜也。"一般把这个解释当作是"义"的经典诠释。以"宜"来评价"义"的行为，可见是注重社会伦理的规范而言。"义者，利之和也""禁民为非曰义"（《易·系辞下》）、"见利而让，义也"（《礼记·乐记》），等等，这些"义"基本也都指社会伦理的规范而言。有学者认为，如果把"义"看作是伦理规范，那么它的本体论依据就是"仁"⑤。《孟子》云："仁，人心

---

① （清）王先谦撰，沈啸寰、王星贤点校：《荀子集解》卷五《王制篇》，第164页。
② （清）王先谦撰，沈啸寰、王星贤点校：《荀子集解》卷二《荣辱篇》，第57页。
③ 肖群忠认为，道德上正当的、当为的一定是"合宜"的，但却不能反过来说"合宜"的必然是正当的、当为的。见肖群忠：《传统"义"德析论》，《中国人民大学学报》2008年第5期。
④ 吴毓江撰，孙启治点校：《墨子校注》卷一〇《经上·经说上》，中华书局1993年版，第469页。
⑤ 刘尊举：《孔子之"义"："仁"与"礼"的承转与兼综》，《中国文化研究》2005年冬之卷。

第二章 "仁以为经,义以为纪":儒学制度化的理论探索

也;义,人路也。"①义,是一个人走向社会所必须遵循的规范。孟子把"仁"限定为人心的活动,而把实现"仁"的活动称作是"义"。这在《韩非子·解老》里说得更加明白:"义者仁之事也。"②这比孟子更进一步,把"义"与"仁"联系起来,认为"义"是"仁"这种理念的实践化。可以说,"仁"是一种意识状态,而"义"是一种实践形态。

到了汉初,对"义"的实践形态进行了强化,贾谊认为:"行充其宜谓之义。"③即社会生活的实践行为能够合乎时宜才称得上是义。韩婴《韩诗外传》卷四云:"传曰:爱由情出谓之仁,节爱理宜谓之义,致爱恭谨谓之礼,文礼谓之容。"④节制、管束"爱"这种情感,把其调理至合宜的状态,才可以称得上是"义"。这里已经不仅涉及实践问题,而且涉及如何处理实践中情感的纠结。无论是贾谊还是韩婴,他们对"义"的诠释,与《中庸》《孟子》《荀子》的路径是相反的,《中庸》《孟子》《荀子》是由"义"而"宜",而贾谊、韩婴等则是由"宜"而"义",这是值得关注的一个变化。

《淮南子》的作者提出"义者,循理而行宜也",即所谓"义"是遵循社会道德规范而行为得当合宜。这个界定在《缪称训》中有基本相同的表达:"义者比于人心而合于众适者也。"⑤这个诠释,可以说是对贾谊、韩婴的矫正,与《中庸》《孟子》《荀子》的诠释路径基本一致。相较而言,《淮南子》的诠释更加简捷、全面。"理"是"宜"的根据,"循理"是"行宜"的前提,"行宜"是"循理"的贯彻和落实。

---

① (清)焦循撰,沈文倬点校:《孟子正义》卷二三《告子上》,第786页。
② (清)王先慎撰,钟哲点校:《韩非子集解》卷六《解老》,第133页。
③ (汉)贾谊撰,阎振益、钟夏校注:《新书》卷八《道术》,第303页。
④ (汉)韩婴撰,许维遹校释:《韩诗外传集释》卷四,第153页。
⑤ 何宁:《淮南子集释》,第706页。

"义者,循理而行宜也",这一界定可以说是《淮南子》对先秦"义"思想的总结。在具体的语言表述上,应是综合了《中庸》《荀子》和《新书》等著作有关"义"的论述。《中庸》云"义者,宜也",强调的是实践过程中在仁、礼等道德规范下的灵活处置;《荀子·议兵篇》"义者循理,循理故恶人之乱之也"①,强调的是用具体的礼仪规范防止因行为混乱背离"仁",从而陷入不义的境地;《新书·道术》"行充其宜谓之义",强调的是行为得当合宜。《中庸》看重的是得当,《荀子》看重的是如何做到得当,《新书》看重的是合宜的行为,各有侧重。《淮南子》则把"理"和"宜"作为"义"的双重条件,即用具体的制度礼仪对行为进行规范并使之符合时宜,这是《淮南子》对"义"思想的新发展。

　　"循理"是《淮南子》非常重视的理念,《本经训》云:"其言略而循理。"②《主术训》云:"进退应时,动静循理。"③《缪称训》云:"功名遂成,天也;循理受顺,人也。"④《齐俗训》云:"义者,循理而行宜也。"⑤《诠言训》云:"不惑祸福则动静循理。"⑥又云:"守其分,循其理,失之不忧,得之不喜。"⑦又云:"不为始,不专己,循天之理。"⑧又云:"内便于性,外合于义,循理而动,不系于物者,正气

---

① (清)王先谦撰,沈啸寰、王星贤点校:《荀子集释》卷一〇《议兵》,第279页。
② 何宁:《淮南子集释》,第556页。
③ 何宁:《淮南子集释》,第606页。
④ 何宁:《淮南子集释》,第735页。
⑤ 何宁:《淮南子集释》,第788页。
⑥ 何宁:《淮南子集释》,第996页。
⑦ 何宁:《淮南子集释》,第1001页。
⑧ 何宁:《淮南子集释》,第1005页。

第二章 "仁以为经,义以为纪":儒学制度化的理论探索

也。"①《说林训》云:"损年则嫌于弟,益年则疑于兄,不如循其理,若其当。"②《修务训》云:"循理而举事。"③《淮南子》的作者在《要略》指出,编撰书籍的目的,是为了"纪纲道德,经纬人事,上考之天,下揆之地,中通诸理"④,也明确指出编撰《淮南子》二十篇,是为了探究"天地之理",指导"人间之事",储备"帝王之道"⑤。撰著《淮南子》这部书更深层次的考虑可以用"循理而行宜"来概括。

关于"理",邓国光在其《经学义理》一书中,对"理"的源流进行了翔实的考辨,他认为"理"始见于《诗经》的《雅》《颂》,表示治理疆土的意思。"里"字从田从土,组成会意字,和玉根本不相干。他发现先秦的"理"义,基本有三派即《管子》《庄子》《荀子》三派。田土必须整治方能耘耔,所以有整理义,引申而为治国理政义,推衍为治国方法,这是《管子》一系"理义"义的源流;整理田土,必治田亩疆垄,由此引申为道径,推衍而为道理,这是《庄子》一系的"道理"义的源流;田土的整理,必须依据地势环境,推衍为系统的形态义,由此而衍出文理义,再引申为一种有条不紊的言行举止,这是《荀子》一派的源流。"理"可指秩序、结构形态、心智活动等高层位概念,既可从主体的心智立说,亦可就客体的状态而言⑥。先秦、两汉"理"义发展至设计整体认同的准则和真实不虚的内涵,而且兼摄了积极意义的功能性作用。在施用的层面讨论原理

---

① 何宁:《淮南子集释》,第1014页。
② 何宁:《淮南子集释》,第1201页。
③ 何宁:《淮南子集释》,第1322页。
④ 何宁:《淮南子集释》,第1437页。
⑤ 何宁:《淮南子集释》,第1454页。
⑥ 邓国光:《经学义理》,上海古籍出版社2011年版,第58页。

性质的话题,"理"较之"道"更为发挥灵活。"理"是形下现实世界的义理场,讲"理"是针对现象世界的问题,论"道"则属形上的原则。①

孟子认为人与人的"心"相同之处是理、义,其云:"口之于味也有同耆焉,耳之于声也有同听焉,目之于色也有同美焉。至于心独无所同然乎？心之所同然者何也？谓理也义也。圣人先得我心之所同然耳。故理义之悦我心,犹刍豢之悦我口。"②从这可以看出,孟子把"理"与"义"等同看待,其对"理"的界定尚不甚明晰。

《荀子·大略篇》也存在理、义互释的情况,其云:"仁,爱也,故亲；义,理也,故行；礼,节也,故成。仁非其里而虚之,非礼也。义非其门而由之,非义也。推恩而不理,不成仁；遂理而不敢,不成义；审节而不知,不成礼；和而不发,不成乐。"杨倞注云:"仁虽在推恩,而不得其理则不成仁。谓若有父子之恩,而无严敬之义。虽得其理,而不敢行则不成义。"③也就是说,"仁"通过"爱""亲"来表现和实现,"义"通过"理""行"来表现和实现。只有把"理"通过实践活动表现出来,"义"才算形成。也就是说,"理"是"仁"与"义"的中间状态。这里的"理"与"礼"基本相同,即"礼"的各种仪式(文理、条理),是根据"仁"这个规定性创造出来的,但停留于仪式本身并不能表现和实现"仁"这种品质,而按照"礼"的规定进

---

① 邓国光:《经学义理》,第62页。
② 赵岐注云:"心所同耆者,义理也。理者,得道之理,圣人先得理义之要耳。理之悦心,犹刍豢之悦口,谁不同也。"赵岐是汉代学者,其所谓"理者,得道之理"的解释,已经濡染了孟子之后"理"义的发展,孟子对"理"的界定相对还是不明确的。见(清)焦循撰,沈文倬点校:《孟子正义》卷二二《告子上》,第765页。
③ (清)王先谦撰,沈啸寰、王星贤点校:《荀子集释》卷一九《大略篇》,第491页。

行各种社会活动,即是"义"。从这来看,《荀子》对"理"的界定显得比较晦涩。

《韩非子》非常明晰地对"理"进行了界定,其《解老》篇云:"道者,万物之所然也,万理之所稽也。理者,成物之文也;道者,万物之所以成也。故曰:道,理之者也……万物各异理,万物各异理而道尽。"①按照这个解释,"理"的规定性是"道",即"理"是"道"的具体表现,"理"是万物的特点,万物各有其理。这个解释的路径与《荀子》释"理"的路径基本一致。这里的"理"可以解作"文理""理路"等。

《吕氏春秋》有另外一种解释路径,其云:"故辩而不当理则伪,知而不当理则诈。诈伪之民,先王之所诛也。理也者,是非之宗也。"②把"理"视作是判断是非的根本依据。

《淮南子》的基本思路是理—宜—行—义。用《淮南子》的话来概括即"据义行理"③,"循理而行宜"④。"义"是循理、行宜的最终目的,循理、行宜是实现"义"的基本方法。

在义利关系上,《淮南子》主张"不以利害义"。《人间训》云:"故仁者不以欲伤生,知者不以利害义。"⑤仁爱的人不会用欲望而伤害天性,智慧的人不会因为利益危害大义。

另外,《淮南子》还主张,要把"义"作为一种精神追求,《缪称训》云:"君子非仁义无以生,失仁义则失其所以生;小人非嗜欲无

---

① 《韩非子集解》卷六《解老》,第146—147页。
② 《吕氏春秋集释》卷一八《离谓》,第487页。
③ 何宁:《淮南子集释》卷九《主术训》,第697页。
④ 何宁:《淮南子集释》卷十一《主术训》,第788页。
⑤ 何宁:《淮南子集释》,第1273页。

以活,失嗜欲则失其所以活。故君子惧失仁义,小人惧失利,观其所惧,知各殊矣。"①如果不遵循仁义,君子就无法生存,失去仁义就失去了生存的基础,所以君子害怕失去仁义。也就是说,君子把仁义作为一种精神追求,而且是比物质利益更为重要的追求。《缪称训》还主张:"世治则以义卫身,世乱则以身卫义。"②天下太平之时,用"义"卫护身体,世道变乱之时需要用身体去捍卫"义"。"义"是一种精神追求,这比生命本身还要重要,《精神训》云:"君子义死而不可以富贵留也,义为而不可以死亡恐也。"③君子可以为"义"而死,而不会因贪图富贵而苟活;君子以义行事,死亡的恐吓对他没有用。《精神训》举晏子大义凛然指斥崔杼弑君之事,表彰他"临死地而不易其义"的君子气节,其云:"晏子与崔杼盟,临死地而不易其义。"④此事见于《左传》襄公二十五年、《晏子春秋·内篇杂上》、《吕氏春秋·知分》。从《淮南子》此处行文来看,是糅合三者而成文。"晏子与崔杼盟",当应是直接取自《吕氏春秋》"晏子与崔杼盟",但《吕氏春秋》记载此事,不是为了论证晏子"临死地而不易其义",而是为了论证晏子"知命"⑤。而在《左传》

---

① 何宁:《淮南子集释》,第707页。
② 何宁:《淮南子集释》,第728页。
③ 何宁:《淮南子集释》,第539页。
④ 何宁:《淮南子集释》,第538页。
⑤ 《吕氏春秋·知分》载:晏子与崔杼盟。其辞曰:"不与崔氏而与公孙氏者,受其不祥!"晏子俯而饮血,仰而呼天曰:"不与公孙氏而与崔氏者,受此不祥!"崔杼不说,直兵造胸,句兵钩颈,谓晏子曰:"子变子言,则齐国吾与子共之;子不变子言,则今是已!"晏子曰:"崔子,子独不为夫《诗》乎!《诗》曰:莫莫葛藟,延于条枚。凯弟君子,求福不回。'婴且可以回而求福乎?子惟之矣!"崔杼曰:"此贤者,不可杀也。"罢兵而去。晏子援绥而乘,其仆将驰,晏子抚其仆之手曰:"安之!毋失节!疾不必生,徐不必死。鹿生于山,而命悬于厨。今婴之命有所悬矣。"晏子可谓知命矣,命也者。见许维遹撰,梁运华整理:《吕氏春秋集释》,第555—556页。

第二章 "仁以为经,义以为纪":儒学制度化的理论探索

及《晏子春秋》中,晏子的言说多含"义"的成分。《左传》襄公二十五年云:

> 晏子立于崔氏之门外,其人曰:"死乎?"曰:"独吾君也乎哉,吾死也?"曰:"行乎?"曰:"吾罪也乎哉,吾亡也?"曰:"归乎?"曰:"君死,安归?君民者,岂以陵民?社稷是主。臣君者,岂为其口实,社稷是养。故君为社稷死,则死之;为社稷亡,则亡之。若为己死,而为己亡,非其私昵,谁敢任之?且人有君而弑之,吾焉得死之?而焉得亡之?将庸何归?"门启而入,枕尸股而哭,兴,三踊而出。人谓崔子必杀之。崔子曰:"民之望也,舍之,得民。"①

《晏子春秋·内篇杂上》述及此事,与《左传》所载基本一样。其言"君民者,岂以陵民?社稷是主。臣君者,岂为其口实,社稷是养。故君为社稷死,则死之;为社稷亡,则亡之",属于"义"的范畴。面对崔杼的威慑,晏子有生命之忧,然而晏子大义凛然,值得敬佩。所以,《淮南子》认为晏子"临死地而不易其义",这比《吕氏春秋》称晏子"知命"更为贴切。

可见,在义、利关系上,《淮南子》的主张与孔子所谓"见利思义""不义而富且贵于我如浮云"等思想并无二致;在精神追求上,《淮南子》和孔子说的"君子义以为上"和孟子说的"舍生取义",也保持着一致性。

---

① (清)阮元校刻:《十三经注疏》,第1983页下。

第三节 "仁以为经，义以为纪"：儒家政治
　　　　思想的重要发展

儒家的政治思想建基于道德伦理。孔子主张"为政以德"，学界一般把这种政治思想称为"德政"。孟子在孔子"为政以德"的基础上提出了一种新的政治主张，学界一般称为"仁政"。孟子说："人皆有不忍人之心。先王有不忍人之心，斯有不忍人之政矣。义不忍人之心，行不忍人之政，治天下可运诸掌上。"①强调要以"不忍人之心"（即"仁"）作为施政的依据。孟子仁政思想的基础是人性本善，具体措施是制民之产、"省刑罚，薄税敛"、教化等，其目标是"王天下"。有学者对这一"仁政"思想进行了简捷的概括，即将儒家提倡的爱人的原则——"仁"运用于政治②。孔、孟之间的政治观有一定不同，孔子的"德政"是通过"正己"的方式实现"正人"，其重心在"正己"；而孟子则从"正己"这个重心转移到"安人"。孔、孟的政治理念，彰显出儒家政治思想中的民本主义精神。

《淮南子》则进一步提出"仁以为经，义以为纪"的思想，并认为这是"万世不更"的治国理政之道，《泛论训》云：

> 故法制礼义者，治人之具也，而非所以为治也。故仁以为

---

① （清）焦循撰，沈文倬点校：《孟子正义》卷七《公孙丑上》，第232页。
② 李奥烈：《孟子的"仁政"学说》，《云南师范大学学报（哲学社会科学版）》2000年第6期。

第二章 "仁以为经,义以为纪":儒学制度化的理论探索

经,义以为纪,此万世不更者也。若乃人考其才,而时省其用,虽日变可也。①

"仁以为经,义以为纪"这种思想理念,在《淮南子》之前的文献典籍中并未述及,但有与此理念相似的提法,如"夫礼者,民之纪"②,"夫礼,国之纪也"③,"义也者,万世之纪也"④,"夫孝,三皇五帝之本务,而万事之纪也"⑤,"纪之以义,终之以仁"⑥,"礼义以为纪"⑦,"礼义不行,纲纪不立"⑧,"仁者道之纪,义者圣之学"⑨,等等。这些表述围绕着礼、德、义、孝、仁等儒家学说的重要内容展开,是儒家政治思想的不同表达。其中《礼记·文王世子》的"纪之以义,终之以仁",同时提到了"仁""义""纪",与《淮南子》"仁以为纲,义以为纪"较为接近。但是,《文王世子》"纪之以义"之"纪"为动词,是"记录"之意。郑玄注"纪之以义"云:"谓既歌而语之。"孔颖达疏云:"'纪之以义'者,解'既歌而语',是纪录德音之义,亦有天下之大义也。"⑩"仁以为经,义以为纪"之"纪",应是

---

① 何宁:《淮南子集释》卷一三《泛论训》,第927页。
② 吴则虞编著:《晏子春秋集释》第2卷《内篇谏下》,中华书局1962年版,第124页。
③ 上海师大古籍整理研究所校点:《国语》卷一〇《晋语四》,第345页。
④ 许维遹撰,梁运华整理:《吕氏春秋集释》卷八《论威》,第179页。
⑤ 许维遹撰,梁运华整理:《吕氏春秋集释》卷一四《孝行》,第307页。
⑥ 《礼记·文王世子》,见(清)阮元校刻:《十三经注疏》,第1411页上。
⑦ 《礼记·礼运》,见(清)阮元校刻:《十三经注疏》,第1414页中。
⑧ 王利器:《新语校注》卷一《道基》,第18页。
⑨ 王利器:《新语校注》卷一《道基》,第34页。
⑩ (汉)郑玄注,(唐)孔颖达疏:《礼记正义》卷二〇《文王世子》,见(清)阮元校刻:《十三经注疏》,中华书局1980年版,第1411页上。

纲纪之意①。另外,也尚未发现《文王世子》与《淮南子》之间有文献上或思想上存在关系的证据。

如何理解"仁以为经"的"经"?在古代汉语中,"经"的语意非常丰富,如织布的纵线、南北方向、纲纪、道、道路、常、法、理、经书、经脉等②。"仁以为经"之后紧承"义以为纪","经"当与"纪"同义,把"经"解作"纲纪"更为贴切。《左传》昭公十五年载:"礼,王之大经也。"孔颖达疏云:"经者,纲纪之言也。"再如《晏子春秋》"国无常法,民无经纪"③、《管子·版法解》"天地之位,有前有后,有左有右,圣人法之,以建经纪"④、《荀子·儒效》"养百姓之经纪"。⑤ 这些思想资源,对《淮南子》产生了一定影响。

《吕氏春秋》有相关思想理念的阐述,可能对《淮南子》产生了一定影响。除了前引"义也者,万事之纪"和"夫孝……万事之纪也",在《用民》篇也有类似表达,其云:"凡用民,太上以义,其次以赏罚……用民有纪有纲。一引其纪,万目皆起;一引其纲,万目皆张。为民纪纲者何也?欲也恶也。何欲何恶?欲荣利,恶辱害。"⑥

---

① 《礼记·礼运》:"礼义以为纪。"孔颖达疏:"纪,纲纪也。"见(清)阮元校刻:《十三经注疏》,第1414页中。《礼记·乐记》:"故乐者,天地之命,中和之纪,人情之所不能免也。"郑玄注:"纪,总要之名也。"见(清)阮元校刻:《十三经注疏》,第1545页上。
② 参见林尹、高明主编:《中文大字典》,台北文化大学出版部1990年版,第11131—11132页。
③ 吴则虞编著:《晏子春秋集释》卷三《内篇问上》,中华书局1962年版,第234页。
④ 黎翔凤撰,梁运华整理:《管子校注》卷二一《版法解》,中华书局2004年版,第1196页。
⑤ (清)王先谦撰,沈啸寰、王星贤点校:《荀子集释》卷四《儒效篇》,第117页。
⑥ 许维遹撰,梁运华整理:《吕氏春秋集释》,第529—524页。

第二章 "仁以为经,义以为纪":儒学制度化的理论探索

从这些论述来看,《吕氏春秋》的编撰者认为"义"和"孝"都是"万事之纪",认为"欲荣利,恶辱害"是管理百姓的纲纪,认为趋利避害确实是百姓普遍的价值取向。《淮南子》"仁以为经,义以为纪"与《吕氏春秋》的这些观点相比,有继承,更有发展。

鉴于奉行法家思想的秦朝速亡的历史教训,汉初有影响的思想家在谈到治理国家的理念时,都特别重视儒家的思想学说。陆贾认为"谋事不并仁义者后必败",秦朝崇尚严刑峻法,所以二世而亡①。他援引《穀梁传》云:"仁者以治亲,义者以利尊。万世不乱,仁义之所治也。"君王要想"万世不乱"惟有通过仁义来治国理政②。《新语·本行》云:"治以道德为上,行以仁义为本。"③贾谊在总结秦朝灭亡的教训时认为秦朝"仁义不施",所以"攻守之势异也",最终二世而亡④。他还借帝喾之口说:"政莫大于信,治莫大于仁。"治国理政最重要的理念是"信"和"仁"。可见,汉初的思想家,在政治层面,对儒家的仁、义、礼等观念相当重视,《淮南子》正是在这种学术态势的影响下提出了"仁以为经,义以为纪"这一新思想。

"仁以为经,义以为纪"这一思想的内容主要包括以下两个方面:

---

① 王利器:《新语校注》卷一《道基》,中华书局1986年版,第29页。
② 陆贾所引不见于今本《穀梁传》,或别有所本。王利器:《新语校注》卷一《道基》,第34页。
③ 王利器:《新语校注》,第142页。
④ (汉)贾谊撰,阎振益、钟夏校注:《新书校注》,第3页。

一、仁、义是治国理政之本

《泛论训》云:"故法制礼义者,治人之具也,而非所以为治也。故仁以为经,义以为纪,此万世不更者也。"① 法制礼仪,都是统治国人的手段,并非治国理政的思想根源。仁、义是治国理政的纲纪,这是政统永续的不二法则。《主术训》的作者认为仁义是国家赖以存在的根本,其云:"国之所以存者,仁义是也""国无义,虽大必亡"。《主术训》的作者还认为法制要以仁义为前提,其云:"府吏守法,君子制义,法而无义,亦府吏也,不足以为政。"府吏恪守法令,君子以"义"为准则。若君子仅仅推崇法令而不重视"义",则与府吏无异,不足以治国理政。《泰族训》对这一思想进行了详尽的阐述,如下:

> 民无廉耻,不可治也;非修礼义,廉耻不立。民不知礼义,法弗能正也;非崇善废丑,不向礼义。无法不可以为治也;不知礼义,不可以行法。法能杀不孝者,而不能使人为孔、曾之行;法能刑窃盗者,而不能使人为伯夷之廉。孔子弟子七十,养徒三千人,皆入孝出悌,言为文章,行为仪表,教之所成也。墨子服役者百八十人,皆可使赴火蹈刃,死不还踵,化之所致也。夫刻肌肤,镵皮革,被创流血,至难也,然越为之,以求荣也。圣王在上,明好恶以示之,经诽誉以导之,亲贤而进之,贱

---

① 何宁:《淮南子集释》,第 927 页。

第二章 "仁以为经,义以为纪":儒学制度化的理论探索

不肖而退之,无被创流血之苦,而有高世尊显之名,民孰不从?①

如果百姓没有廉耻之心,是无法治理的;如果不整修礼义,廉耻的观念是无法建立的。如果百姓没有礼义的规范,法令是不能使他们自觉地正言正行;如果不倡导善良废弃丑恶,那么百姓则不会归服于礼义。没有法令无法治理,但是如果百姓不懂礼义,法令就得不到真正的推行。法律能够惩治不孝之人,但并不能使人达到孔子、曾子那样的品行;法律能够惩治盗窃之人,但不能使人像伯夷那样廉洁。孔子及其弟子都能做到"入孝出悌",言谈文雅,品行皆可以作为表率,这是教育达到的效果;信奉墨子学说的人,都可以使他们赴汤蹈火,视死如归,这也是教化的效果;刻划肌肤,刺烂皮肉,蒙受创伤,不惜流血,可以说是人之最难忍受的苦难,而越国人却把这种断发文身作为自己的尊荣的标志。所以,圣明的君主处在统治地位,要明确好恶来指示百姓,衡量谤誉来引导百姓,亲近贤才并举用他们,鄙视奸佞并清退他们,因此而有高世尊显的声名,天下民众都会归服。

《泰族训》的作者认为仁义是治国理政的根本,同时指出"法度"只是辅助仁义的手段,其云:

> 治之所以为本者,仁义也;所以为末者,法度也。凡人之所以事生者,本也;其所以事死者,末也。本末,一体也;其两爱之,一性也。先本后末,谓之君子;以末害本,谓之小人。君

---

① 何宁:《淮南子集释》,第 1405—1406 页。

子与小人之性非异也,所在先后而已矣。草木洪者为本,而杀者为末;禽兽之性,大者为首,而小者为尾。末大于本则折,尾大于要则不掉矣。故食其口而百节肥,灌其本而枝叶美,天地之性也。天地之生物也有本末,其养物也有先后,人之于治也,岂得无终始哉!故仁义者,治之本也。今不知事修其本,而务治其末,是释其根而灌其枝也。且法之生也,以辅仁义,今重法而弃义,是贵其冠履而忘其头足也。故仁义者,为厚基者也。不益其厚而张其广者毁,不广其基而增其高者覆。赵政不增其德而累其高,故灭;智伯不行仁义而务广地,故亡其国。语曰:"不大其栋,不能任重。重莫若国,栋莫若德。"国主之有民也,犹城之有基,木之有根。根深则本固,基美则上宁。①

这一段论述颇为精彩,用历史教训及生活经验来论证仁义是治国理政的根本,同时指出为什么法家思想只是治国的手段,而不是治国的根本。这完完全全是先秦儒家所坚持的立场。徐复观认为《泰族训》是《淮南子》20篇中最重要的一篇,也是全书的总结,他推测《泰族训》很可能是由学问境界极高的儒者所写,在全书内容的结构上,以老庄思想开其端,似乎是全书思想的主流,最后却以儒家思想结束,似乎暗示说道家思想应归结于儒家思想②。《泰族训》的这段话之处黄老刑名所侧重的法制仅仅是解决了社会的表面性问题,而只有儒学的仁义之治才能从根本上解决社会的基

---

① 何宁:《淮南子集释》,第1422—1423页。
② 徐复观:《〈淮南子〉与刘安的时代》,见徐复观:《两汉思想史》第2卷,第163—164页。

第二章 "仁以为经,义以为纪":儒学制度化的理论探索

础问题。若没有完善的仁义,而致力于法制建设,反而会使社会面临更大的问题①。同时,这也是对道家认为儒家思想只能用来"救败"的反击。

《要略》阐述了《泰族训》的宗旨,其云:

> 泰族者,横八极,致高崇,上明三光,下和水土,经古今之道,治伦理之序,总万方之指,而归之一本,以经纬治道,纪纲王事……德不内形,而行其法藉,用制度,神祇弗应,福祥不归,四海弗宾,兆民弗化。故德形于内,治之大本。此鸿烈之泰族也。②

"经纬治道,纪纲王事"是《泰族训》的撰述目的,这与《要略》所指出的《淮南子》一书的撰述目的——"以储与扈冶"③,是一致的。仁义,被《泰族训》的作者视为"经纬治道""纪纲王事"的根本。从全书的篇章结构上来看,《淮南子》的重点确实是落在了儒家思想理念上。刘安作为汉高帝刘邦的孙子、汉朝的皇室,从学术上对刘氏政权的统治寻求长治久安的依据和策略,这样的刘氏宗亲并不是很多。

二、"仁"是人才之本

《淮南子》对人才的判断,有一个基本的标准,即必须具备

---

① 许抗生、聂保平、聂清:《中国儒学史》(两汉卷),北京大学出版社2011年版,第82页。
② 何宁:《淮南子集释》,第1453页。
③ 何宁:《淮南子集释》,第1462页。

"仁"这样的基本品质。《主术训》云：

> 凡人之性,莫贵于仁,莫急于智。仁以为质,智以行之,两者为本,而加之以勇力、辩慧、捷疾、劬录、巧敏、迟利、聪明、审察,尽众益也。身材未修,伎艺曲备,而无仁智以为表干,而加之以众美,则益其损。故不仁而有勇力果敢,则狂而操利剑;不智而辩慧怀[懁]给,则弃骥而不式。虽有材能,其施之不当,其处之不宜,适足以辅伪饰非,伎艺之众,不如其寡也。故有野心者,不可借便势;有愚质者,不可与利器。①

人的情性中,没有什么比"仁"更值得珍视的了,没有什么比"智"更使人急需的了。把"仁"作为基本的品质,用"智"来践行它;把这两方面作为最重要的基础,再加上用力、口才、敏捷、勤劳、灵巧、坚利、聪明、明察,这样许多长处都包括进去了。自身才智未加修治,才艺却周曲全备了,而又没有仁、智作为统率,又加上外部许多美妙东西的干扰,那么性情便受到更多的损害。因此不仁之人而具有勇力果敢的特性,那么就像狂乱的人拿着利剑一样;不智的人而具有伶俐的口才,那么就像乘马车而迷失方向。即使有才能,它所施用的地方不妥当,所处的位置不适宜,恰好只能用来辅佐虚伪掩饰错误,才艺即使很多,却不如少一点为好。因此有野心的人,不能够借助便利的形势;有愚蠢特质的人,不能够给他掌握锐利的器具。

《淮南子》认为仁义国家存在的依据,行善这样的仁德是一个

---

① 何宁:《淮南子集释》,第701—702页。

第二章 "仁以为经,义以为纪":儒学制度化的理论探索

人赖以生存的依据。《主术训》云:

> 国之所以存者,仁义是也;人之所以生者,行善是也。国无义,虽大必亡;人无善志,虽勇必伤。治国上使不得与焉;孝于父母,弟于兄嫂,信于朋友,不得上令而可得为也。①

国家赖以存在的依据是仁义;人赖以生存的依据是行善。国家如果没有"义",再大也会灭亡;人若没有行善的意志,再勇猛也会有损伤。治理国家,若非君主任命,不得随便参与;孝敬父母,敬重兄嫂,对朋友讲信用,这些不需要得到君上的命令,也都可以做到。这里强调的是仁义等道德,不需要像法律制度那样由国家推行才能实施,就可以自觉地发生作用。这种思想与儒家通过仁义道德等社会伦理实现"无为而治"是一致的。因此,仁是必不可缺的治国理政人才选拔条件之一,仁的品质非常重要。

人才的选拔,要注重"仁"的品质,《泰族训》云:

> 夫知者不妄发,择善而为之,计义而行之,故事成而功足赖也,身死而名足称也。虽有知能,必以仁义为之本,然后可立也,知能蹐驰,百事并行,圣人一以仁义为之准绳,中之者谓之君子,弗中者谓之小人。君子虽死亡,其名不灭;小人虽得势,其罪不除。使人左据天下之图而右刎喉,愚者不为也,身贵于天下也。死君亲之难,视死若归,义重于身也。天下大利也,比之身则小;身之重也,比之义则轻;义,所全也。《诗》

---

① 何宁:《淮南子集释》,第702—703页。

曰:"恺悌君子,求福不回。"言以信义为准绳也。①

这段话的意思是强调,智慧的人不会妄自行动,必然选择良善之事而为之,考虑符合大义才会去做,所以事业有成而功业可定,即使去世之后,其声名仍值得称颂。虽有聪明才智,也一定要立足以仁义的品质作为根本,然后才能真正有所作为。智慧、才能、愚钝、敏捷,各种事情,接踵而来,圣人统一用仁义作为判断的标准。符合仁义的是君子,不符合仁义的是小人。君子即使死了,他的名声也不会磨灭;小人即使得势,他的罪名也不会消除。让人左手拿着占有天下的地图,而右手用剑割去他的咽喉,就算是愚蠢的人也不愿意,因为性命比得到天下要可贵得多。但是如果是为国君纪亲人的患难而死,就会视死如归,这是因为把仁义看得比生命更重要。据有天下,虽是最大的利好,但是同自身性命相比就显得很小;自身性命是重要的,但同仁义相比,就显得轻了。仁义,是要用生命去保全的。《泰族训》中还有类似的说法,其云:

> 故仁知,人材之美者也。所谓仁者,爱人也;所谓知者,知人也。爱人则无虐刑矣,知人则无乱政矣。治由文理,则无悖谬之事矣;刑不侵滥,则无暴虐之行矣。上无烦乱之治,下无怨望之心,则百残除而中和作矣,此三代之所昌。故《书》曰:"能哲且惠,黎民怀之。何忧讙兜,何迁有苗。"智伯有五过人之材,而不免于身死人手者,不爱人也;齐王建有三过人之巧,而身虏于秦者,不知贤也。故仁莫大于爱人,知莫大于知人,

---

① 何宁:《淮南子集释》,第 1411—1413 页。

第二章 "仁以为经,义以为纪":儒学制度化的理论探索

二者不立,虽察慧捷巧,劬禄疾力,不免于乱也。①

仁爱和智慧是人才中的美好品质。所谓"仁",就是关爱他人;所谓"智",就是了解他人。对他人心怀仁爱就不会有暴虐的刑罚,对他人了解,就不会有婚恋的政策法令。治国要根据礼仪,那么就没有悖谬之事;刑罚不泛滥成灾,那么就不会有暴虐的行为。国君没有烦琐杂乱的治理,臣民没有怨恨之心,那么各种残害就会消除,而国家和平就可以出现。这就是夏、商、周三代能够昌盛的原因所在。

《淮南子》根据"历史经验",相信仁义是人才之根本。一方面肯定道家倡导的"贵生""贵身"思想,但同时又阐扬儒家倡导的舍生取义、杀身成仁。可以从中看出《淮南子》的作者在这一点上既有对道家"贵生"说的肯定,更有对儒家舍生取义、杀身成仁的阐扬,且最终以儒家的仁义作为判定人才的标准。

《淮南子》提出治国理政要"仁以为经,义以为纪",认为仁义是治国理政的根本,仁义也是选拔人才的标准。夏、商、周三代昌盛的原因也在于对仁义的重视。这种思想与贾谊总结秦亡教训时所谓"仁义不施,攻守之势异也"②,具有一致性。不过,贾谊主张恩威并施的治国理念,即仁义与权法并用。《新书·制不定》云:"屠牛坦一朝解十二牛,而芒刃不顿者,所排击,所剥割,皆象理也。然至髋髀之所,非斤则斧矣。仁义恩厚者,此人主之芒刃也;

---

① 何宁:《淮南子集释》,第1434—1435页。
② (汉)贾谊撰,阎振益、钟夏校注:《新书校注》卷一《过秦论》,中华书局2000年版,第3页。

权势法制,此人主之斤斧也。势已定,权已足矣,乃以仁义恩厚因而泽之,故德布而天下有慕志。今诸侯王皆众髋髀也,释斤斧之制,而欲婴以芒刃,臣以为刃不折则缺耳,胡不用之淮南、济北?势不可也。"①《淮南子》认为"法制礼义",均是"治之具",法制和礼仪只是治国理政的手段,"而非所以为治也",并不是治国理的道理所在。仁义才是治国理政的根本之道,所以要"仁以为经,义以为纪","此万世不更者也",这是亘古不变的道理。《淮南子》的这种观点并不能排除与贾谊论战的可能性,不过《淮南子》的论证及认识确实比贾谊更进一步,也代表着当时政治思想的发展趋向。

---

① (汉)贾谊撰,阎振益、钟夏校注:《新书校注》卷一《数宁》,第31页。

第三章 "体情制文,因时循变":
礼学思想的复归与拓展

礼,是《淮南子》聚焦的重要概念之一。刘汉王朝建立之初,叔孙通为刘邦制定礼仪,使刘邦有君临天下的威严。叔孙通制定礼仪,着眼于"时变",看重礼仪制度更看重形式对秩序的规范,对礼的实质关注甚少。《淮南子》论礼虽重"时变",但更重视"情"。徐复观认为"善于言礼"是《淮南子》的特色之一①,他还认为,《淮南子》的作者们反对迂儒所言的礼,反对虚伪的礼,反对统治阶级特权所特享的礼,而特别强调随时随俗,因人性的倾向、要求所制的上下、内外如一的礼②。

据古文字学家刘翔考证,"礼"字在殷代卜辞里写作"豊",从"壴"从"玨",是一个会意字。"礼"字的发生与祭祀典礼相关,本

---

① 徐复观:《〈淮南子〉与刘安的时代》,见徐复观:《两汉思想史》第2卷,第124页。
② 徐复观:《〈淮南子〉与刘安的时代》,见徐复观:《两汉思想史》第2卷,第168页。

义指祭仪的鼓乐和礼玉器,引申为礼典的专名。西周时期,"礼"字语义的内涵扩大,成为典礼的通名。春秋战国时期,礼制成为贵族阶层强化等级的工具,各种典礼的制定趋于完备,"礼"的观念也逐渐形成。"礼"的原则逐渐成为全社会必须遵循的最高法度。战国时期儒家大力推崇"礼",形成礼学。①

孔子"博学于《诗》《书》,察于礼乐"②,在孔子思想中,社会层面上最主要的思想范畴是"礼"。孔子所谓的"礼",涵盖是相当广泛的,但其主要是指国家的政治伦理制度和社会成员的行为规范。③孔子认识到和追求的是在礼的形式之内的蕴含着某种精神实质。他把人的真挚的感情当作"礼"的根本,他认为即使是充分的、十分周到的玉帛钟鼓、揖让周旋都是次要的,没有诚挚的感情,"礼"只是一种无生命的躯壳。④ 总之,在孔子看来,礼根源于人的所固有的某种感情和道德成长的要求,具有调谐和稳定伦理秩序的社会功能。⑤

荀子把"礼"的最后根源追溯到对人的物质欲望的控御。在荀子看来,人的欲望无穷,而可满足人的欲望的物质利益却有限,为缓解、调谐由此而引起的冲突纷争,必须节制、限定人的欲望,必须有等级有区别地分享物质利益,也就是先王制"礼义"以分之。在孔子那里,"礼"是作为每个人应有的道德实践提出来的,"礼"

---

① 刘翔:《中国传统价值观诠释学》,华东师范大学出版社2010年版,第115页。
② 吴毓江撰,孙启治点校:《墨子校注》卷一二《公孟》,中华书局2006年版,第689页。
③ 崔大华:《儒学引论》,人民出版社2001年版,第26页。
④ 崔大华:《儒学引论》,人民出版社2001年版,第27—28页。
⑤ 崔大华:《儒学引论》,人民出版社2001年版,第28页。

第三章 "体情制文,因时循变":礼学思想的复归与拓展

所规定的社会政治、伦理秩序的实现,是作为每个人"约之以礼"的道德实践而自然的和必然产生的一种道德效应。在荀子这里,"礼"是被作为统治者治理国家天下的一种手段提出来的,"礼"实现的价值追求不再主要是一种伦理道德性质的,而是一种功利性质的。把"礼"视为一种"正国"的工具,"法"就突出并与"礼"接近,"礼""法"是治理天下国家不可或缺的、同等重要的手段、工具。孔子把"礼"的时间范围扩大到全体社会成员中,认为"礼"是所具有的调谐、稳定社会秩序的社会功能要高于、优越于"法",没有"礼"的自觉践履,"法"也不能发挥作用。在理性自觉基础上的伦理道德实践是孔子儒学最基本的社会实践和理论方向,荀子思想在社会层面上的"礼"学观点,具有明显的功利主义、法治主义倾向,离开了孔子儒学的这个实践和方向,而走进了法家的藩篱。①

《礼记》与把"礼"的行为植根于人的内心感情的孔子儒学以及在人的本性中发掘"礼"的根源的荀子儒学不同,在人之外的更广阔的背景里去追寻"礼"的缘起。在《礼记》中,"礼"的产生最后被归属于"天之道"或"大一"。"天之道""大一"显然具有在人之外、之上的作为万物最后根源的某种最高存在的性质。《礼记》讲"礼"的根源从自身移迁出来而客体化,逐渐将"礼"神圣化②。《礼记》中的"礼"具有比"成人"更多的社会功能,是社会生活方方面面从天道人情、仁义制度,到养生送死、事鬼敬神的共同原则,是"理万物者也"。但其最主要的社会功能是维持、保护社会伦

---

① 崔大华:《儒学引论》,第 61—62 页。
② 崔大华:《儒学引论》,第 100 页。

理、政治制度的稳定,是"安上治民""治政安君",没有"礼"则"坏国、丧家、亡人"。这种社会功能具有某种工具性质,是"君之大柄"。在这种"礼"的实践中,主动的和自觉的精神处在并不重要的地位,"礼"逐渐物化为一种生活习俗,凝聚成一种思想传统,使那种和"法"既有联系又有区别的、具有强制性束缚性的被动和服从,在"礼"的实践中上升为主要因素,最终形成一种儒家文化的"礼"的生活方式的特征——似法而非法,无法而有法。①

荀子"隆礼重法""以礼治国"的理念影响深远。西汉初年,陆贾、贾谊论"礼"受荀子的影响很大,也是把"礼"看作是管理社会的基本手段。《新书·道基》云:"民知畏法,而无礼义;于是中圣乃设辟雍庠序之教,以正上下之仪,明父子之礼……礼义不行,纲纪不立,后世衰废,于是后圣乃定五经,明六艺……乃调之以管弦丝竹之音,设钟鼓歌舞之乐,以节奢侈,正风俗,通文雅。"《新书·阶级》云:"故古者礼不及庶人,刑不至君子,所以厉宠臣之节也。"《傅职》云:"教之礼,使知上下之则""明等级以道之礼"《礼》云:"礼者,所以固国家,定社稷,使君无失其民者也……礼者,臣下所以承其上也。"韩婴论"礼"也受荀子影响,如《韩诗外传》卷一云:"国政无礼则不行,王事无礼则不成,国无礼则不宁,王无礼则死亡无日矣。"又如:"礼者,治辩之极敢,强国之本也,威行之道也,功名之统也。"又如:"上若无礼,无以使其下;下若无礼,无以事其上。"从这些论述来看,"礼"是作为规范社会成员的法则而存在的,其价值追求主要不是提升道德,而是规范行为。韩婴论"礼"还有

---

① 崔大华:《儒学引论》,第101—102页。

第三章 "体情制文,因时循变":礼学思想的复归与拓展

重视"情"的一面,这颇值得注意。陆贾、贾谊论"礼",侧重的是其社会管理功能,对"情"的关注极少。《韩诗外传》云:"凡用心之术,由礼则理达,不由礼则悖乱。饮食衣服,动静居处,由礼则知节,不由礼则垫陷生疾。容貌态度,进退移步,由礼则夷。"这里把"礼"看作是"心"的实现手段。同时,"礼"是"治气养心"的基本手段,其云:"凡治气养心之术,莫径由礼。"另外,韩婴认为"爱"要从"情"生发出来,才能称得上是"仁",把"爱"用一种恭敬谨慎的态度和仪式表现出来,才能称得上是"礼"。"礼"是根据真挚的情感而制定出来的,其云:"礼者……因人之情而为之节文者也。"又云:"情安礼。"真挚的感情才能使"礼"具有正当性。因此,"圣王之教其民也,必因其情而节之以礼……去情不远,故民之从命也速。"从这可以看出,韩婴重"情",其仍是为了达到管理社会的目的。

> 《荀子·劝学篇》:凡治气养心之术,莫径由礼,莫要得师,莫神一好。夫是之谓治气养心之术也。

《淮南子》对"礼"的态度是较为复杂的。说其复杂,是因为它没有一个始终如一的立场,存在着许多自相矛盾之处。

第一,《淮南子》有站在道家的立场贬低礼义的一面,如《本经训》云:"是故德衰然后仁生,行沮然后义立,和失然后声调,礼淫然后容饰。是故知神明然后知道德之不足为也,知道德然后知仁义之不足行也。知仁义然后知礼乐之不足修也。"[①]又云:"立仁

[①] 何宁:《淮南子集释》,第569页。

义,修礼乐,则德迁而为伪矣。及伪之生也,饰智以惊愚,设诈以巧上,天下有能持之者、有能治之者也?"①《齐俗训》云:"率性而行谓之道,得其天性谓之德。性失然后贵仁,道失然后贵义。是故仁义立而道德迁矣,礼乐饰则纯朴散矣,是非形则百姓眩矣,珠玉尊则天下争矣。"②

第二,《淮南子》也有站在儒家立场推崇礼义的一面,如《泰族训》云:"民无廉耻,不可治也;非修礼义,廉耻不立。民不知礼义,法弗能正也;非崇善废丑,不向礼义。无法不可以为治也;不知礼义,不可以行法。法能杀不孝者,而不能使人为孔、曾之行;法能刑窃盗者,而不能使人为伯夷之廉。"③

第三,《淮南子》也有儒道融合的一面。这种融合的努力,是要构建一个新的理论体系,如《俶真训》云:"是故以道为竿,以德为纶,礼乐为钩,仁义为饵,投之于江,浮之于海,万物纷纷,孰非其有?"④这是把道家的核心理念"道""德"与儒家的核心理念"礼乐""仁义"融合为一个思想体系。

第四,《淮南子》也有超越儒、墨论礼的一面。如《主术训》云:"故制礼义,行至德,而不拘于儒、墨。"⑤即不以前代人的礼制为标准。制设礼仪制度的目的,是为了"行至德",而不是为了履行前代先贤的礼仪制度。

虽然有以上几个方面自相矛盾的歧异之处,但《淮南子》论

---

① 何宁:《淮南子集释》,第570页。
② 何宁:《淮南子集释》,第759页。
③ 何宁:《淮南子集释》,第1405页。
④ 何宁:《淮南子集释》,第108页。
⑤ 何宁:《淮南子集释》,第603页。

"礼"仍有其明显儒家倾向。

第一节 "体情而制文":对"礼"的界定

一、《淮南子》对"礼"的反思

秦汉之际的社会生活中,"礼"的实践已经严重异化,《本经训》云:"晚世风流俗败,嗜欲多,礼义废,君臣相欺,父子相疑,怨尤充胸,思心尽亡,被衰戴绖,戏笑其中,虽致之三年,失丧之本也。"①整个社会物欲横流,礼义废弛,君臣之间尔虞我诈,父子之间相互猜疑,怨恨责骂充斥于胸中,没有半点反省之心。虽然穿戴着吊丧的礼服,却嬉笑其中,没有半点哀伤表现出来,这样尽管守三年之丧的礼节,也丢失了丧礼的根本。《本经训》云:"丧者所以尽哀,非所以为伪也。"又云:"处丧有礼矣,而哀为主。"②守丧关键是要有哀伤之情,这是丧礼的根本。

《齐俗训》对汉初的礼仪实践是非常不满的,其云:"今世之为礼者,恭敬而忮,为义者,布施而德。君臣以相非,骨肉以生怨,则失礼义之本也。故构而多责……礼义饰则生伪(匿)[慝]之(本)[士]。"③这里虽没有明确指出"礼"的本质,但对这种有形式而无

---
① 何宁:《淮南子集释》,第602页。
② 何宁:《淮南子集释》,第604页。
③ "伪匿之本",据王念孙考证,当为"伪慝之士",参见何宁:《淮南子集释》,第760页。

真挚情感的"礼"是十分不满的。

《齐俗训》认为仁、义、礼,都必须以"真情"为基本的内在,其云:"为仁者,必以哀乐论之,为义者,必以取予明之。目所见不过十里,而欲遍照海内之民,哀乐弗能给也。无天下之委财,而欲遍赡万民,利不能足也。且喜怒哀乐,有感而自然者也。故哭之发于口,涕之出于目,此皆愤于中而形于外者也。譬若水之下流,烟之上寻也。夫有孰推之者?故强哭者虽病不哀,强亲者虽笑不和,情发于中而声应于外,故厘负羁之壶餐,愈于晋献公之垂棘;赵宣孟之束脯,贤于智伯之大钟。故礼丰不足以效爱,而诚心可以怀远。故公西华之养亲也,若与朋友处;曾参之养亲也,若事严主烈君;其于养,一也。故胡人弹骨,越人契臂,中国歃血也,所由各异,其于信,一也。三苗髽首,羌人括领,中国冠笄,越人劗鬋,其于服,一也。帝颛顼之法,妇人不辟男子于路者,拂于四达之衢;今之国都,男女切倚,肩摩于道:其于俗,一也。故四夷之礼不同,皆尊其主而爱其亲,敬其兄。"①《齐俗训》以"真情"为论证的依据,强调内心的真情是仁、义、礼的内在实质。唯有"情发于中"才能"形于外",只有"诚心"才能"怀远"。

二、"体情而制文":《淮南子》对"礼"的界定

《淮南子》认为"礼者,体情而制文也",所谓"礼",即"体情而制文",通过体察人们的情感而制定礼仪。《齐俗训》云:

---

① 何宁:《淮南子集释》,第778—781页。

第三章 "体情制文,因时循变":礼学思想的复归与拓展

> 礼者,实之文也;仁者,恩之效也。故礼因人情而为之节文,而仁发恲以见容。礼不过实,仁不溢恩也,治世之道也……义者,循理而行宜也;礼者,体情[而]制文者也。义者宜也,礼者体也。昔有扈氏为义而亡,知义而不知宜也;鲁治礼而削,知礼而不知体也。①

"礼"是朴质的文饰,"仁"是恩惠的效用。因此,"礼"要因顺人的感情而制定不同的礼仪,而"仁"则通过面部的表情来展现仪容。"礼"不能超过朴质本身,"仁"也不能多于恩惠,这是治理社会的基本规律。所谓"义"就是按照道理而行为合乎时宜,所谓"礼"就是体察感情而制定各种仪式。"义"的关键之处是合宜,"礼"的关键之处是体察感情。从前有扈氏为了道义而灭亡,他知道义但不知道合宜;鲁国修治礼义而国土被削弱,因为只懂得礼仪而不懂得体察感情。

"体"是《淮南子》论"礼"的重点所在。有学者认为,"礼"可以训为"体",其意义就是一切仪文节目的制订,皆是体乎人情的,才能引导人们走上正轨,而不至于为非作歹。②

所谓"体",即郑玄所谓"统之于心曰体"③、朱熹所谓"设以身处其地而察其心"④。贾谊《新书·道德说》云:"《礼》者,体德理

---

① 何宁:《淮南子集释》,第784—788页。据刘文典按:《御览》五百二十三引,"体情"下有"而"字。见刘文典撰,冯逸、乔华点校:《淮南鸿烈集解》,中华书局1989年版,第357页。
② 高明:《礼学新探》,台湾学生书局1984年版,第4页。
③ 郑玄云:"礼者,体也,履也。统之于心曰体,践而行之曰履。"孔颖达转引郑玄语。见《礼记正义》卷首,(清)阮元校刻《十三经注疏》,第1229页中。
④ (宋)朱熹撰:《四书章句集注》,中华书局1983年版,第29页。

而为之节文,成人事。"①"体"即体察、体会之义。

《荀子》及《礼记》有"称情而立文"的说法②,与"体情而制文"相似。《荀子》及《礼记》是就"三年之丧"而言,"称情而立文"的目的是"饰群""别亲疏贵贱"。《淮南子》是就"礼"的整体而言,强调"礼者体也",即"礼"的关键不在于"文"(具体仪式、情感的具体呈现形式),而在于"体"(对情感的体察)。《礼记·礼器》虽也有"礼也者,犹体也"之说,不过这里的"体"是指"身体"③。《淮南子》说"礼者,体情制文者也",又说"礼者体也",并认为"鲁治礼而削",是因为鲁国"知礼而不知体",治道以礼仪治国而不知道礼仪最重要的是体察人们的感情。

三、"文""情"关系

《淮南子》还详细论述了"文""情"之间的关系,《缪称训》云:

---

① (汉)贾谊撰,阎振益、钟夏校注:《新书校注》卷八《道德说》,第327页。
② 《礼记·三年问》载:"三年之丧,何也?曰:称情而立文,因以饰群,别亲疏贵贱之节,而弗可损益也。故曰:无易之道也。创巨者其日久,痛甚者其愈迟。三年者,称情而立文,所以为至痛极也。"(汉)郑玄注,(唐)孔颖达疏:《礼记正义》卷五七《三年问》,(清)阮元校刻:《十三经注疏》,第1663页上。《荀子·礼论篇》所载与《礼记·三年问》基本相同,有个别文字不同,原文如下:"三年之丧,何也?曰:称情而立文,因以饰群,别亲疏贵贱之节,而不可益损也。故曰:无适不易之术也。创巨者其日久,痛甚者其愈迟,三年之丧,称情而立文,所以为至痛极也。"见(清)王先谦撰,沈啸寰、王星贤点校:《荀子集释》卷一三《礼论篇》,第372页。
③ 《礼记·礼器》云:"礼也者,犹体也。体不备,君子谓之不成人。"郑玄注云:"若人身体。"孔颖达疏云:"犹若人身体也。体不备,君子谓之不成人。释体也,人身体发肤、骨肉、筋脉备足,乃为成人,若片许不备,便不成为人也。"(汉)郑玄注,(唐)孔颖达疏:《礼记正义》卷二三《礼器》,(清)阮元校刻:《十三经注疏》,第1435页中。

第三章 "体情制文,因时循变":礼学思想的复归与拓展

"文者,所以接物也,情,系于中而欲发外者也。以文灭情则失情,以情灭文则失文,文情理通,则凤麟极矣,言至德之怀远也。"①礼仪制度是用来交接事物的,情感是指郁结于内心而将抒发出来的东西。用礼仪来泯灭情感,就丧失了真情;用真情湮灭礼仪,就会失去礼仪的规范。最好的情况是文理相通,礼仪饱含真情,真情通过礼仪而抒发。以饱含真情的礼仪治国理政,则可以最高的德行使天下归服。《缪称训》又云"凡行戴情,虽过无怨;不戴其情,虽忠来恶","怀情抱质,天弗能杀,地弗能薶",《齐俗训》云"礼丰不足以效爱,而诚心可以怀远"②,等等,从这些论述可以看出,《淮南子》有"唯情"思想倾向。这与孔子、孟子及郭店楚简《性自命出》重"情"是一致的。

《淮南子》"体情而制文"的礼学思想,与孔子的礼学思想是一致的。其对"礼"实质的重视,与孔子、孟子较为接近,与《荀子》论"礼"有较大距离。孔子说:"礼云礼云,玉帛云乎哉!乐云乐云,钟鼓云乎哉!""人而不仁如礼何!人而不仁如乐何!""礼"如"绘事后素",是某种道德感情的表现,是人性的美化与提高③。孟子论"礼",基本与孔子一样,他说:"仁之实,事亲是也;义之实,从兄是也……礼之实节文斯二者是也。"又说:"恭敬之心,礼也。"④在孔孟看来,"礼"是一种道德实践,践履之后出现的道德效应可以治国理政。荀子把"礼"变成一种外在的规范,强制推行,把"礼"

---

① 何宁:《淮南子集释》,第731—732页。
② 何宁:《淮南子集释》,第709、726、779页。
③ 崔大华:《儒学引论》,第61页。
④ (清)焦循撰,沈文倬点校:《孟子正义》卷一五《离娄上》,第532—533页;卷二二《告子上》,第748页。

的道德实践变成了不得不遵守的制度,这一"隆礼"的做法,具有明显的法家意味,"礼"不再是"礼",变成了"礼法"。推行"礼法",情感比较被弱化。在孔孟那里,情感(如爱、敬等)是最为重要的,可以说是"礼"实质的一部分。《荀子》把礼仪强化、提升,并超越情感实质之上,就会出现有"礼"(礼仪)无"情"的现象。《淮南子》论"礼",针对有"礼"无"情"的现象,进行了批判,并努力使"礼"复归到"情"的实质上来。

《淮南子》"礼因人情而为之节文"的思想,亦见于《郭店楚简·语丛一》《礼记·坊记》及《韩诗外传》。《郭店楚简·语丛一》云:"豊(礼)因人之情而为之。"[①]《坊记》云:"礼者,因人之情而为之节文,以为民坊者也。"[②]《韩诗外传》云:"礼者则天地之体,因人之情而为之节文者也。"[③]《语丛一》的文字与《坊记》《韩诗外传》及《淮南子》的文字基本没有差别,这很难排除它们之间的学术联系。郭店楚简发现于郭店楚墓一号墓,考古界认为此墓下葬于公元前4世纪中期至前3世纪初[④],也有学者断定郭店楚简应是在公元前303年[⑤]。相较而言,《淮南子》与《郭店楚简》《坊记》在文字上更为接近,三者的学术关系可能更为密切。《韩诗外传》云"礼者则天地之体",把"礼"作为效法天地的一种载体,这种理念在《淮南子》那里是看不到的。《淮南子》云"礼者,实之

[①] 荆门博物馆编:《郭店楚简·语丛一》,文物出版社1998年版,第194页。
[②] 见(清)阮元校刻:《十三经注疏》,第1618页中。
[③] (汉)韩婴撰,许维遹校释:《韩诗外传集释》卷五,中华书局1980年版,第178—179页。
[④] 湖北省荆门博物馆:《荆门郭店一号楚墓》,《文物》1997年第7期。
[⑤] 罗运环:《论郭店一号楚墓所出漆耳杯文及墓主和竹简的年代》,《考古》2000年第1期。

文也","礼者,因人情而为之节文","礼者体也",把"礼"作为真实情感的表现方式,在"礼"的实践中,需要反复体察这种真挚的情感。

《淮南子》对"情"非常重视,《缪称训》云:"礼不隆而德有余。仁心之感,恩接而惨怛生,故其入人深。"又云:"情系于中,行形于外。凡行戴情,虽过无怨;不戴其情,虽忠来恶。"①如果是怀着真挚的感情做事,即使有过错也不会被人怨恨;如果心中没有这种真挚的感情,即使看上去很忠诚,也可能会有险恶之事发生。《淮南子》的这种理念,很可能本自《郭店楚简》中的《性自命出》,其云:"凡人情为可悦也。苟为人情,虽过不恶。不以其情,虽难不贵。苟有其情,虽未之为,斯人信之矣。未言而信,有美情者也。"两者在理念及逻辑上都是一致的,这说明它们之间有着密切的学术联系。

四、论说"礼"的功能

《淮南子》论"礼"的另一可贵之处在于重视"礼"对人道德水平的提升,《泰族训》云:"民无廉耻,不可治也;非修礼义,廉耻不立。民不知礼义,法弗能正也;非崇善废丑,不向礼义。无法不可以为治也;不知礼义,不可以行法。"②认为百姓若没有廉耻之心,社会就无法治理;如果不修治礼仪,百姓的廉耻之心就无法建立。百姓不知道礼仪,法令也不能使他们正言正行;如果不崇尚善良的

---

① 何宁:《淮南子集释》,第709页。
② 何宁:《淮南子集释》,第1405页。

品行、废弃丑陋的行为,百姓就不会向往礼义。没有法律制度社会无法管理,但是如果百姓不知礼义,法律是无法推行的。《泰族训》指出了"廉耻""礼义""法"在社会管理上的关系,强调要用"礼义"去建立人们的廉耻之心,然后才可以推行法令制度去治理国家。《泰族训》的作者认识到,严苛的法令虽然能够惩戒犯法之人,但却不能有效地提升人们的道德水平,其云:"法能杀不孝者,而不能使人为孔、曾之行;法能刑窃盗者,而不能使人为伯夷之廉。孔子弟子七十,养徒三千人,皆入孝出悌,言为文章,行为仪表,教之所成也。"①因此,建立人们的廉耻之心是非常重要的。其云:"圣王在上,明好恶以示之,经诽誉以导之,亲贤而进之,贱不肖而退之,无被创流血之苦,而有高世尊显之名,民孰不从?"②《淮南子》以约礼—知耻—守法—天下治的路径展开,强调"礼义"在治国理政中的重要意义。这与孔子所谓"名不正则言不顺,言不顺则事不成,事不成则礼乐不兴,礼乐不兴则刑罚不中,刑罚不中则民无所措手足"(《论语·子路》),具有一致性。

《淮南子》"非修礼义,廉耻不立"的理念,与孔子对"礼"功能的论述是一致的。孔子说:"道之以政,齐之以刑,民免而无耻;道之以德,齐之以礼,有耻且格。"③孔子教育伯鱼时说:"不学礼,无以立。"④孔子的门生有子也曾说:"恭近于礼,远耻辱也。"⑤《淮南子》重视礼义对建立"廉耻"观念的重要意义,是对《荀子》以来及

---

① 何宁:《淮南子集释》,第1405—1406页。
② 何宁:《淮南子集释》,第1406页。
③ 《论语·为政》,见(清)阮元校刻:《十三经注疏》,第2461页下。
④ 《论语·季氏》,见(清)阮元校刻:《十三经注疏》,第2522页下。
⑤ 《论语·学而》,见(清)阮元校刻:《十三经注疏》,第2458页中、下。

第三章 "体情制文,因时循变":礼学思想的复归与拓展

汉初关于"礼义"的理论与实践的反思。荀子"隆礼重法"的观念被汉初的学者继承,叔孙通为刘邦制定礼仪,刘邦因此体会到皇帝的尊贵。不过,《淮南子》对荀子论"礼"的深刻反思,实属难能可贵。

以"三年之丧"为例,《淮南子》认为丧礼之"哀",应该是内心情感的自然流露,《本经训》云:"夫三年之丧,非强而致之,听乐不乐,食旨不甘,思慕之心,未能绝也。"①这段话的意思是说,按照礼仪制度的设计,三年之丧的礼仪,并不是通过礼制强制实施的,应该是对逝去亲人思慕悲哀之情的自然流露。然而,"晚世风流俗败,嗜欲多,礼义废,君臣相欺,父子相疑,怨尤充胸,思心尽亡,被衰戴绖,戏笑其中,虽致之三年,失丧之本也。"②晚世的风气习俗败坏,物欲横流,礼义废坏,君臣之间相互欺骗,父子之间相互猜疑,怨愤责难充斥胸中,哀思之心全无,虽然披缞戴绖,然而却嬉笑其间,虽有丧礼的形式,而无哀戚之心,尽管遵守三年之丧的礼制,但是却丢掉了三年之丧的"本",即最重要的最为核心的部分——"哀"。"丧者所以尽哀,非所以为伪也"③,这是《淮南子》对这种徒有其表的礼仪进行的严厉批判。"处丧有礼矣,而哀为主"④,《淮南子》关于丧礼的这一基本态度,与孔、孟、荀等儒家的态度是一致的。孔子说:"居上不宽,为礼不敬,临丧不哀,吾何以观之哉!"(《论语·八佾》)其门生子张也说:"祭思敬,丧思哀。"子游

---

① 何宁:《淮南子集释》卷八《本经训》,第 601—602 页。
② 何宁:《淮南子集释》卷八《本经训》,第 602 页。
③ 何宁:《淮南子集释》卷八《本经训》,第 604 页。
④ 何宁:《淮南子集释》,第 604 页。

也说:"丧致乎哀而止。"(《论语·子张》)《左传》庄公二十七年云:"夫民,让事、乐和、爱亲、哀丧,而后可用也。"孔颖达疏云:"爱极然后哀丧,哀丧谓爱也。"①孟子认为尧舜汤武这样的人死后,百姓"哭死而哀,非为生者",而是因为他们代表着"盛德之至也",因为"死者有德",所以"哭者哀也"。②《荀子·礼论篇》云:"故丧礼者,无他焉,明死生之义,送以哀敬,而终周藏也。"又云:"三年之丧,称情而立文,所以为至痛极也。"③《礼记·檀弓上》:"丧礼,与其哀不足而礼有余也,不若礼不足而哀有余也。"《檀弓下》:"丧礼,哀戚之至也。"《少仪》篇云:"丧事主哀。"《祭统》篇云:"丧则观其哀也。"《问丧》篇云:"丧礼唯哀为主矣。"④

另外,《淮南子》所谓"以文灭情则失情,以情灭文则失文,文情理通,则凤麟极矣,言至德之怀远也",与孔子所谓"质胜文则野,文胜质则史。文质彬彬,然后君子"几无二致。所谓"文情理通",可谓是"文质彬彬"的不同表达。

五、"体情制文"说与"体情防乱"说比较

"体情"之说,不见于《淮南子》之前的典籍,而在其后的董仲舒《春秋繁露》中有此说。《春秋繁露·天道施》篇云:"礼者,体情

---

① 《左传》庄公二十七年。(清)阮元校刻:《十三经注疏》,第1781页上。
② (清)焦循撰,沈文倬点校:《孟子正义》卷二七《尽心下》,中华书局1987年版,第1012页。
③ (清)王先谦撰,沈啸寰、王星贤点校:《荀子集释》卷一三《礼论篇》,第371、372页。
④ (汉)郑玄注,(唐)孔颖达疏:《礼记正义》,见(清)阮元校刻:《十三经注疏》,第1285页上、1301页上、1514页下、1603页上、1656页下。

第三章 "体情制文,因时循变":礼学思想的复归与拓展

而防乱者也。民之情不能制其欲,使之度礼,目视正色,耳听正声,口食正味,身行正道,非夺之情也,所以安其情也。"①苏舆注云:"'体情'二字,最得作礼之意。学者不知此义,遂有以礼度为束缚,而迫性命之情者矣。"②董仲舒此处言"礼"更注重功能性,相较而言,《淮南子》的"体情而制文"比"体情而防乱"更符合"礼"的本义。

汤一介认为郭店楚简中的《性自命出》所谓"道始于情"的"道"是指"人道",认为孔子把"爱人"看成"仁"的基本内涵。亲情是最基本的感情,有爱自己亲人的感情,才会推己及人,才可能做到"老吾老以及人之老""幼吾幼以及人之幼"。他认为"道始于情"揭示了先秦儒家伦理道德学说产生的根据。③ 从这一点来看,《淮南子》强调"礼者,体情而制文也",与先秦儒家的学说是一致的。

从"情"的角度说"礼",如孔子说:"礼,与其奢也,宁俭,与其易也,宁戚。"又说:"居上不宽,为礼不敬,临丧不哀。吾何以观之哉!"④如郭店楚简《性自命出》的"体其义而节文之,理其情而出入之……礼作于情,或兴之也",《语丛二》的"礼生于情"⑤。又如《孟子·公孙丑上》的"辞让之心,礼之端也"⑥,《荀子·修身篇》

---

① 苏舆:《春秋繁露义证》卷一七《天道施》,中华书局1992年版,第469—470页。
② 苏舆:《春秋繁露义证》卷一七《天道施》,第469页。
③ 汤一介:《"道始于情"的哲学诠释——五论创建中国解释学问题》,《学术月刊》2001年第7期。
④ 见(清)阮元校刻:《十三经注疏》,第2466页上、2469页上。
⑤ 荆门市博物馆编:《郭店楚墓竹简》,第188页。
⑥ (清)焦循撰,沈文倬点校:《孟子正义》,第234页。

云:"体恭敬而心忠信,术礼义而情爱人。"又云:"礼然而然,则是情安礼也。"《礼论篇》的"夫礼义文理之所以养情也",《大略篇》的"礼者以顺人心为本"①,等等,都是从"情"的角度论"礼",认为礼仪只是"养情"的路径和方式,"心忠信""情爱人"才是其根本所在。其他如《管子·心术上》云:"礼者,因人之情,缘义之理,而为之节文者也。"②《韩非子·解老》云:"礼以貌情也。"③也是围绕"情"来论礼的。汉初,叔孙通有"礼者,因时世人情为之节文者也"之说,贾谊《新书·道德说》有"礼者,体德理而为之节文,成人事"④的说法,《礼记·坊记》有"礼者,因人之情而为之节文"⑤的表述,等等,但《淮南子》之前的典籍未见有以"体情"之说论述"礼"的。从这个意义上讲,《淮南子》以"体情而制文"来界定"礼"的含义,当属首次。考察这一点,不仅可以看出《淮南子》礼学思想的地位,还可以探明其与董仲舒《春秋繁露》中"体情"之说存在学术联系的可能性。

《春秋繁露·天道施》以"体情而防乱"界定"礼",认为"礼"是体察人们的情欲、防止社会混乱的仪式规范。《淮南子》言"体情而制文",围绕"情""文"界定"礼"的内涵,董仲舒围绕"情"及"礼"的功能性进行界定,相较而言,不如《淮南子》的解说简洁。

---

① (清)王先谦撰,沈啸寰、王星贤点校:《荀子集解》,第28、33、347、490页。
② 黎翔凤撰,梁运华整理:《管子校注》,第770页。
③ (清)王先慎撰,钟哲点校:《韩非子集解》,第132页。
④ (汉)贾谊撰,阎振益、钟夏校注:《新书校注》,第327页。
⑤ 见(清)阮元校刻:《十三经注疏》,第1618页中。

第三章 "体情制文,因时循变":礼学思想的复归与拓展

第二节　因时变而制礼乐

一、乐:所以致和

"乐"一般相提并论而为"礼乐",二者相辅相成,关系密切。《礼记·乐记》云:"礼以节外,乐以和内。""礼"侧重的是对行为的规范,"乐"侧重的是对心灵的浸润。这说明二者之间有重要的差别。

《淮南子》的作者们结合历史对作为具有重要教化功能的"乐"(音乐)进行了深刻的反思。《原道训》云:

> 夫建钟鼓,列管弦,席旃茵,傅旄象,耳听朝歌北鄙靡靡之乐,齐靡曼之色,陈酒行觞,夜以继日,强弩弋高鸟,走犬逐狡兔,此其为乐也,炎炎赫赫,怵然若有所诱慕,解车休马,罢酒彻乐,而心忽然若有所丧,怅然若有所亡也。是何则?不以内乐外,而以外乐内,乐作而喜,曲终而悲,悲喜转而相生,精神乱营,不得须臾平。察其所以不得其形,而日以伤生,失其得者也。是故内不得于中,禀授于外而以自饰也。不浸于肌肤,不浃于骨髓,不留于心志,不滞于五藏。故从外入者,无主于中不止;从中出者,无应于外不行。故听善言便计,虽愚者知说之;称至德高行,虽不肖者知慕之。说之者众而用之者鲜,慕之者多而行之者寡。所以然者,何也?不能反诸性也。夫

183

> 内不开于中而强学问者,不入于耳而不著于心,此何以异于聋者之歌也,效人为之而无以自乐也,声出于口则越而散矣。夫心者,五藏之主也,所以制使四支,流行血气,驰骋于是非之境,而出入于百事之门户者也。是故不得于心而有经天下之气,是犹无耳而欲调钟鼓,无目而欲喜文章也,亦必不胜其任矣!①

认为音乐奏起来就感到欢喜,乐曲结束便感到悲哀,一悲一喜交织出现,精神就会发生惑乱,得不到一点儿平静。考察造成这样的原因,主要是没有得到快乐的形神状态,而导致了一天天丧失生活的乐趣,失去了应得的满足罢了。因此内心不能得到足够的满足,就只能靠外部的施与来自我粉饰了。认为欣赏的人多,但是采纳的人少;仰慕的人多,而实行的人少,是因为他们不能够返回自己本性的缘故。如果心灵没有开启,而是勉强地去学习,即使能够进入到耳中,也不能记在心上,这同教聋子唱歌又有什么两样呢?只是模仿别人演唱,而没有办法使自己快乐。声音从嘴里发出,那么传播出去便四散了。心脏是五脏的主宰,是用来控制四肢,流通血气的,在是非的境内奔驰,而出入百事的门户之中。所以如果心里没有得到大道的主宰,而有治理天下的气魄,这就像没有耳朵的人想要调整钟鼓的乐音,没有眼睛的人想喜欢文采,也一定是不能够胜任的。

仁义礼乐有挽救社会道德文明颓败的现实功能,如《本经训》篇论述道:

---

① 何宁:《淮南子集释》,第69—72页。

第三章 "体情制文,因时循变":礼学思想的复归与拓展

逮至衰世,人众财寡,事力劳而养不足,于是忿争生,是以贵仁;仁鄙不齐,比周朋党,设诈谞、怀机械巧故之心而信失矣,是以贵义;阴阳之情,莫不有血气之感,男女群居杂处而无别,是以贵礼;性命之情,淫而相胁,以不得已则不和,是以贵乐。是故仁义礼乐者,可以救败,而非通治之至也。夫仁者所以救争也,义者所以救失也,礼者所以救淫也,乐者所以救忧也。①

人口增多,财物减少,从事繁重的劳动却养活不了众多的人口,在这种情况下,愤怒争斗便产生了,因此便提倡仁爱。仁人、鄙人参差不齐,互相勾结、结党营私,设置阴谋欺诈的手段,包藏了奇巧、诈伪之心,因而人的纯真本性便消失了,所以要讲究道义。人有阴阳二气交汇,便产生了感情,其中无不充满了血气的冲动,男女群居混杂在一起,没有任何区别,因此便尊重礼治。人的性命中存在着情欲,淫乱过度就会威胁生命,若不能得到制止,就会血气失调,因此便提倡乐教。所以仁义礼乐这些规定,能够补救暂时的失败,而不能解决治理天下的根本问题。仁爱,是用来制止相互争斗的;大义,是用来解救本性丧失的;礼节,是用来制服相互淫乱的;乐教,是用来解救忧愁的。

《淮南子》的这番论述是站在道家立场上来审视儒家的仁义礼乐的。尽管站在道家立场认为儒家的仁义礼乐并非"通治之至",但仍不得不承认仁义礼乐对于匡救社会时弊的积极作用。从其论述来看,"乐"是用来节制人们的情欲的,解救人们因情欲

---

① 何宁:《淮南子集释》,第568—569页。

而产生的各种烦忧。

《淮南子》认为"乐"应是用来表达人们的真实情感,而不是作为粉饰太平的手段。如果用"乐"来粉饰太平,就失掉了作"乐"表达情感这个根本。如《本经训》云:

> 故钟鼓管箫,干戚羽旄,所以饰喜也。衰绖苴杖,哭踊有节,所以饰哀也。兵革羽旄,金鼓斧钺,所以饰怒也。必有其质,乃为之文。古者圣人在上,政教平,仁爱洽,上下同心,君臣辑睦,衣食有余,家给人足,父慈子孝,兄良弟顺,生者不怨,死者不恨,天下和洽,人得其愿。夫人相乐,无所发贶,故圣人为之作乐以和节之。末世之政,田渔重税,关市急征,泽梁毕禁,网罟无所布,耒耜无所设,民力竭于徭役,财用殚于会赋,居者无食,行者无粮,老者不养,死者不葬,赘妻鬻子,以给上求,犹弗能澹;愚夫惷妇皆有流连之心,凄怆之志,乃使始为之撞大钟,击鸣鼓,吹竽笙,弹琴瑟,失乐之本矣。①

钟鼓、管箫、干戚、羽旄,是用来文饰喜悦之情的;缞绖、苴杖,丧礼的仪物,是用来文饰悲哀之情的;兵革、羽旄、金鼓、斧钺,是用来文饰愤怒之情的。必须有真情实感存在,才能对它进行修饰。古时候圣人在上位,政治教化清平,对天下人民广施仁爱,上下同心协力,君臣之间和睦共事;衣食富足,家家饶裕;父亲慈爱,儿子

---

① 高诱注"夫人相乐,无所发贶"云:"夫人,众人也。但心中相乐,无以发其恩赐也。"释"贶"为恩赐,文意不通。于鬯怀疑"贶"是"祝"字之误。于省吾认为"贶"当为"皇"字,发皇即发张之意。杨树达、何宁也认为"贶"当作"皇"。见何宁:《淮南子集释》,第599—601页。杨树达校注见杨树达:《淮南子证闻》卷三《本经训》,上海古籍出版社2007年版,第74页。

孝敬,兄长善良,弟弟和顺;活着的人没有怨恨,死去的人也没有遗憾,天下和谐,人们能够实现自己的愿望。众人心中快乐,但没有凭借来抒发喜悦之情,因此圣人制定乐律来加以协调节制。末世的政治,种田打鱼的人被取以重税,关卡集市紧急征收赋税,水泽、山梁全部禁止捕捉和采摘;渔网没有办法撒下,农具没有用来放置的地方,百姓的力量消耗在繁重的徭役上,财富被赋税征收干净;居家的人没有粮食,奔走在外的人饿着肚子,年老的人无法赡养,死去的人无法安葬,抵押妻子卖掉儿子,用来供给国君的需求,还不能够满足。即使是愚蠢至极的男女,都有离散的痛苦,以及悲怆的心情,却竟然给他们击起大钟,敲起响鼓,吹奏竽笙,弹起琴瑟,已经失去了作乐的根本了。

"末世之政"这种用"乐"来粉饰太平的做法,完全背离了"乐"的本质,走向了"乐"的反面。这就是所谓"乐之失","乐"存在的偏失。但这种偏失并不是"乐"本身造成的,而是社会的管理者造成的。

《诠言训》载:"《诗》之失僻,《乐》之失刺,《礼》之失责。"①《诗》的失误,在于小人走上邪僻之路;《乐》的失误,在于怨刺的产生。《礼》的失误,在于苛责。《泰族训》云:"《乐》之失也淫。"②《乐》失掉旨意,成为淫乱的工具。又云:"宽裕简易者,《乐》之化也……《乐》之失淫。"③宽容简易,是《乐》的感化主旨。《乐》的主旨一旦失去,成为淫乱。孔子曾感叹:"礼云礼云,玉帛云乎哉?

---

① 何宁:《淮南子集释》,第 1036—1037 页。
② 何宁:《淮南子集释》,第 1391 页。
③ 何宁:《淮南子集释》,第 1393 页。

乐云乐云,钟鼓云乎哉?"对当时社会的礼乐实践提出了自己的批评,指出"礼""乐"最重要的不是它的外在形式,而是在于其内在本质。他说:"人而不仁如礼何! 人而不仁如乐何!"认为"仁"是礼、乐的内在本质规定,如果徒具礼、乐的外在形式,而缺失了"仁"这个本质的东西,礼、乐就失去了它的本来意义。《淮南子》这里进一步指出,《乐》的疏漏之处在于:发自内心的"乐"可能过多地对社会存在的问题进行怨恨和讽刺,而失去了"乐"匡扶民风习俗的积极作用。《泰族训》还指出了"乐"存在的另一个问题:"《乐》之失也淫"。如果不能把握"乐"的本质,"乐"的实践就会出现严重的偏差和失误,例如"乐"很可能会成为淫乱的工具。这样,"乐"承担的教化民风的作用,因为这种偏差和失误,就不复存在了。

但是如何防止用"乐"来粉饰太平以及用"乐"来纵欲淫乱呢?

第一,要弄清楚"乐"是如何产生的。

《主术训》云:"乐生于音,音生于律,律生于风,此声之宗也。"①音乐产生于五音,五音从十二律中产生,十二律从八风中产生,这是声音产生的根本。《淮南子》论"乐"之产生,是非常朴素的,这里主要是阐述了乐律本身是如何产生的,尚未涉及"乐"的本质。《荀子·乐论篇》有类似的观点,其《乐论篇》云:"乐则必发于声音,形于动静。""乐"必须通过声音来发出,通过乐律的动与静来呈现。

第二,要明确"乐"的基本功能。

"乐"的基本功能是表情达意,不需要在"乐"方面浪费大量财力物力。《齐俗训》云:"古者,非不能陈钟鼓,盛管箫,扬干戚,奋

---

① 何宁:《淮南子集释》,第662页。

羽旄,以为费财乱政,制乐足以合欢宣意而已,喜不羡于音。"①古时候不是不能够陈设钟鼓,大摆管箫之乐,举起干戚,挥动彩羽旌旗来舞蹈,只是认为这样耗费资财,扰乱政治,制定音乐能够用来合欢大众,表达心意就够了,欢乐之情不过分表现在音乐上。

第三,要明白"诚心"在"乐"的重要地位。

《主术训》强调"乐"只有"抱质效诚",才能"感动天地",其云:

> 夫荣启期一弹,而孔子三日乐,感于和;邹忌一徽而威王终夕悲,感于忧。动诸琴瑟,形诸音声而能使人为之哀乐,县法设赏而不能移风易俗者,其诚心弗施也。宁戚商歌车下,桓公喟然而寤。至精入人深矣。故曰:乐,听其音则知其俗,见其俗则知其化。孔子学鼓琴于师襄,而谕文王之志,见微以知明矣。延陵季子听鲁乐,而知殷、夏之风,论近以识远也。作之上古,施及千岁而文不灭,况于并世化民乎?汤之时,七年旱,以身祷于桑林之际,而四海之云凑,千里之雨至。抱质效诚,感动天地,神谕方外。令行禁止,岂足为哉?古圣王至精形于内,而好憎忘于外,出言以副情,发号以明旨,陈之以礼乐,风之以歌谣,业贯万世而不壅,横扃四方而不穷,禽兽昆虫,与之陶化,又况于执法施令乎!②

荣启期一次弹琴唱歌,而孔子听了竟乐了三日,这是因为被平和之气所感动;邹忌演奏一曲,而齐威王整天悲哀,这是因为被忧虑之情所感动。在琴瑟上拨动,而能形成声音,能够使人产生悲伤和

---

① 何宁:《淮南子集释》,第785—786页。
② 何宁:《淮南子集释》,第618—621页。

欢乐的思想感情。悬挂法律条文,施行上次,但是却不能够改变习俗的原因,就在于他们的真诚之心没有表现出来。宁戚在车下唱起清凄哀怨的商调歌曲,齐桓公听了不住叹息而省悟(便任以大田之职),这是最高的精神已经深入人心了。因此说,聆听音乐,从中就可以知道国家的风俗;看到他的国家的习俗,那么便可以了解他的国家的教化。孔子在鲁国向著名乐师师襄学习鼓琴,而教导他领会文王琴曲中的志趣,由此可知,从微小的地方可以见到大的光明。延陵季子出访鲁国,欣赏了周代音乐,从而知道了殷、夏的风俗,由此可知,谈论近的而可以认识深远的道理。这些音乐,都是上古时代创作的,却影响到了千年之后,而它的文采并未泯灭,又何况在同时代对人民的感化作用呢?因此圣王在内心形成了最高的精神,而在外面便忘记好憎了;说出的话与真情相符,发出号令来明确自己的意旨;用礼乐来陈述自己的方向,用歌谣来讽谕自己;积累万世而不会阻塞,横贯四方而没有穷尽;大到飞禽走兽,小到昆虫之类,都和它一起陶冶变化,又何况在执掌法律施行命令方面呢?

《淮南子》这里强调"抱质效诚",尤其是"诚心"的重要性。同时对法家治国理政的理念进行了批评。又强调"出言以副情""陈之以礼乐,风之以歌谣",这与儒家的理念是一致的。

第四,"乐"的社会功能的最高境界是"和"。

"乐"是用来修饰人们的情感的,它的功能是通过"乐"来使人到达身心和谐,从而使这个社会和谐。《本经训》对"乐"的功能作了精辟的概括,其云:"乐者所以致和,非所以为淫也。"①作"乐"

---

① 何宁:《淮南子集释》,第603页。

第三章 "体情制文,因时循变":礼学思想的复归与拓展

的目的是用来致力于身心和谐、社会和谐的,而不是用来纵乐淫欲的。《诠言训》云:"大乐无怨,大礼不责,四海之内,莫不系统,故能帝也。"①真正的"乐"没有哀怨,真正的"礼"没有苛责,四海之内,无不联系贯通,所以才能够成为帝王。《泰族训》云"五帝三王"治国理政以及施行教化,必用"参""五"。简单来说,"参"是指"仰取象于天,俯取度于地,中取法于人","五"是指君臣之义、父子之亲、夫妇之别、长幼有序、朋友之信。论及"中取法于人"时,其云:"中考乎人德,以制礼乐,行仁义之道,以治人伦而除暴乱之祸。"②考察人的道德,来制定出礼乐制度;实行仁义之道,来治理人伦的道德关系,而消除暴乱产生的祸害。

第五,以《雅》《颂》作为正乐的标准。

"乐"的种类有很多,用怎样的标准来衡量其水平高下。《淮南子》提出来用《雅》《颂》作为衡量"乐"的标准。

《泰族训》云:

> 五帝三王之道,天下之纲纪,治之仪表也。今商鞅之启塞,申子之三符,韩非之孤愤,张仪、苏秦之从衡,皆掇取之权,一切之术也。非治之大本,事之恒常,可博闻而世传者也。子囊北而全楚,北不可以为庸;弦高诞而存郑,诞不可以为常。今夫《雅》《颂》之声,皆发于词,本于情,故君臣以睦,父子以亲。故《韶》《夏》之乐也,声浸乎金石,润乎草木。今取怨思

---

① 何宁:《淮南子集释》,第1032页。
② 何宁:《淮南子集释》,第1387—1389页。

之声,施之于弦管,闻其音者,不淫则悲,淫则乱男女之辨,悲则感怨思之气。岂所谓乐哉! 赵王迁流于房陵,思故乡,作为《山水》之讴,闻者莫不殒涕。荆轲西刺秦王,高渐离、宋意为击筑而歌于易水之上,闻者莫不瞋目裂眦,发植穿冠。因以此声为乐而入宗庙,岂古之所谓乐哉! 故弁冕辂舆,可服而不可好也;太羹之和,可食而不可嗜也;朱弦漏越,一唱而三叹,可听而不可快也。故无声者,正其可听者也;其无味者,正其足味者也。吠声清于耳,兼味快于口,非其贵也。故事不本于道德者,不可以为仪;言不合乎先王者,不可以为道;音不调乎《雅》《颂》者,不可以为乐。故五子之言,所以便说掇取也,非天下之通义也。①

五帝三皇的学说,是统治天下的纲领,治世的法则。现在商鞅的《启塞》,申不害的《三符》、韩非子的《孤愤》,张仪、苏秦的纵横之说,都是拾取的权变之术,实行的是权宜之计,不是治理国家的根本大法,也不是事物的常规,不能够广博地采纳而流传于世。楚相子襄败北而保全了楚国,但败北不能够作为常法;弦高用欺骗手段保存了郑国,但是欺骗不能够作为榜样。现在演唱的《雅》《颂》之声,都发于言辞,本于真情,因此君臣用它来和睦关系,父子用它来相互亲近。因此,《九韶》《大夏》这样的音乐,声音可以浸透到金石之内,滋润到草木之中。现在采用幽怨哀思内容的音乐,在弦管上弹奏出来,听到它的生硬,不是淫乱就是感到悲伤;放纵就会扰乱男女大伦,悲伤就会使人感染哀怨的气氛,这难道就是所谓的

---

① 何宁:《淮南子集释》,第1424—1426页。

音乐吗？秦皇把赵王流放到房陵，赵王思念自己的故乡，创作了《山水》之歌，听到的人没有不流下眼泪的；荆轲向西刺杀秦王，高渐离、宋意为他击筑送别，在易水之上唱起了悲歌，听到弹唱的人，没有不瞪大眼睛，眼角裂开，头发直立，冲起帽子。如果因此而把这种声调作为佳乐送进宗庙，难道就是古代的所谓音乐吗？因此古代的弁冕、大车，可以使用而不能爱好它；调好的大羹，可以食用而不能够嗜求；乐器上红色的丝弦，穿越琴瑟两头，一人演唱而三人应和，可以谛听而不能够使人快乐。因此没有声音的音乐，使那些可以听的音乐得到修正；没有味道的滋味，使那些鲜美的味道得到纠正。鸣叫能使人耳感清新，合味能使人口感痛快，但是不能够使它尊贵。因此事情不以道德做根本，不能够成为仪表；言辞不合乎先王之意的，不能够成为大道；声音不同《雅》《颂》协调的，不能够作为正乐。因此上述五子的观点，只是牵强附会的抄袭之言，不是统治天下普遍适用的道理。

孔子虽有讨论《风》诗，但在他的心中，《风》诗的地位不及《雅》《颂》①。孔子是十分重视《雅》《颂》的。孔子说："吾自卫反鲁，然后乐正，《雅》《颂》各得其所。"②据有关研究，《左传》引《诗》赋《诗》以《雅》《颂》为主③，《晏子春秋》引《诗》也以《雅》《颂》为主④。也有学者注意到《雅》《颂》诗篇有一个鲜明的"安邦

---

① 马昕：《〈诗经〉六义新解：风赋·比兴·雅颂》，《儒家典籍与思想研究》2011年第6期。
② 《论语·子罕》。
③ 马昕：《〈诗经〉六义新解：风赋·比兴·雅颂》，《儒家典籍与思想研究》2011年第6期。
④ 马昕：《〈诗经〉六义新解：风赋·比兴·雅颂》，《儒家典籍与思想研究》2011年第6期。

保民"的思想倾向①。《淮南子》重视《诗经》中的《雅》《颂》,其云"《雅》《颂》之声,皆发于词,本于情,故君臣以睦,父子以亲",确有"安邦保民"之意。《泰族训》云:"因其喜音而正《雅》《颂》之声,故风俗不流。"认为《雅》《颂》可以匡扶民风习俗。这与《荀子·乐论篇》所谓先王"制雅颂之声以道之,使其声足以乐而不流",以及"乐中平则民和而不流,乐肃庄则民齐而不乱",正相一致。

为什么要用《雅》《颂》作为衡量"乐"的标准?《泰族训》认为通过《雅》《颂》之乐的浸润感化,民风习俗不容易变坏。其云:

> 民有好色之性,故有大婚之礼;有饮食之性,故有大飨之谊;有喜乐之性,故有钟鼓管弦之音;有悲哀之性,故有衰绖哭踊之节。故先王之制法也,因民之所好而为之节文者也。因其好色而制婚姻之礼,故男女有别;因其喜音而正《雅》《颂》之声,故风俗不流;因其宁家室、乐妻子,教之以顺,故父子有亲;因其喜朋友而教之以悌,故长幼有序。然后修朝聘以明贵贱,飨饮习射以明长幼,时搜振旅以习用兵也,入学庠序以修人伦。此皆人之所有于性,而圣人之所匠成也。②

人民有爱好异性美色的本性,因此就制定了婚娶的礼节;有喜欢饮食的爱好,因此就规定了大飨的礼仪;有爱好音乐的特性,因此就制造了钟鼓、管弦来演奏;有悲哀的感情,因此就有了缞绖、哭

---

① 杨凌羽:《雅颂诗篇的思想倾向》,《华东师范大学学报(社会科学版)》1985年第1期。

② 何宁:《淮南子集释》,第1386—1387页。

踊等丧礼的规定。所以先王制定法规,是按照百姓的喜好而为他们进行节制修饰。按照他们爱好异性美色的本性而制定了婚姻的理解,因此男女之间才有了区别;依照他们喜爱音乐的特性,而有了纯正的《雅》《颂》之声,所以风气习俗不致趋于下流;根据他们需要家室安宁、妻儿快乐的要求,用和顺来教导他们,因此夫子之间讲究孝道;依照他们喜爱结交朋友,而用弟从兄来教诲他们,所以长幼之间讲究"悌"。然后便制定诸侯朝见天子的礼节,来明确贵贱的等级;用乡饮和教习射术,来表明长幼关系;按时僭越车马、整顿军队来熟悉用兵;进入学校学习,来修治人伦道德。这些都是人性之中本来就具有的,而圣人把它们完备化了。

治国理政者要特别警惕那些不合《雅》《颂》之声的所谓"乐",这样的"乐"很可能存在使国家灭亡的危险。《泰族训》云:

> 师涓为平公鼓朝歌北鄙之音,师旷曰:"此亡国之乐也。"太息而抚之,所以防淫辟之风也。①

卫国乐师师涓跟随卫灵公出访晋国,师涓为晋平公弹奏朝歌、北鄙的靡靡之音,师旷说:"这是使国家灭亡的音乐啊!"叹了口气而加以制止,用来防止淫乱邪僻的风气。

二、因时变而制礼乐

《淮南子》的作者们认为,制礼作乐,除了要注意"体情"外,还

---

① 何宁:《淮南子集释》,第1427—1428页。

要根据时代的不同、社会的发展实际进行调整。既不能拘泥于前代的成果,也不能局限于儒家或者墨家,强调"因时变而制礼乐",根据时势的变化而制礼作乐。这种观点在汉初是非常流行的。叔孙通说:"五帝异乐,三王不同礼。礼者,因时世人情为之节文者也。故夏、殷、周之礼所因损益可知者,谓不相复也。"①贾谊说:"察盛衰之理,审权势之宜,去就有序,变化因时,故旷日长久而社稷安矣。"②韩婴说:"其言有类,其行有礼,其举事忼悔,其持检应变曲当,与时迁徙,与世偃仰,千举万变,其道一也。是大儒之稽也。"③

《淮南子》也十分重视审察时变世异而制礼的理念,主张"因时变而制礼乐"。《泛论训》举出"舜不告而娶""文王立次子""文王十五岁生武王"等不合礼仪制度之事,并指出夏、商、周三代葬礼的差异,以及尧、舜、禹、汤、周崇尚的"乐"的不同,但"五帝异道而德覆天下,三王殊事而名施后世",他们的礼仪制度不同,但盛德之名广为流传。原因是什么呢?"此皆因时变而制礼乐",这都是根据时代变化发展的需要而制礼作乐的。也就是说,没有固定不变的礼仪制度。就音乐来说,真正的乐师不需要固定弹奏的力度也能演奏出美妙的音乐一样,因为"通于礼乐之情者能作,音有本主于中,而以知槩襮之所周者也",通达礼乐道理的人,能够进行适宜的弹奏。音声在外部扩散,而内心有规律主宰,因而要知道乐律法则的使用方法。因此,"先王之制,不宜则废之,末世之事,

---

① (汉)司马迁撰,(南朝宋)裴骃集解,(唐)司马贞索隐,(唐)张守节正义:《史记》卷九九《叔孙通传》,第2722页。
② (汉)贾谊撰,阎振益、钟夏校注:《新书校注》卷一《过秦下》,第17页。
③ (汉)韩婴撰,许维遹校释:《韩诗外传集释》卷五,第171页。

第三章 "体情制文,因时循变":礼学思想的复归与拓展

善则著之",先王的制度,不适宜就要废除它;现今之世好的新制度也要光大它。"礼乐未始有常也。故圣人制礼乐,而不制于礼乐",礼乐本身并不是恒常不变的。圣人制礼作乐,但不会被礼乐束缚住。"治国有常,而利民为本;政教有经,而令行为上。苟利于民,不必法古;苟周于事,不必循旧。"治国有常则,而以有利于人民为根本;理政、教化有亘古不变的法则,即政令通行是最高境界。只要有利于百姓,就不必遵循古制;只要能够周全其事,就不必依循旧章。"夫夏、商之衰也,不变法而亡;三代之起也,不相袭而王。"①夏、商的衰败,是因为不变法而灭亡的;禹、汤、武王三代的兴起,是不互相因袭而称王的。"故圣人法与时变,礼与俗化。衣服器械,各便其用;法度制令,各因其宜。故变古未可非,而循俗未足多也。百川异源而皆归于海,百家殊业而皆务于治。"《淮南子》这种与时俱进的思想,有着浓厚的法家色彩,以及《周易》"与时消息"的变化演进色彩。《淮南子》从治国理政的角度进行论说,认为"利民""周事"是制礼作乐的最重要的目的,也是权衡变通的最终目的。这与《荀子》"不法先王,不是礼义""法先王,隆礼义"的理想相去甚远。

《淮南子》虽然受荀子思想影响较大,但对荀子"隆礼""重法"的理念②并不赞同,这从其"法制礼义者,治人之具也,而非所

---

① 何宁:《淮南子集释》,第921页。
② 《荀子·议兵篇》云:"礼者,治辨之极也,强国之本也,威行之道也,功名之总也,王公由之所以得天下也;不由所以陨社稷也。"《强国篇》云:"故人之命在天,国之命在礼。人君者隆礼尊贤而王,重法爱民而霸,好利多诈而危,权谋、倾覆、幽险而亡。"《礼论篇》:"礼者,人道之极也。然而不法礼,不足礼,谓之无方之民;法礼足礼,谓之有方之士。"见(清)王先谦撰,沈啸寰、王星贤点校:《荀子集释》,第281、291、356页。

以为治也"的理念中可见端倪。《泛论训》云:

> 周公事文王也,行无专制,事无由己,身若不胜衣,言若不出口,有奉持于文王,洞洞属属,而将不能恐失之,可谓能子矣。武王崩,成王幼少。周公继文王之业,履天子之籍,听天下之政,平夷狄之乱,诛管、蔡之罪,负扆而朝诸侯,诛赏制断,无所顾问,威动天地,声慑四海,可谓能武矣。成王既壮,周公属籍致政,北面委质而臣事之,请而后为,复而后行,无擅恣之志,无伐矜之色,可谓能臣矣。故一人之身而三变者,所以应时矣。何况乎君数易世,国数易君,人以其位达其好憎,以其威势,供嗜欲,而欲以一行之礼,一定之法,应时偶变,其不能中权亦明矣。故圣人所由曰道,所为曰事。道犹金石,一调不更;事犹琴瑟,每弦改调。故法制礼义者,治人之具也,而非所以为治也。故仁以为经,义以为纪,此万世不更者也。若乃人考其才,而时省其用,虽日变可也。天下岂有常法哉!当于世事,得于人理,顺于天地,祥于鬼神,则可以正治矣。①

这里的"道"是指仁、义,"事"指的是法制礼仪以选拔人才的标准。"天下岂有常法哉",这里的"法"是指处理具体事物的方法。把仁、义作为"万世不更"的"道",这完全是儒家的立场。以仁为本,惟义所在,这是孔、孟的思想理念。从这一点来看,《淮南子》避开了荀子的相关思想,而返回到孔、孟的思想世界。孔子说:"人而不仁如礼何?人而不仁如乐何?""天下归仁焉""君子义

---

① 何宁:《淮南子集释》,第923—927页。

第三章 "体情制文,因时循变":礼学思想的复归与拓展

以为上""仁者人也""无求生以害仁,有杀身以成仁"。孟子说:"仁也者,人也""大人者,言不必信,行不必果,惟义所在。""舍生而取义"。在孔、孟看来,仁、义是人的最高道德,甚至需要用生命去捍卫它。《淮南子》把仁、义当作是治国理政的经、纪,可以说是把孔、孟的仁、义观念落实到政治制度上的努力。孔子把"仁"当作"礼"的本质,"礼"的内在规定性,也就是说"礼"是可以变动的,而"仁"是不能变动的。礼乐是"治人之具",在符合"仁"的规定性这个条件下,是可以损益的。孔子说:"殷因于夏礼,所损益,可知也;周殷于因礼,所损益,可知也。"①"礼"随着时代的不同而可以损益。这也说明,孔子是把"礼"当作是治国理政的工具,而非根本。

《泛论训》指出应"乘时应变",其云:"圣人论事之局曲直,与之屈伸偃仰,无常仪表,时屈时伸。卑弱柔如蒲苇,非摄夺也;刚强猛毅,志厉青云,非本矜也;以乘时应变也。"②圣人研究事情的曲直,与它们一起屈伸俯仰,没有固定的法式。时而卷曲,时而伸张;柔弱如蒲草芦苇,不是因害怕而改变志向;刚强猛毅,志贯青云,不是为了自夸骄傲,而都是用来趁着时势应对变化。

《泛论训》认为,看待事情要洞察其本质,而不只是看表面现象,有些只是权宜之计,并不能按照礼仪制度的常规情况来看,其云:

> 夫君臣之接,屈膝卑拜,以相尊礼也;至其迫于患也,则举

---

① 《论语·为政》,见(清)阮元校刻:《十三经注疏》,第2463页中。
② 何宁:《淮南子集释》,第955—956页。

足蹴其体,天下莫能非也。是故忠之所在,礼不足以难之也。孝子之事亲,和颜卑体,奉带运履;至其溺也,则捽其发而拯,非敢骄侮,以救其死也。故溺则捽父,祝则名君,势不得不然也。此权之所设也。故孔子曰:"可以共学矣,而未可以适道也;可与适道,未可以立也;可以立,未可与权。"权者,圣人之所独见也。故忤而后合者,谓之知权;合而后舛者,谓之不知权;不知权者,善反丑矣。故礼者,实之华而伪之文也,方于卒迫穷遽之中也,则无所用矣。是故圣人以文交于世,而以实从事于宜,不结于一迹之涂凝滞而不化。是故败事少而成事多,号令行于天下而莫之能非矣。①

《淮南子》主张"因时变而制礼乐",强调不应照搬前代的制度、礼乐,要根据时代的变化而制定礼乐制度,这对于仍笼罩着黄老思想的汉初而言,具有重要意义。《淮南子》的礼乐思想,尤其是"体情而制文""因时变而制礼乐"的思想理念,对礼乐思想的发展具有重要的意义和价值。

---

① 何宁:《淮南子集释》,第956—957页。

第四章 "性"同"事"异,各得其宜:
君子小人之辨的推进

　　理论突破和制度探索是社会转型的重要准备,而新秩序的建立必须依靠贤能之人。对人的德行标准的探讨,对于建立新秩序就显得十分必要。《淮南子》中对君子、小人有重要的辨别。一般认为君子有两种含义:一是贵族的通称,指在位的统治者;一是指道德品质高尚,精神境界不俗的人,是儒家理想人格的指称。相应地,小人也有两种含义:一是相对于在位统治者而言,指普通老百姓;一是相对于道德高尚的"君子"而言,指品质卑劣、虚伪的人格。有学者认为关于君子、小人的论述,是儒家思想核心内容之一①,也有学者认为孔子的学说思想可以概括为"君子学"②。君

---

① 冯国超认为,详细地研究以《论语》《孟子》《荀子》为代表的儒家思想,给人印象最为深刻的不外三个方面:一是关于仁、仁政、礼治的思想,二是关于君子小人的丰富论述,三是关于人性善、恶的学说。其实,这三个方面正是儒家思想的核心内容。见冯国超:《人性论、君子小人与治国之道》,《哲学研究》2000 年第 5 期。

② 黎红雷:《孔子"君子学"发微》,《中山大学学报(社会科学版)》2011 年第 1 期。

子小人之辨,不见于道家①,法家如《韩非子》虽然也沿用儒家的君子、小人的界定,但认为君子太少、小人太多,所以主张用法治而非德治②。《淮南子》在君子小人之辨方面,既有对仁义基本原则的坚守,也从具体的社会发展方面进行了新的理论探讨。

第一节　以仁、义为准绳

　　《淮南子》关于君子小人的界定和判断,是围绕仁、义进行的,与先秦儒家一致,其《缪称训》云:"义载乎宜之谓君子,宜遗乎义之谓小人。"③把"义"运用到日常事务之中且合乎时宜的人可谓君子,做事只求合乎时宜而忽略大义的人可谓小人④。《人间训》认为"义"是人最重要的"本",其云:"义者,人之大本也,虽有战胜存亡之功,不如行义之隆。"⑤"义"是人的根本,即使有战胜强敌保存国家之功,也不如推行大义而受人尊重。《淮南子》还认为权势和财富都不如德、义尊贵,《修务训》云:"段干木辞禄而处家,魏文侯过其闾而轼之。其仆曰:'君何为轼?'文侯曰:'段干木在,是以

---

①　《老子》见"君子"3次,指在位统治者;未见"小人"。《庄子·大宗师》认为:"天之小人,人之君子;人之君子,天之小人。"《盗跖》:"无为小人,反殉而天;无为君子,从天之理。"
②　冯国超:《人性论、君子小人与治国之道》,《哲学研究》2000年第5期。
③　何宁:《淮南子集释》,第745页。
④　此处的"载"当释为运行、施任。如《淮南子·俶真训》"日月无所载"高诱注云:"载,行。"见何宁:《淮南子集释》,第123页。《荀子·荣辱篇》"皆使人载其事而各得其宜"。杨倞注云:"载,行也,任之也。"见(清)王先谦撰,沈啸寰、王星贤点校:《荀子集释》,第70页。
⑤　何宁:《淮南子集释》,第1268页。

第四章 "性"同"事"异,各得其宜:君子小人之辨的推进

轼。'其仆曰:'段干木布衣之士,君轼其闾,不已甚乎?'文侯曰:'段干木不趋势利,怀君子之道,隐处穷巷,声施千里,寡人敢勿轼乎!段干木光于德,寡人光于势;段干木富于义,寡人富于财。势不若德尊,财不若义高。干木虽以己易寡人不为。吾日悠悠惭于影,子何以轻之哉?'其后秦将起兵伐魏,司马庾谏曰:'段干木贤者,其君礼之,天下莫不知,诸侯莫不闻,举兵伐之,无乃妨于义乎!'于是秦乃偃兵,辍不攻魏。"①《淮南子》把"德""义"等品质看得比权力、财富都重要,这里几乎可以读出孟子所谓"王亦曰仁义而已矣,何必曰利"的意味。在位的君子若不遵从"义"的规范,在《主术训》的作者看来,他是没有资格治国理政的,其云:"府吏守法,君子制义,法而无义,亦府吏也,不足以为政。"②府吏恪守法令,君子以"义"为制度准则。若君子仅仅推崇法令而不重视"义",则与府吏无异,不足以治国理政。

《淮南子》认为"仁义"是君子赖以生存的基础。《缪称训》云:

> 君子非仁义无以生,失仁义则失其所以生;小人非嗜欲无以活,失嗜欲则失其所以活。故君子惧失仁义,小人惧失利,观其所惧,知各殊矣。③

君子不用仁义就没有办法生存;失去仁义,那么就失去了他的生存的基础。小人没有嗜欲就没有办法生活;失去嗜欲,那么就失

---

① 何宁:《淮南子集释》,第1325—1326页。
② 何宁:《淮南子集释》,第699页。
③ 何宁:《淮南子集释》,第961—963页。

去了他赖以生活的基础。所以君子担心失去仁义,小人害怕失掉利益。考察他们所害怕的,知道各自是不同的。

因此,《淮南子》以"仁义"为区分君子、小人的准绳,《泰族训》云:"夫知者不妄发,择善而为之,计义而行之,故事成而功足赖也,身死而名足称也。虽有知能,必以仁义为之本,然后可立也,知能蹐驰,百事并行,圣人一以仁义为之准绳,中之者谓之君子,弗中者谓之小人。"①聪明的人不妄自行动,必然选择善事而从事它,衡量符合大义而后推行它,因此事业成功而功业可以依赖,自身死后而名声值得称颂。即使有智慧才能,必定要以仁义作为根本,然后才能够树立。智慧才能,相背而行;各种事情,一齐到来,圣人统一用仁义作为准绳,符合的就叫作君子,不符合的就叫作小人。凡不符合仁、义这种伦理道德规范的人,都可以称为小人。《泰族训》又云:"故百川并流,不注海者不为川谷;趋行蹐驰,不归善者不为君子。故善言归乎可行,善行归乎仁义。"②百川并流,不能注入大海的不能成为大溪谷;奔跑行走,或背道而驰,不归向善的不算作君子。因此美好的言论归结到适宜的行动之中,美好的行为归纳到仁义之中。

《淮南子》所谓"君子之过"如"日月之食",当是本自《论语》或《孟子》。《论语·子张》云:"君子之过也,如日月之食焉。过也,人皆见之;更也,人皆仰之。"③《孟子·公孙丑下》也有同样的论说④。

---

① 何宁:《淮南子集释》,第 1412 页。
② 何宁:《淮南子集释》,第 1410—1411 页。
③ 见(清)阮元校刻:《十三经注疏》,第 2532 页下。
④ 《公孙丑下》云:"古之君子,其过也,如日月之食,民皆见之;及其更也,民皆仰之。"见(清)焦循撰,沈文倬点校:《孟子正义》,第 295 页。

第四章 "性"同"事"异,各得其宜:君子小人之辨的推进

《缪称训》云:"小人之从事也曰苟得,君子曰苟义。"①小人行事,是急切求得;君子行事,是急切求义。《缪称训》云:"君子诚仁,施亦仁,不施亦仁;小人诚不仁,施亦不仁,不施亦不仁。善之由我,与其由人若,仁德之盛者也,故情胜欲者昌,欲胜情者亡。"②君子真诚爱人,他施惠于人,说明他是仁爱的,即使他不施惠于人,他仍然是仁爱的;小人确实不仁,不管他是否施惠于人,都是不仁爱的。行善的诚心由我决定,其他人如若欲行善,其诚心与我真诚行善一样,如果人人能自觉行善,那么一定可以使仁德繁盛。因此情感战胜私欲的,可以昌隆繁盛;私欲战胜情感的,则会衰败消亡。《淮南子》的作者把"仁"当作是一种自我涵养的美德,不论是否把这种美德施惠他人,他都是有仁爱品质的人,这种人就是君子。《淮南子》的这一理念,有孔子"为仁由己"、孟子"仁义礼智,非由外铄我也,我固有之也"等理念的影子。其"善之由我,与其由人若,仁德之盛也"③,与

---

① 何宁:《淮南子集释》,第 722—723 页。
② 何宁:《淮南子集释》,第 755 页。
③ "善之由我,与其由人若,仁德之盛也",刘文典、何宁句读如此。刘文典撰,冯逸、乔华点校:《淮南鸿烈集解》,中华书局 1989 年版,第 341 页。何宁:《淮南子集释》,第 755 页。陈广忠、张双棣句读为:"善之由我,与其由人,若仁德之盛也。"张双棣:《淮南子校释》(增订本),北京大学出版社 2013 年版,第 1128 页。陈广忠:《淮南子校诠》,黄山书社 2008 年版,第 517 页。刘家立句读为:"善之由我与其由人。若仁德之盛也。"与张、陈句读相似。见刘家立:《淮南集证》卷一〇《缪称训》,台北广文书局 1978 年版,第 22 页。疑《淮南子》此处有别字。张双棣引清末学者陶鸿庆云:"'若'当作'皆',字之误也。由我由人,承上'君子诚仁,施亦仁,不施亦仁'言之,施者善由我,不施者善由人。故曰皆仁德之盛。"见张双棣:《淮南子校释》(增订本),第 1130 页。陶鸿庆改字释读,未具根据。二不通畅,亦难置信。但据陶鸿庆的解释,有君子可由仁实现无为而治之义,亦可谓别开生面。《淮南子》此处"由我""由人"之说,与《论语·颜渊》"为人由己,而由人乎哉?"语法极为相似,疑此处当为"善之由我,而由人乎哉?"即为仁为善,均由我,这样才能达到"仁德之盛"。其所谓"情胜欲",有"克己归仁"之义,与《论语》"克己复礼"相似。

《论语·颜渊》"为人由己,而由人乎哉?"在语法结构和思想观念上极其相似,并且后面的"情胜欲"之说,与孔子所谓"克己复礼"有相通之处。

"君子诚仁,施亦仁,不施亦仁"及"情胜欲",可以在《缪称训》找到注脚,其云:"君子见过忘罚,故能谏;见贤忘贱,故能让;见不足忘贫,故能施。情系于中,行形于外。凡行戴情,虽过无怨;不戴其情,虽忠来恶。"①君子看到自己的过失,能够忘掉处罚进谏者,所以才能有人进谏;看到贤德的人,能够忘掉他的贫贱,因此能够谦让;看到生活不足的人,能够忘掉他的贫困,所以能够施舍。感情联系着内心,行动表现在外面。大凡行为充满了真情,即使有过失也没有怨恨;不充满真情,即使是忠心,也会招来恶意。《淮南子》这里强调真情实意的重要性。看上去忠心耿耿,心中若无真情,一定会招来祸端。这与孔子论"孝"时重视"情"是一致的。他说:"今之孝者,是谓能养。至于犬马,皆能有养;不敬,何以别乎?"即"孝"绝不仅仅是赡养父母,更重要的是对父母要有虔敬之心。

《缪称训》云:"君子思义而不虑利,小人贪利而不顾义。"②君子考虑公义而不计较利益得失,小人贪图利益而不顾大义。君子在面临危难之际,能够做到"以身卫义"。《精神训》云:"晏子与崔杼盟,临死地而不易其义;殖、华将战而死,莒君厚赂而止之,不改其行。故晏子可迫以仁,而不可劫以兵;殖、华可止以义而不可县

---

① 何宁:《淮南子集释》,第709页。
② 何宁:《淮南子集释》,第738页。

第四章 "性"同"事"异,各得其宜:君子小人之辨的推进

以利。君子义死而不可以富贵留也,义为而不可以死亡恐也。"①晏子"临死地而不易其义",虽有生命之忧,但仍然以"义"为追求。"君子义死而不可以富贵留也",君子能够英勇就义,也不会被富贵的诱惑改变志趣。这里的"君子"与孟子所说"富贵不能淫,贫贱不能移,威武不能屈"②的"大丈夫"一样。

第二节 "性"同"事"异,各得其宜

一、"性"同"事"异

《淮南子》认为君子小人在人性上没有什么差别,其对待事情的态度的差异使他们的品格变得不同。《缪称训》云:"言无常是,行无常宜者,小人也。"③其言莫衷一是,其行不合时宜,这样的人可谓是"小人"。这个观点当时本自《荀子·不苟篇》,其云:"言无常信,行无常贞,唯利所在,无所不倾,若是,则可谓小人矣。"④君子与小人的不同还表现在对"本""末"的态度上,《泰族训》云:

> 凡学者能明于天人之分,通于治乱之本,澄心清意以存之,见其终始,可谓知略矣。天之所为,禽兽草木;人之所为,礼节制度。构而为宫室,制而为舟舆是也。治之所以为本者,

---

① 何宁:《淮南子集释》,第538—540页。
② (清)焦循撰,沈文倬点校:《孟子正义》卷一二《滕文公下》,第419页。
③ 何宁:《淮南子集释》,第757页。
④ (清)王先谦撰,沈啸寰、王星贤点校:《荀子集释》,第51页。

> 仁义也；所以为末者，法度也。凡人之所以事生者，本也；其所以事死者，末也。本末，一体也；其两爱之，一性也。先本后末，谓之君子；以末害本，谓之小人。君子与小人之性非异也，所在先后而已矣。草木洪者为本，而杀者为末；禽兽之性，大者为首，而小者为尾。末大于本则折，尾大于要则不掉矣。①

《淮南子》指出君子、小人在人性上没有什么差别，他们的区分在于对"本""末"的态度。不从人性上去界定君子、小人，这一点与孔子极为相似。这与孟子所论"大人""小人"之分，以及荀子所论"材性知能，君子小人一也"是一致的。孟子认为，大人、小人虽都是人，但"从其大体者为大人，从其小体者为小人"②。荀子认为："材性知能，君子小人一也。好荣恶辱，好利恶害，是君子小人之所同也，若其所以求之之道则异矣。小人也者，疾为诞而欲人之信己也，疾为诈而欲人之亲己也，禽兽之行而欲人之善己也。"③

《淮南子》认为，就治国而言，仁义是本，法度是末；就孝亲而言，"事生"是本，"事死"是末，君子的做法是"先本后末"，小人的做法是"以末害本"。君子对本、末都十分关注，只是次序不同，分轻重缓急；小人分不清何为本、何为末，常常是以末害本。孔子认为"君子义以为上""君子义以为质""见利思义""君子爱财，取之有道""不义而富且贵，于我如浮云"，都是先义后利，见利思义的态度。《淮南子》"君子先本后末"的主张，正与孔子的观点一致。

---

① 何宁：《淮南子集释》，第1422页。
② （清）焦循撰，沈文倬点校：《孟子正义》卷二三《告子上》，第792页。
③ （清）王先谦撰，沈啸寰、王星贤点校：《荀子集释》卷二《荣辱篇》，第61—62页。

第四章 "性"同"事"异,各得其宜:君子小人之辨的推进

另外,《淮南子》还认为"君子"之德可以通过日积月累的努力修炼而成,《缪称训》云:

> 积薄为厚,积卑为高,故君子日孳孳以成辉,小人日怏怏以至辱。①

积累薄的多了就会变厚,积累低的多了就会变高,因此君子一天天勤勉努力,而成就辉煌的业绩,小人一天天肆意放纵,而逐步酿成耻辱。

君子积累小善而为大善,小人积累小不善而成大不善,《缪称训》云:

> 君子不谓小善不足为也而舍之,小善积而为大善;不谓小不善为无伤也而为之,小不善积而为大不善。是故积羽沉舟,群轻折轴。故君子禁于微。一快不足以成善,积快而为德;一恨不足以成非,积恨而成怨。故三代之称,千岁之积誉也;桀、纣之谤,千岁之积毁也。②

《淮南子》这种积小善而为大善、积小不善而为大不善的理念,与《易传》及贾谊《新书》相关理念如出一辙。《易·坤·文言》云:"积善之家,必有余庆;积不善之家,必有余殃。臣弑其君,子弑其父,非一朝一夕之故,其所由来者渐矣,由辩之不早辩也。积善之家必有余庆,积不善之家必有余殃。"③《系辞传下》云:"善

---

① 何宁:《淮南子集释》,第725页。
② 何宁:《淮南子集释》,第754页。
③ (清)阮元校刻:《十三经注疏》,第19页上。

不积,不足以成名;恶不积,不足以灭身。小人以小善为无益,而弗为也,故恶积而不可掩,罪大而不可解。"①贾谊《新书·审微》云:"善不可谓小而无益,不善不可谓小而无伤,非以小善为一足以利天下,小不善为一足以乱国家也。"②从这些论述来看,《缪称训》与《易传》《审微》有较为密切的学术关系。所不同的是,《易传》言"积善"并无特别的指向,《审微》论"小善有益、小不善有伤"的指向性比较明显,劝诫一国之君要积行小善而不为不善。《缪称训》把积善积德作为君子修行的导向,从"君子禁于微"来看,《缪称训》论述的重点应当在"小不善"。这里的"君子",从德、位两种角度都说得通。

《淮南子》认为,君子要积极修为,有所建树。《修务训》云:"名可务立,功可强成,故君子积志委正,以趣明师,励节亢高,以绝世俗。"③名声是能够勉力求得的,功业是可以努力成就的。因此君子含蓄正气,积累善事,而投向高明的老师;勉励自己树立高尚的节操,培养自己美好的德行,来杜绝世俗的干扰。也就是说,这里所谓"君子",既有"德"的意味,也有"位"的意味。《淮南子》主张"君子"要德位合一,要积极追求能够垂范世人的功名。

二、君子小人各得其宜

君子、小人并不纯粹是道德意义上的,它们还是政治意义上

---

① (清)阮元校刻:《十三经注疏》,第88页上、中。
② (汉)贾谊撰,阎振益、钟夏点校:《新书校注》,第73页。
③ 何宁:《淮南子集释》,第1347页。

第四章 "性"同"事"异,各得其宜:君子小人之辨的推进

的。在政治上,君子与小人又有合作的一面。这里的君子是德、位合一意义上的。《缪称训》云:

> 教本乎君子,小人被其泽;利本乎小人,君子享其功。昔东户季子之世,道路不拾遗,未耜余粮宿诸畮首,使君子小人各得其宜也。故一人有庆,兆民赖之。①

施行教化的根本在于君子,小人蒙受他的恩泽;追求财利的根本在于小人,君子也能享受他的功绩。从前东户季子之世,路不拾遗,夜间农具和粮食放置在田间地头也不会丢失。君子小人各得其宜。因此说,国君施行教化,亿万百姓被此恩泽而努力发展生产。《淮南子》此处从君子、小人的不同社会分工上来论述两者之间的关系,君子的职责是教化百姓(小人),百姓的职责是发展生产,两者之间是相辅相成的关系。这里所谓君子、小人,并没有涉及人格品质的问题。若从所举东户季子的例子来看,君子小人各得其宜,且有夜不闭户、路不拾遗的淳朴民风,可见君子小人的品格都非常高尚。《礼记·礼运》所谓"盗窃乱贼而不作,故外户而不闭"的"大同"社会,也不过如此。

《淮南子》"教本乎君子,小人被其泽;利本乎小人,君子享其功"的观点与孔子的"君子喻于义,小人喻于利"相似。君子以"义"为追求和责任,并通过"义"来治国理政;小人承泽于君子之"义"而努力谋"利",这实际上是一种分工合作的关系,与孟子所言"劳心者""劳力者"的不同相一致。

---

① 何宁:《淮南子集释》,第735页。

不过,《淮南子》的作者也同时指出,在位的不一定都是君子,也可能是小人,这就强化了从"德"的层面对君子、小人的区分,《缪称训》云:

> 圣人在上,则民乐其治;在下,则民慕其意。小人在上位,如寝关曝纩,不得须臾宁。故《易》曰:"乘马班如,泣血涟如。"言小人处非其位,不可长也。①

圣人处于统治地位时,那么百姓就喜欢他的统治;不在位的时候,那么百姓就仰慕他的志向。小人处于统治地位时,就像病人躺在门关上,暴晒蚕茧而蚕蛹挣扎一样,不会得到一刻的安宁。因此《易》说,"乘马遇险,盘旋不定",就会有泣血悲戚的忧虑。说的是小人处在不属于他的位子上,是不能够长久的。《淮南子》言"小人在上位",可以看出这里的"小人"专就品格而言,有位无德是小人。孔子所谓君子当是指德位合一而言,有德无位、有位无德都不能称其为君子。

《淮南子》主张君子应当努力追求不易实现的"美"与"福"。《修务训》云:

> 夫事有易成者名小,难成者功大。君子修美,虽未有利,福将在后至。故《诗》云:"日就月将,学有缉熙于光明。"此之谓也。②

君子修治善道,即使当时没有得到利益,好处必将在以后到

---

① 何宁:《淮南子集释》,第710—711页。
② 何宁:《淮南子集释》,第1371页。

第四章 "性"同"事"异,各得其宜:君子小人之辨的推进

来。也就是说,君子的追求并不是功利化的,君子所追求的是"福"而非物质利益。

只有知难而进,潜心向学,才能"穷道本末,究事之情,立是废非",也才能做到"生有荣名","死有遗业"。《修务训》云:

> 君子有能精摇摩监,砥砺其才,自试神明,览物之博,通物之壅,观始卒之端,见无外之境,以逍遥彷徉于尘埃之外,超然独立,卓然离世,此圣人之所以游心也。若此而不能闲居静思,鼓琴读书,追观上古及贤大夫,学问讲辩,日以自娱,苏援世事,分白黑利害,筹策得失,以观祸福,设仪立度,可以为法则,穷道本末,究事之情,立是废非,明示后人,死有遗业,生有荣名。如此者,人才之所能逮。①

这与《荀子·劝学》有异曲同工之妙。《淮南子》此处所论,明显受道家思想的浸染。不过其中蕴含的积极修为精神,以及所追求的"君子"目标,却又流露出儒家思想的魅力。其言"立是废非,明示后人,死有遗业,生有荣名",又与《左传》中的"三不朽"(立德、立言、立功)思想,相一致。

另外,从文、质方面来讲,《淮南子》认为"文不胜质"才能称得上是君子,《缪称训》云:"锦绣登庙,贵文也;圭璋在前,尚质也。文不胜质之谓君子。"②这种"尚质"的理念,与孔子所谓"文质彬彬"不同。《论语·雍也》:"子曰:'质胜文则野,文胜质则史,文质彬彬,然后君子。'"朱熹注:"野,野人,言鄙略也。史,掌文书,多

---

① 何宁:《淮南子集释》,第1344—1346页。
② 何宁:《淮南子集释》,第715页。

闻习事,而诚或不足也。彬彬,犹班班,物相杂而适均之貌。言学者当损有余,补不足,至于成德,则不期然而然矣。"①

《淮南子》为什么"尚质"？汉初之时,人们纷纷"文饰"自己为君子,从而混淆了君子、小人的界限。《泰族训》云:"当今之世,丑必托善以自为解,邪必蒙正以自为辟。游不论国,仕不择官,行不辟污,曰伊尹之道也;分别争财,亲戚兄弟构怨,骨肉相贼,曰周公之义也;行无廉耻,辱而不死,曰管子之趋也;行货赂,趣势门,立私废公,比周而取容,曰孔子之术也。此使君子小人,纷然淆乱,莫知其是非者也。"②这种有"文"无"质"的行径,被《淮南子》的作者深恶痛绝,并提出"文不胜质之谓君子"而加以痛砭和匡正。

综上所述,《淮南子》中的君子小人之辨,主要有三个方面：

首先,从道德层面来讲,以仁义为准绳进行区分。

其次,从政治层面而言,君子教化小人,小人利养君子,他们在"性"上并无不同,只是对待事情的态度及所践履的事务不同,君子、小人各得其宜,各尽其职。

最后,从文质关系上讲,强调文不胜质为君子,具有明显的重"质"倾向,强调君子对小人的润泽教化。

《淮南子》所言"教本乎君子,小人被其泽",与孔子讲"君子之德风,小人之德草,草上之风必偃"一致。而《淮南子》所谓"利本乎小人,君子享其功",即君子、小人之间的互利关系,孔子并未提及。孔子虽讲"君子喻于义,小人喻于利",但并不是从分工互利

---

① （宋）朱熹：《四书章句集注》,第89页。
② 何宁：《淮南子集释》,第1412—1413页。

第四章 "性"同"事"异,各得其宜:君子小人之辨的推进

的角度讲的,而是从义利层面来区分君子、小人①。孟子所谓"劳心者治人,劳力者治于人",侧重点在于社会分工以及政治伦理,而《淮南子》"教本乎君子,小人被其泽,利本乎小人,君子享其功"侧重点在于互利,认为君子与小人是一种分工互利的关系。《淮南子》"利本乎小人,君子享其功",与孟子所言"无君子莫治野人,无野人莫养君子"②一致。不过,"野人"较"小人"的意义为狭,又不尽相同。孟子所言"野人"是指耕种之人而言③,而《淮南子》的"小人"相对于"君子",指没有权位且从事生产的普通百姓。

---

① 邢昺云:"君子则晓于仁义,小人则晓于财利。"见(清)阮元校刻:《十三经注疏》,第2471页下。
② (清)焦循撰,沈文倬点校:《孟子正义》卷一〇《滕文公上》,第350页。
③ 孟子曰:八家皆私百亩,同养公田,公事毕,然后敢治私事,所以别野人也。见(清)焦循撰,沈文倬点校:《孟子正义》卷一〇《滕文公上》,第361页。

第五章 《淮南子》的"贵智""喻道"精神

《淮南子》的作者们在探索新秩序的过程中,表现出"贵智"和"喻道"精神,即以"贵智"和"喻道"作为修务、为学的追求。在《淮南子》的作者们看来,无论是"君子"人格,还是人的各种才能,都是可以通过"修务"和"为学"来实现的。所谓"修务",指有所修为、有所成就。所谓"为学",即学习前哲先贤的智慧。《淮南子》的作者们认为,每个人在道德、学识面前都是平等的,通过"修务""为学"可以实现自我提升。

第一节 贵智:"修务"与"为学"的追求

一、"修务"是智慧之源

《修务训》的作者从修务、为学的角度,把人分成了三类,其云:

> 且夫身正性善，发愤而成仁，帽凭而为义，性命可说，不待学问而合于道者，尧、舜、文王也；沉湎耽荒，不可教以道，不可喻以德，严父弗能正，贤师不能化者，丹朱、商均也。曼颊皓齿，形夸骨佳，不待脂粉芳泽而性可说者，西施、阳文也；啳睽哆㖃，蘧蒢戚施，虽粉白黛黑弗能为美者，嫫母、仳倠也。夫上不及尧、舜，下不及商均，美不及西施，恶不若嫫母，此教训之所谕也，而芳泽之所施。①

《淮南子》把人的才智划分为三种：一是圣人，如尧、舜、文王，"身正性善"，其"发愤而成仁，帽凭而为义，性命可说"，"不待学问而合于道"。二是顽劣不化之人，如丹朱、商均等，"沉湎耽荒"，"不可教以道，不可喻以德，严父弗能正，贤师不能化"。三是一般人，"上不及尧舜，下不及商均"，可以通过修务、为学提升自己的品德和技能。徐复观认为《淮南子》的这一分类，"似将人性分为三品"②。《淮南子》的这种分类确与"性三品"相似，不过《淮南子》是就"学""智"而言，以"学三品"或"智三品"概括之，可能更为恰当。

《淮南子》的这一分类，与孔子在知识和为学方面对人进行分类相似。孔子把人分成了四类：生而知之者、学而知之者、困而学之者、困而不学者。《修务训》中的"不待学问而合于道者"相当于"生而知之者"，"沉湎耽荒"者相当于"困而不学者"，而"上不及尧舜，下不及商均"的中等才智者相当于"学而知之者、困而学之者"。

---

① 何宁：《淮南子集释》，第 1329—1331 页。
② 徐复观：《〈淮南子〉与刘安的时代》，参见徐复观：《两汉思想史》第 2 卷，第 126 页。

孔子对"生而知之"并未给出解释,《淮南子·修务训》给出了这个问题的解答,其云:

> 且夫身正性善,发愤而成仁,帽凭而为义,性命可说,不待学问而合于道者,尧、舜、文王也。①

即使如尧、舜、文王这样的圣贤,也是通过自身努力获得知识和智慧的:"发愤而成仁,帽凭而为义",努力发愤而成就仁德,积思慷慨而为正义化身。不过,孔子说"生而知之"并没有明确的指向,《修务训》认为尧、舜、文王"不待学问而合于道",从某种意义上可说是继承了孔子的观点。不过,《修务训》的作者对"生而知之"作了更为细致的说明,并强调了圣人并不是生来就具有知识和智慧,他们是通过自身创造性的学习,即通过生活实践而不是拜师读书获得知识和智慧。他们天分极高,无师自通,给人以"生而知之"的错觉。《修务训》大量论述了圣人忧虑天下、积极作为、为民谋利的种种事迹,也可作为"身正性善,发愤而成仁,帽凭而为义,性命可说,不待学问而合于道"的注脚。从这方面看,《淮南子》的作者揭示了圣人"生而知之"的秘密所在。简言之,圣人通过自身创造性的实践活动获得知识和智慧,使自己成为知识和智慧的原点,而中等才智的人通过学习圣人的知识和智慧来完善自己,而那些优游耽荒无暇为学或不屑于为学的人很难完善自我。

---

① 何宁:《淮南子集释》,第 1323—1330 页。

二、"为学"与智慧差异

汉代初年,"非学"(即非议为学、非议学问)的风气较为流行,《修务训》云:

> 世俗废衰,而非学者多。"人性各有所修短,若鱼之跃,若鹊之驳,此自然者,不可损益。"①

非议为学、非议学问的人认为人的天性各有优劣,都是自然形成的,不可以减少或增加。这些人认为没有必要学习,也不必研究学问。"非学"的原因应是在汉景帝统治时期黄老之学的流行。《汉书·窦太后传》载:"窦太后好黄帝、老子言,景帝及诸窦不得不读《老子》尊其术。"②《淮南子》的作者对"非学"的风气进行了有力的批判,认为鱼、鹊的筋骨形体是天然形成的,不能改变,用这种观点来讨论学习,不伦不类,并以马为例,马可以被用来驾车,是人驯化的结果。其云:"马,聋虫也,而可以通气志,犹待教而成,又况人乎?"马的"驾御"能力可以通过驯化获得,更何况比马更聪明的人呢?儒生有行为不轨的,但先王之道并不因此被废止,为什么呢?因为大部分仍信从先王之道。因为学习的人有过错而非难学习,就像因噎废食一样,真是太糊涂了③。在这样的社会氛围下,倡言

---

① 何宁:《淮南子集释》,第1328页。
② (汉)班固撰,(唐)颜师古注:《汉书》,第3945页。
③ "儒有邪僻者,而先王之道不废,何也?其行之者多也。今以为学者之有过而非学者,则是以一饱之故,绝谷不食;以一踬之难,辍足不行,惑也。"何宁:《淮南子集释》,第1332页。

"为学""修务"对人生、对社会的功能就显得尤其珍贵。

总编《淮南子》的刘安,是通过"为学"完善自我的一个典范。《汉书》刘安本传记载:

> 招致宾客方术之士数千人,作为《内书》二十一篇,《外书》甚众,又有《中篇》八卷,言神仙黄白之术,亦二十余万言。时武帝方好艺文,以安属为诸父,辩博善为文辞,甚尊重之。每为报书及赐,常召司马相如等视草乃遣。初,安入朝,献所作《内篇》,新出,上爱秘之。使为《离骚传》,旦受诏,日食时上。又献《颂德》及《长安都国颂》。每宴见,谈说得失及方技赋颂,昏莫然后罢。①

由此可知,刘安是一个立志为学的人,"不喜弋猎狗马驰骋",对"沉湎耽荒"的批判是来自于现实生活。在《泰族训》中也有类似的论述:"人莫不知学之有益于己也,然而不能者,嬉戏害人也。人皆多以无用害有用,故智不博而日不足。"除了喜爱读书之外,刘安还招揽饱学之士编纂书籍,立言于世,足见刘安是志向远大之士。每次被汉武帝宴见,谈论政治得失以及方术技艺、诗词歌赋,都能谈论到日薄西山方才作罢。由此来看,《修务训》所论述的"为学"思想,与刘安的实际生活和思想理路是非常吻合的。虽然没有证据表明《修务训》是刘安所作,但至少可以说《修务训》的作者也有着与刘安一样明晰的为学思想和强烈的治学精神。从这个意义上可以说,《修务训》的"为学思想"不单纯是一种理论的说教

---

① (汉)班固撰,(唐)颜师古注:《汉书》,第2145页。

第五章 《淮南子》的"贵智""喻道"精神

和劝勉,它还是一种以身作则的示范,这也正符合儒家的为学思想。

《淮南子》还强调学者要知行合一,研究学问要入眼、入耳、入心,要学以致用,勉强向学的人并不是真心向学,《原道训》云:

> 是故内不得于中,禀授于外而以自饰也。不浸于肌肤,不浃于骨髓,不留于心志,不滞于五藏。故从外入者,无主于中不止;从中出者,无应于外不行。故听善言便计,虽愚者知说之;称至德高行,虽不肖者知慕之。说之者众而用之者鲜,慕之者多而行之者寡。所以然者,何也?不能反诸性也。夫内不开于中而强学问者,不入于耳而不著于心,此何以异于聋者之歌也,效人为之而无以自乐也,声出于口则越而散矣。夫心者,五藏之主也,所以制使四支,流行血气,驰骋于是非之境,而出入于百事之门户者也。是故不得于心而有经天下之气,是犹无耳而欲调钟鼓,无目而欲喜文章也,亦必不胜其任矣!①

《淮南子》的这段话可以说是《荀子·劝学》"君子之学,入乎耳,箸乎心,布乎四体,形乎动静"的注脚。

《修务训》认为,一个人如果没有像尧、舜、禹、汤、文王五圣的上天之助,又没有皋陶、稷、契、史皇这样难得的贤才,"欲弃学而循性,是谓犹释船欲而欲蹍水也",却想要抛弃学习而因循天性,这样就好比是抛弃渡船而蹚水过河。②《修务训》的作者以宝剑和

---

① 何宁:《淮南子集释》,第70—72页。
② 何宁:《淮南子集释》,第1337页。

铜镜作为譬喻,说:"夫纯钩鱼肠之始下型,击则不能断,刺则不能入,及加之砥砺,摩其锋,则水断龙舟,陆剸犀甲。明镜之始下型,蒙然未见形容,及其粉以玄锡,摩以白旃,鬓眉微豪,可得而察。"①像纯钩、鱼肠这样的宝剑,刚锻造成型之时,一点都不锋利,等到放在磨刀石磨砺出锋刃,可以斩断龙舟和犀甲。铜镜刚制作成型时,模糊而无法照出人的面容,待用玄锡、白旃进行抛光之后,就可以照出鬓发眉毛。"夫学,亦人之砥锡也,而谓学无益者,所以论之过。"学习,就好比是人的磨刀石和玄锡,而有人却说学习没什么益处,这种观点言过其实。

《说山训》云:"蚓无筋骨之强,爪牙之利,上食晞堁,下饮黄泉,用心一也。"②抄自《荀子·劝学》的这段话,强调用心专一的重要性。《说山训》:"谓学不暇者,虽暇亦不能学矣。"说忙得没时间学习的人,即使有时间也不会去学习。《修务训》云:"知者之所短,不若愚者之所修;贤者之所不足,不若众人之有余。"聪慧者的缺陷,不如愚钝之人的优长;贤德之人的不足之处,比不上众人的有余之处。其论证道:

> 夫宋画吴冶,刻刑镂法,乱修曲出,其为微妙,尧、舜之圣不能及。蔡之幼女,卫之稚质,捆纂组,杂奇彩,抑墨质,扬赤文,禹、汤之智不能逮。③

宋国人的绘画,吴国人的冶炼,可以刻在木上作为模式,镂在

---

① 何宁:《淮南子集释》,第1338—1339页。
② 何宁:《淮南子集释》,第1105页。
③ 何宁:《淮南子集释》,第1339—1341页。

金器上作为法规。色彩斑斓,构思奇巧,就是尧、舜这样的圣人也做不到;蔡国的少女,卫国的姑娘,织出的红色绶带,间杂着奇异的色彩,先织上黑色的底色,再突出红色的花纹,就是禹、汤的智慧也不能达到。《淮南子》此处把圣王与能工巧匠相比,可以看出圣王有所不足,而能工巧匠之所擅长,其意并不是贬低圣王,而是强调具有中等资质的人,通过学习、修为,也可以成为某一方面的贤能之士。

《淮南子》认为,一个人知识的博寡跟其接触社会及学习"传统文化"的多少有紧密关系,《修务训》云:

> 今使人生于辟陋之国,长于穷榈漏室之下,长无兄弟,少无父母,目未尝见礼节,耳未尝闻先古,独守专室而不出门,使其性虽不愚,然其知者必寡矣。①

若使人生活在荒凉偏僻的国度,生长在破烂不堪的房屋里,从小没有父母兄弟,看不到社会礼仪,听不到先贤智慧,独守一室而足不出户,这样即使他天资聪颖,那么他所知道的必定很少。《修务训》认为,人们都是承先哲前贤之泽,通过学习这些"传统文化",才使自己变得聪明起来的。其云:

> 昔者,苍颉作书,容成造历,胡曹为衣,后稷耕稼,仪狄作酒,奚仲为车,此六人者,皆有神明之道,圣智之迹,故人作一事而遗后世,非能一人而独兼有之。各悉其知,贵其所欲达,遂为天下备。今使六子者易事,而明弗能见者何?万物至众,

---

① 何宁:《淮南子集释》,第 1342 页。

而知不足以奄之。周室以后,无六子之贤,而皆修其业;当世之人,无一人之才,而知其六贤之道者何?教顺施续而知能流通。由此观之,学不可已,明矣!①

文字、历法、衣服、五谷、酒酿、马车等都是先哲前贤发明的,他们掌握了"神明之道",创造出光辉的业绩。周朝以后,没有一个人具有先哲前贤的智慧,但都能了解他们的技艺,这是为什么呢?一代一代的教育和学习使得"传统文化"延续下来,先哲前贤的智慧得以流传至今。从这来看,"学不可已"是不言自明的道理。

《修务训》云:"今夫盲者,目不能别昼夜,分白黑,然而搏琴抚弦,参弹复徽,攫援摽拂,手若蔑蒙,不失一弦。使未尝鼓瑟者,虽有离朱之明,攫掇之捷,犹不能屈伸其指,何则?服习积贯之所致。故弓待檠而后能调,剑待砥而后能利。"②盲人不能辨别白天黑夜,也分辨不出黑色白色,但是却能够探亲抚弦,运用参弹、复徽等手法,收放自如而不会弹错一弦。没有学过弹琴的人,即使有明亮的双眼,有健全敏捷的手指,也不能收放自如地弹奏音乐,这是为什么呢?长期的学习、运用渐渐养成了习惯,习惯成自然。因此,弓弦必须通过"檠"的矫正才能调整好,宝剑必须等待磨刀石的砥砺才能锋利。也就是说,人通过修务、为学才能掌握比较专业的技巧和技艺,才能变得聪颖和智慧。

---

① 何宁:《淮南子集释》,第1342—1343页。
② 何宁:《淮南子集释》,第1343页。

三、"为学"是人、禽相异的关键

《淮南子》认为人禽的一个重要分别,是人能够学习他人的智慧,并因此具有创造性的能力,《修务训》云:

> 夫天之所覆,地之所载,包于六合之内,托于宇宙之间,阴阳之所生,血气之精,含牙戴角,前爪后距,奋翼攫肆,蚑行蛲动之虫,喜而合,怒而斗,见利而就,避害而去,其情一也。虽所好恶,其与人无以异。然其爪牙虽利,筋骨虽强,不免制于人者,知不能相通,才力不能相一也。各有其自然之势,无禀受于外,故力竭功沮。①

苍天所覆盖的,大地所承载的,包容在六合之内,寄托在宇宙之间,阴阳交合,产生带有血气的精灵。如嘴含利牙、头长触角、前有钩爪、后有尖距的兽类,如振翅而飞、自由搏击的鸟类,如爬行蠕动的虫类,高兴时就会合在一起,愤怒时就相互争斗,看见利益就争着靠近,遇到危险便各自离去,它们的性情是一样的。即使它们有所好恶,也与人并没有什么两样。它们虽有爪牙之利、筋骨之强,却免不了被人制服,是因为它们的智慧不能圆通,才智和能力不能协同。它们虽有天性,但没有接受外部学问来增加智慧,所以精力衰竭,无所作为。

《淮南子》的这种思想当是本自《荀子》,其《劝学篇》云:"学

---

① 何宁:《淮南子集释》,第1339—1341页。

恶乎始？恶乎终？曰：其数则始乎诵经，终乎读《礼》；其义则始于为士，终乎为圣人。真积力则入，学至乎没而后止也。故学数有终，若其义则不可须臾舍也。为之，人也；舍之，禽兽也。"① 致力于学习，方能成为人；不学习，与禽兽无异。《吕氏春秋》与贾谊《新书》虽然都有《劝学》篇，但并未把"为学"提升至人禽之辨的高度。《吕氏春秋》载："不疾学而能为魁士名人者，未之尝有也。"② 认为不勤奋学习则不可能成为贤士名人。贾谊认为舜与普通人的区别在于"黾勉而加志"，勤奋向学，志向坚定；而普通人则"僮僮而弗省"，嬉戏放纵，又不知反省③。他们只是把"为学"与否当作是人智慧相异的关键因素。

四、"修务""为学"与"生有荣名，死有遗业"

《淮南子》认为，才智一般的人通过为学、修务可以实现自立自强，以至于"死有遗业，生有荣名"，其云：

> 君子有能精摇摩监，砥砺其才，自试神明，览物之博，通物之壅，观始卒之端，见无外之境，以逍遥彷徉于尘埃之外，超然独立，卓然离世，此圣人之所以游心。若此而不能，闲居静思，鼓琴读书，追观上古，及贤大夫，学问讲辩，日以自娱，苏援世

---

① （清）王先谦撰，沈啸寰、王星贤点校：《荀子集解》，第11页。
② 许维遹撰，梁运华点校：《吕氏春秋集释》，第89页。
③ 谓门人学者：舜何人也？我何人也？夫启耳目，载心意，从立移徙，与我同性，而舜独有贤圣之名，明君子之实，而我曾无邻里之问（闻），宽徇之智者，独何与？然则舜俛勉而加志，我僮僮而弗省耳。见（汉）贾谊撰，梁运华、钟夏校注：《新书校注》，第296—297页。

事,分白黑利害,筹策得失,以观祸福,设仪立度,可以为法则,穷道本末,究事之情,立是废非,明示后人,死有遗业,生有荣名。如此者,人才之所能逮。然而莫能至焉者,偷慢懈惰,多不暇日之故。夫瘠地之民多有心者,劳也;沃地之民多不才者,饶也。由此观之,知人无务,不若愚而好学。自人君公卿至于庶人,不自强而功成者,天下未之有也。《诗》云:"日就月将,学有缉熙于光明。"此之谓也。①

如果不能像圣人那样"生而知之",则可以静心思考,鼓琴读书,探究先哲前贤的智慧,以贤士大夫为友,研究、辩论,每天从中得到快乐,探析人事,辨别黑白,斟酌利害,评估得失,观察祸福变化;设立礼仪制度,并作为行动的准则,探究"道"的来龙去脉,考察诸事的原委虚实。确立正确的,废除错误的,用来告诫后人;死后有传世的业绩,活着有显荣的美誉。这样的事,是人的才能所能实现的。但是却没有人能够达到这样的境界,则是由于松懈懒惰,无暇学习、修务造成的。贫瘠土地上的人,多有创业之心,这是身心勤劳的结果;肥沃土地上的人,多有不成器的人,这是充裕安逸的结果。从这里可以看出,聪明的人无所作为,还不如愚钝的人深思好学。从国君、公卿直到庶民百姓,不能发奋图强而能够成就功业的人,天下是没有的。因此《诗》中说:"日日有所成就,日日有所进步,积累学习,就能达到光明的境界。"说的就是这样的道理。

《淮南子》认为一个人生来所知甚为浅陋,通过学习而变得聪慧博学,《泰族训》云:

---

① 何宁:《淮南子集释》,第1344—1347页。

> 人之所知者浅,而物变无穷,曩不知而今知之,非知益多也,问学之所加也。①

人们生来所知是很肤浅的,而万物的变化是无穷无尽的。过去不知道而现在知道,不是变得更聪明了,而是靠学习研究增加了知识。

《淮南子》认为,人们基本都知道为学、修务的益处,但大都沉湎于嬉戏而无心向学,《泰族训》云:

> 人莫不知学之有益于己也,然而不能者,嬉戏害人也。人皆多以无用害有用,故智不博而日不足。以凿观池之力耕,则田野必辟矣;以积土山之高修堤防,则水用必足矣;以食狗马鸿雁之费养士,则名誉必荣矣;以弋猎博弈之日诵诗读书,闻识必博矣。故不学之与学也,犹瘖、聋之比于人也。②

没有不知道学习是有益于自己的,然而却不能够做到它,原因就是嬉戏危害了他。人们大都是以嬉戏无用之事妨害为学、修务的有用之事,因此见识狭隘,常常捉襟见肘。如果把挖凿池塘的力气用于耕稼,那么一定可以开垦出田地;如果把堆积假山的力量用于兴修水利,那么用水必定是充足的;如果把喂养各种宠物的费用用于招贤纳士,那么他的名声必定非常显耀;如果把游玩打猎下棋的时间用于诵读诗书、研究学问,他的见识必定十分广博。因此,不学习和为学之间有天壤之别,就好比聋哑人与正常人的差别。

---

① 何宁:《淮南子集释》,第1421—1422页。
② 何宁:《淮南子集释》,第1421页。

《淮南子》认为,凡是能够潜心向学的人,能够明了"天"与"人"的区别,能够通晓国家治乱的根本,《泰族训》云:"凡学者能明于天人之分,通于治乱之本,澄心清意以存之,见其终始,可谓知略矣。"

第二节 "贵是""喻道":"修务""为学"的基本原则

一、"贵是"原则

孔子说:"古之学者为己。"①《荀子》中说:"君子之学也,以美其身。"②他们都是认为,为学不是为了追名逐利,更不是为了获得他人的追捧,而是看重学习能否提升自己,自己能否把握事物本质。

汉初的社会风气是浮躁的,很多人追名逐利而不问其实际价值和意义。《修务训》云:"今剑或绝侧羸文,啮缺卷铩,而称以顷襄之剑,则贵人争带之;琴或拨剌枉挠,阔解漏越,而称为楚庄之琴,侧室争鼓之。"③一把被磨去棱边花纹、卷曲了锋刃的剑,被标榜为楚顷襄王佩带过的古剑,社会上尊贵人士就争相佩带;有一架走调、歪斜破损的琴,被标榜为楚庄王弹奏过的古琴,富贵人家就

---

① 《论语·宪问》,见(清)阮元校刻:《十三经注疏》,第2512页中。
② (清)王先谦撰,沈啸寰、王星贤点校:《荀子集解》,第13页。
③ 何宁:《淮南子集释》,第1358—1359页。

争相弹奏。

　　托名久远,附以华而不实的盛名,却有很多人趋之若鹜。社会风气如此,俚俗坊间的人如果不追求真正的学问,就很难从这种社会风气中超越。如果"为学",通达学问,就能明白是非清浊,就不会被这种华而不实的伎俩蒙骗,就不会追逐这种所谓的"风雅"。

　　《淮南子》还对托名神农、黄帝的现象进行了批判,其《修务训》云:"世俗之人,多尊古而贱今,故为道者必托之于神农、黄帝而后能入说。乱世暗主,高远其所从来,因而贵之。为学者蔽于论而尊其所闻,相与危坐而称之,正领而诵之。此见是非之分不明。"[1]世俗之人,大多是崇古而贱今的,所以迎合这种风气而宣扬自己的思想,便假托神农、黄帝的名义,许多不辨是非的人也非常乐意接受他们的学说主张。乱世的昏庸君主,总要粉饰得高深莫测以抬高自己;而有些为学者也被他们迷惑蒙蔽,尊崇他们听到的传闻,便聚在一起正襟危坐地称道它,一本正经地诵读它。这就说明这些人未曾明辨是非。这是"为学"者的大忌。为学,先要明辨是非,然后方可讲读传诵。如果一味崇古逐名,就会闹出许多笑话来。《修务训》云:"邯郸师有出新曲者,托之李奇,诸人皆争学之。后知其非也,而皆弃其曲,此未始知音者也。"[2]新谱的曲子托名古代的作曲家,就有人争相来学。后来知道曲子是近人新谱,就抛弃不学,这说明人们根本不知道真正的音乐。其云:"故有符于中,

---

[1] 何宁:《淮南子集释》,第1357—1358页。
[2] 何宁:《淮南子集释》,第1355页。

则贵是而同今古;无以听其说,则所从来者远而贵之耳。"①如果内心有明确的认识,就会看重"是"(内在的道理),就会同等看待古今的人和事,就不会被道听途说、托名久远的事情所迷惑。

"贵是而不贵古",尤其不贵"托古",这可以说是对当时托名"黄老"的学术风气是一种批判。"为学"关键要以"是"为贵,而不是以"古"为贵,更不是以"托古"之学为贵。为学"贵是",即追求真知,追求真理,使自己成为通达之人,就能不与世浮沉,超越尘俗。《修务训》云:

> 通人则不然。服剑者期于铦利,而不期于墨阳、莫邪;乘马者期于千里,而不期于骅骝、绿耳;鼓琴者期于鸣廉修营,而不期于滥胁、号钟;诵《诗》《书》者期于通道略物,而不期于《洪范》《商颂》。圣人见是非,若白黑之于目辨,清浊之于耳听。②

《淮南子》认为"为学"是要通达事理,而不是崇古逐名。

另外,《修务训》的作者把随波逐流的人比作"遗腹子之上陇,以礼哭泣之,而无所归心"③,没见过父亲的遗腹子去上坟,只是按照礼节哭祭,其内心深处并无哀悼之情。也就是说,必须要"知其所以然",行为言行才能切合内心。"为学"就是解决"所以然"的问题。在这里,《修务训》所表达的是一种贴近生活实际的务实的为学精神,其云:

---

① 何宁:《淮南子集释》,第1355页。
② 何宁:《淮南子集释》,第1361—1362页。
③ 何宁:《淮南子集释》,第1362页。

> 故美人者,非必西施之种;通士者,不必孔、墨之类。晓然意有所通于物,故作书以喻意,以为知者也。诚得清明之士,执玄鉴于心,照物明白,不为古今易意,撼书明指以示之,虽阖棺亦不恨矣。①

美女并非都要像西施那样,通达之士也并非一定是孔、墨之类。为学是要通达事理,著述立言是要阐明己意、启发智慧的。如果能得到清明通达之士指点迷津,则内心通达透彻,能看到事物的本质,不因古今而废真义,将书中的智慧传承下去,那么,此生便没有什么遗憾了。这段引文非常鲜明地表达了为学的目的。另外,从上面这段引文可以看出,《修务训》的思想虽与儒学有着诸多共通之处,但还是有着一定的差异,即:不尊崇孔子。这可以说是《修务训》学术的一个鲜明特点。

《淮南子》"贵是"的另一表现是不宗学派。《修务训》提出"通达之士,不必孔墨之类",既不尊孔,也不尊墨。就其内容来看,除了承继儒家,还旁通道家。对儒家的承继,前已论及。融通道家的例子,如引《庄子·庚桑楚》"南荣趎南见老聃"来论证"名可务立"。这里的"名"不是指浮华浅薄之声名,而是为学以通达事理、明照四海的博洽声名,云"南荣趎受教老聃一言",而"精神晓泠,纯闻条达,欣然七日不食,如飨太牢,是以明照四海,名施后世,达略天地,察分秋豪"②。由此可以看出,《修务训》的作者对《庄子》有深入研究。又如,《修务训》云"美人者,非必西施之种;

---

① 何宁:《淮南子集释》,第1362—1363页。
② (清)郭庆藩撰,王孝鱼点校:《庄子集释》卷八《庚桑楚》,中华书局2004年版,第769—817页。

通士者,不必孔、墨之类",应是本自陆贾《新语·思务》:"圣人不必同道""好者不必同色而皆美"①。《修务训》举例"毛嫱、西施"若不"修美",人或掩面而走,以此规劝人们为学以修美己身,此例当本自《管子·小称》②及贾谊《新书》③。这说明,《修务训》为了论证其观点,在采摘前人著述时,并没有既定的学派立场,而是以能够"晓然意有所通于物""喻意""为知"为基本标准。这也是"贵是""贵道"精神的落实。

有学者认为《淮南子》"贵是"的思想接近于古希腊的"爱智"④。笔者认为,《淮南子》"贵是"的观点,当是继承自《荀子·修身篇》"是是、非非,谓之知;非是、是非谓之愚"⑤的思想。《淮南子》的"贵是"思想,对王充有一定影响,王充说:"论贵是而不务华,事尚然而不高合。"⑥论述应看重正确而不追求浮华,叙事应崇尚真实而不要哗众取宠。

二、"喻道"原则

除了"贵是"之外,《淮南子》主张学习要学"道",要研究书籍所蕴含的思想。"为学"要"喻于道",《修务训》云:"通于物者,不可惊以怪;喻于道者,不可动以奇;察于辞者,不可耀以名;审于形

---

① 王利器:《新语校注》,中华书局1986年版,第168页。
② 黎翔凤:《管子校注》(中册),中华书局2004年版,第599页。
③ 阎振益、钟夏:《新书校注》,中华书局2000年版,第297页。
④ 徐复观:《〈淮南子〉与刘安的时代》,见徐复观:《两汉思想史》第2卷,第127页。
⑤ (清)王先谦撰,沈啸寰、王星贤点校:《荀子集释》,第24页。
⑥ 黄晖:《论衡校释》卷三〇《自纪篇》,中华书局1990年版,第1197页。

者,不可遁以状。"①掌握了事物的规律,就不会惊叹于一些怪异现象;明晓世间大道,就会不为奇谈巧论所动;明察巧辞,就不会被虚夸盛名迷惑;洞察一切,就不会被繁复假象蒙骗。而这些能力,都可以通过"为学"获得。

《兵略训》云:"夫有形埒者,天下讼见之;有篇籍者,世人传学之。此皆以形相胜者也。善形者弗法也,所贵道者,贵其无形也。无形则不可制迫也,不可度量也,不可巧诈也,不可规虑也。智见者人为之谋,形见者人为之功,众见者人为之伏,器见者人为之备。"②《说山训》云:"圣人终身言治,所用者非其言也,用所以言也。歌者有诗,然使人善之者,非其诗也。鹦鹉能言,而不可使长。是何则?得其所言,而不得其所以言。故循迹者,非能生迹者也。"③人云亦云并不是学习的态度,要研究"言""诗"蕴含的深刻道理,并尽可能"生迹",生发出新的思想、新的道理。《淮南子》反对"循迹"式的学习,而主张"生迹"式的学习。强调"生迹",是重在"作"而不是"述"。

"为学"除了服务于当下之外,还有更为深远的意义,即传承文明,遗泽后世。《修务训》云:

> 昔晋平公令官为钟。钟成,而示师旷。师旷曰:"钟音不调。"平公曰:"寡人以示工,工皆以为调。而以为不调,何也?"师旷曰:"使后世无知音者则已,若有知音者,必知钟之

---

① 何宁:《淮南子集释》,第1355页。
② 何宁:《淮南子集释》,第1067页。
③ 何宁:《淮南子集释》,第1107—1108页。

不调。"故师旷之欲善调钟也,以为后之有知音者也。①

《淮南子》认为,"为学"的目的是追求"是"和"道",同时也是使"是"和"道"传之久远。这种带着传承文明使命的"为学"精神,显示出非同寻常的境界追寻。这是每一个"为学"的学者都必须谨记在心的。追求智慧,培养理智,是"为学"的基本内涵,自觉肩负文明传承的历史使命,则属于"为学"的更高境界。

先秦为学,诸子争鸣,学派林立,互相辩难,于学术而言可谓蔚为大观,于社会发展而言,却鲜有能普遍地落实到社会生活中去。《吕氏春秋》成书于秦始皇统一六国之前,杂采百家之说,可谓是对诸子百家的总结。不过,秦始皇并未施行《吕氏春秋》的治国方略。秦朝二世而亡,于学术而言,建树甚微,破坏甚巨。刘汉王朝代秦而兴,学术发展进入一个高峰时期,儒、墨、道、法、阴阳五行、黄老道家等学说不同程度地开始"复兴"。由于秦代暴政对社会的危害,再加上后来的战乱,社会急需休养生息。道家、黄老学说成为适应社会发展的主流思想。随着社会经济的发展,社会财富激增,内忧外患层出不穷,"清静无为"的思想已不适应时代需求。刘安及其宾客,多是饱学之士,著书立说,以期通过学术努力推动社会发展。书稿完成,立即进献新即位不久的汉武帝。在这种历史大背景下,《淮南子》主张"修务""为学",并以"贵是""喻道"是"修务""为学"的基本原则,具有重要的时代价值。

---

① 何宁:《淮南子集释》,第1363页。

第六章 "种德而王,养民以公":
《淮南子》中的民本思想

《淮南子》中有丰富的民本思想。《泛论训》云"百家殊业而皆务于治",先秦诸子虽然论争不已,但基本的目的是"务于治",即致力于治道。就民本思想而言,儒家主张仁政爱民,以德和民,养民惠民等;道家主张君主"无为""好静""无欲"而实现"民化""民正""民富""民朴"等目的;法家是通过立法来"便民""利民"等。

关于民本思想,需要说明两点。首先是文献上的依据问题。学界普遍以"民惟邦本,本固邦宁"(《尚书·五子之歌》)为民本思想在文献上的最早依据,这恐怕是不妥当的,因为《五子之歌》一般被认为是属于伪古文《尚书》,不足为据。《管子》的"以人为本"(《霸言》篇),《老子》的"贵以贱为本,高以下为本"(第39章),《晏子春秋》的"以民为本"(《内篇问下·第二十一》),应是比《五子之歌》更可靠的文献依据。

第六章 "种德而王,养民以公":《淮南子》中的民本思想

其次是民本思想的内涵界定问题。《说文》云:"木下曰本。"①"本"的最初含义是指树根,引申为根本、根基。因此,"民本"可以简单地界定为政治以民众为根本、根基。关于民本思想的内涵问题②,张分田的界定比较中肯:民本思想的核心理念是"以民为本",基本思路是"立君为民""民为国本""政在养民"③,认为凡是核心理念、表述形式和基本思路符合上述特征的政治思想都属于民本思想范畴④。《淮南子》中的民本思想是对先秦诸子百家和汉初民本思想的继承和发展,但总的来说,《淮南子》的民本思想可概括为"根深则本固,基美则上宁"⑤,具体内容有三个方面:"种德而王"⑥,"养民以公"⑦,"兵之所以强者,民也"⑧。

第一节 "种德而王":"民本"的理论基础

殷周更替之后,"天命"的权威陷落,"德"的地位开始上升。

---

① (汉)许慎撰,(宋)徐铉校定:《说文解字》,第114页上。
② 学界普遍以《尚书·五子之歌》"民惟邦本,本固邦宁"作为民本思想在文献上的最早依据,这恐怕是不妥当的,因为《五子之歌》是属于伪古文《尚书》,不足为据。《管子》的"以人为本"(《霸言》篇),《老子》的"贵以贱为本,高以下为本"(第39章),《晏子春秋》的"以民为本"(《内篇问下·第二十一》),应是比《五子之歌》更可靠的文献依据。
③ 张分田、张鸿:《中国"民本思想"内涵与外延刍议》,《西北大学学报(哲学社会科学版)》2005年第1期。
④ 张分田:《关于深化民本思想研究的若干思考》,《江西社会科学》2004年第1期。
⑤ 何宁:《淮南子集释》,第1423页。
⑥ 何宁:《淮南子集释》,第1255页。
⑦ 何宁:《淮南子集释》,第610页。
⑧ 何宁:《淮南子集释》,第1087页。

统治者逐渐认识到"皇天无亲,惟德是辅"①,"皇天"并不私亲和偏向某一人,唯有借助"德"的辅弼才能保持政权的长久。因此,拥有政权的统治者要能做到"王惟德用"②、"明德慎罚"③,祭祀神明先祖,"黍稷非馨,明德惟馨"④,即要施行仁德之政。周文王、武王以偏安一隅之地取代殷商以及周朝初年的施政经验表明,"德"是膺行"天命"的最重要特质。以德理政,以德待民的思想被广为阐扬,如"凡民有丧,匍匐救之"⑤,"为政以德"⑥,"以德和民"⑦、"恤民为德"⑧、"务德而安民"⑨,"保民而王"⑩,"以德兼人者王"⑪,"为天下及国,莫如以德,莫如行义"⑫,"德布则功兴,百姓以德附"⑬,"德智长而治道得矣"⑭,等等,许多思想家都推崇仁德之政。

《淮南子》提出"种德而王"。《人间训》云:"三代种德而王",

---

① 《左传》僖公五年引《周书》,见(清)阮元校刻:《十三经注疏》,第1795页下。
② (汉)孔安国撰,(唐)孔颖达疏:《尚书正义》卷一四《梓材》,见(清)阮元校刻:《十三经注疏》,第209页上。
③ 《左传》成公二年引《周书》,见(清)阮元校刻:《十三经注疏》,第1896页下。
④ 《左传》僖公五年引《周书》,见(清)阮元校刻:《十三经注疏》,第1795页下。
⑤ (汉)郑玄笺,(唐)孔颖达疏:《毛诗正义》卷二《邶风·谷风》,见(清)阮元校刻:《十三经注疏》,第304页下。
⑥ (魏)何晏集解,(宋)邢昺疏:《论语注疏》卷二《为政》,(清)阮元校刻《十三经注疏》,第2461页下。
⑦ 《左传》隐公四年,见(清)阮元校刻:《十三经注疏》,第1725页下。
⑧ 《左传》襄公七年,见(清)阮元校刻:《十三经注疏》,第1938页下。
⑨ 《左传》哀公十年,见(清)阮元校刻:《十三经注疏》,第2165页下。
⑩ (清)焦循撰,沈文倬点校:《孟子正义》卷三《梁惠王上》,第79页。
⑪ (清)王先谦撰,沈啸寰、王星贤点校:《荀子集解》卷一〇《议兵》,第290页。
⑫ 许维遹撰,梁运华整理:《吕氏春秋集释》卷一九《上德》,第517页。
⑬ 王利器:《新语校注》卷一《道基》,第30页。
⑭ (汉)贾谊撰,阎振益、钟夏校注:《新书校注》卷五《保傅》,第184页。

第六章 "种德而王,养民以公":《淮南子》中的民本思想

"树黍者不获稷,树怨者无报德"①,夏、商、周三代的开国之君因种下仁德而称王,就像种黍不会收获稷,种下怨恨不会得到仁德的回报一样。"种德而王"思想是孔子"为政以德"和孟子"保民而王"思想融合的结果,这是从其思想史背景而言。还有另外一个时代背景不容忽视,这就是暴秦的速亡。暴秦的速亡警示着汉初思想家要特别重视总结暴秦二世而亡的沉痛教训。《淮南子》的作者们认为,秦朝之所以速亡,最重要的原因是不仁爱百姓:徭役繁重,苛捐杂税,"道路死人以沟量"②,认为刘氏政权之所以能够取代秦朝而统治天下,在于"为百姓请命于皇天"③。他们认为"国之所以存者,仁义是也"④,国家政权必须实行仁义德政才能存续。因此,为政者应轻徭薄赋,以德治民,使百姓能"各致其爱",《本经训》云:"上求薄而民用给,君施其德,臣尽其忠,父行其慈,子竭其孝,各致其爱,而无憾恨其间。"⑤为政者要注意"修德",这是非常重要的。《主术训》云"抱德推诚,天下从之,如响之应声,景之像形,其所修者本也"⑥,内修"德"并诚心诚意地以德施政,天下百姓才会服从统治。人心向背在于"德",在于为政者的"恩泽"。"豫让背其主而臣智伯",原因何在?"人之恩泽使之然也"。为政者的仁德恩泽是人心向背的关键。周能革殷命,也说明了这一点。"岂

---

① 何宁:《淮南子集释》,第1255页。
② 何宁:《淮南子集释》,第943页。
③ 何宁:《淮南子集释》,第943页。
④ 何宁:《淮南子集释》,第702页。
⑤ 何宁:《淮南子集释》,第601页。
⑥ 何宁:《淮南子集释》,第614页。

周民死节而殷民背叛哉？其主之义德厚而号令行也。"①百姓背殷向周,不是因为"天命",而是因为纣王残暴虐民,周文王、武王厚施德义于民。"德"成了"天命"转移的关键因素。可见,"善为政者积其德"②。因此,为政的君主要善于种德于民。具体而言,至少要做到以下三个方面：

首先,为政者要有仁爱之心。省事节用和"因民节文"更多是施政层面的,它的根据是为政者的仁爱之心,为政者能认识到这一点也是一种"智"。《泰族训》云：

> 仁知,人材之美者也。所谓仁者,爱人也；所谓知者,知人也。爱人则无虐刑矣,知人则无乱政矣。治由文理,则无悖谬之事矣；刑不侵滥,则无暴虐之行矣。上无烦乱之治,下无怨望之心,则百残除而中和作矣,此三代之所昌。故《书》曰："能哲且惠,黎民怀之。何忧讙兜,何迁有苗。"智伯有五过人之材,而不免于身死人手者,不爱人也；齐王建有三过人之巧,而身虏于秦者,不知贤也。故仁莫大于爱人,知莫大于知人,二者不立,虽察慧捷巧,劬禄疾力,不免于乱也。③

所谓"仁"是"爱人"之义,所谓"知"是"知人"之义。有爱人之心,则禁止对民众施用酷刑；知道民众的好恶,因民之好恶,就不会出现乱政。这是孔孟倡导的为政之道。君王可能"遍知万物",但如果"不知人道",那么"不可谓智"；君王可能"遍爱群生",但

---

① 何宁：《淮南子集释》,第 649 页。
② 何宁：《淮南子集释》,第 1065 页。
③ 何宁：《淮南子集释》,第 1435 页。

第六章 "种德而王,养民以公":《淮南子》中的民本思想

如果"不爱人类",则"不可谓仁"①(《主术训》)。真正的仁者是"爱其类"的,真正的智者是非常明白这一点的。仁爱必须是发自内心的,必须是真诚的,只是通过礼仪来呈现一种仁爱的态度是不够的,礼仪若无仁爱的贯注,也不足以"化民"。《齐俗训》云"礼丰不足以效爱,而诚心可以怀远"②,礼仪完备并不能彰显仁爱之心,唯有真诚之心才能怀柔天下。也只有这样才能达致"四海之内,一心同归"的境界:"上唱而民和,上动而下随,四海之内,一心同归,背贪鄙而向义理,其于化民也,若风之摇草木,无之而不靡。"③心怀真诚仁爱,则君王之德若风拂草木。这与孔子所谓"君子之德风,小人之德草,草上之风,必偃"(《论语·颜渊》)基本相同。君王心有仁德,则民亦以仁德之心拥戴君王。"无诸己,求诸人,古今未之闻也"④,君王心无仁德,而冀望民众有仁德之心,是不可能的事。

其次,为政者要"因民之所好而为之节文"。《泛论训》云:"圣人因民之所喜而劝善。"⑤根据民众的喜好而劝民向善。《淮南子》的作者认为"人之性有仁义之资",所以之前的圣王"因其所喜以劝善,因其所恶以禁奸",因此"刑罚不用而威行如流,政令约省而化耀如神"⑥。也就是说,为政者因民之性则"天下听从"。《泰族训》云:

---

① 何宁:《淮南子集释》,第 698 页。
② 何宁:《淮南子集释》,第 779 页。
③ 何宁:《淮南子集释》卷二〇《泰族训》,第 1406—1407 页。
④ 何宁:《淮南子集释》卷一〇《缪称训》,第 717 页。
⑤ 何宁:《淮南子集释》,第 975 页。
⑥ 何宁:《淮南子集释》,第 1387 页。

> 故先王之制法也，因民之所好而为之节文者也。因其好色而制婚姻之礼，故男女有别；因其喜音而正《雅》《颂》之声，故风俗不流；因其宁家室、乐妻子，教之以顺，故父子有亲；因其喜朋友而教之以悌，故长幼有序……此皆人之所有于性，而圣人之所匠成也。①

根据人们的喜好而制定礼乐，根据人们的伦理需要进行教化。为政者只需因顺人性定礼乐、序人伦、别尊卑，即可进行有效统治。这样，为政者就好比是一个高明的"匠人"。所谓"匠人"，并不是去变易人性，而是因顺人性。大禹治水，因水之性，决江浚河，东注于海。商汤、周武王以相对较少的武装力量讨伐夏桀、殷纣而能取得胜利，是因民之欲，"故能因，则无敌于天下矣"②。

最后，为政者要省事、节用。《主术训》云："君人之道，处静以修身，俭约以率下。静则下不扰矣，俭则民不怨矣；下扰则政乱，民怨则德薄；政乱则贤者不为谋，德薄则勇者不为死。"如果为政者"好鸷鸟猛兽，珍怪奇物，狡躁康荒，不爱民力，驰骋田猎，出入不时；如此，则百官务乱，事勤财匮，万民愁苦，生业不修矣"。尧之所以是圣王，是因为他"身服节俭之行，而明相爱之仁，以和辑之"③。贪爱鸟兽珍物而不知俭约，则民怨沸腾，万民愁苦，政权就会处于危险的境地。《泰族训》云："为治之本，务在宁民；宁民之本，在于足用；足用之本，在于勿夺时；勿夺时之本，在于省事；省事

---

① 何宁：《淮南子集释》，第1386—1387页。
② 何宁：《淮南子集释》卷二〇《泰族训》，第1385页。
③ 何宁：《淮南子集释》，第650页。

之本,在于节用"①,为政之本在于宁民,勿夺农时才能足用,因此要省事、节用。

从以上论述可以看出,《淮南子》"种德而王"的思想,从其基本倾向来看,受先秦儒家的影响最大。《淮南子》从"务于治"的角度论说"德""仁""义",并援引大禹、周公等进行论证,这与先秦儒家立论的基本理路是一致的。

第二节 "养民以公":"民本"的基本路径

"种德而王"不能只是"口惠而实不至"的漂亮口号,还必须依靠实在的施政实践来实现,即要通过切实的政治实践来施行仁德之政。"养民"是仁德之政的应有之义。

"养民"一词见于《论语》《晏子春秋》《管子》《荀子》《新语》《新书》等典籍。《论语·公冶长》云"其养民也惠"②,《晏子春秋·内篇问上》云"养民不苛"③,《管子·形势解》云"民者,所以守战也,故虽不守战,其治养民也,未尝解(即懈)惰也"④,《荀子》的《富国篇》云"垂事养民"、《大略篇》云"不富无以养民情"⑤。陆

---

① 何宁:《淮南子集释》,第1413页。
② 见(清)阮元校刻:《十三经注疏》,第2474页中。
③ 吴则虞编著:《晏子春秋集释》卷三《内篇问上第三》,中华书局1962年版,第221页。
④ 黎翔凤撰,梁运华整理:《管子校注》卷二〇《形势解》,第1179页。
⑤ (清)王先谦撰,沈啸寰、王星贤点校:《荀子集解》,第188、498页。

贾《新语·道基》有"以用养民"①的说法,贾谊《新书·礼》有"礼者,自行之义,养民之道也"②的论述,韩婴《韩诗外传》有"能制天下,必能养其民也"③的思想。《老子》《庄子》中虽没有"养民"之词,但也有养民的思想,《老子》云:"我无为而民自化,我好静而民自正,我无事而民自富,我无欲而民自朴。"④简言之,为政者通过"无为"养民。《庄子·马蹄》云"彼民有常性,织而衣,耕而食,是谓同德,一而不党,命曰天放"⑤,以"天放"养民。"天放"也是一种顺其自然的"无为",与《老子》相同。通过以上文献可以看出:孔子主张以惠养民;晏子主张以宽养民;《管子》的养民是为了备战,并未明确养民的具体策略;《荀子》的作者主张以富养民,陆贾主张以用养民,贾谊主张以礼养民;《老》《庄》以"无为""天放"养民。

《淮南子》提出"养民以公"的理念。《淮南子·原道训》云"与民同出于公"⑥;《主术训》云"养民以公","不偏一曲,不党一事","是以中立而遍,运照海内,群臣公正,莫敢为邪,百官述职,务致其公迹也","公道通而私道塞"⑦。《诠言训》云:"处尊位者,以有公道而无私说,故称尊焉。"⑧《说山训》云:"公道不立,私欲

---

① 王利器:《新语校注》卷一《道基》,第12页。
② (汉)贾谊撰,阎振益、钟夏校注:《新书校注》卷六,第216页。
③ (汉)韩婴撰,许维遹校注:《韩诗外传集释》卷三第二十章,第103页。
④ (魏)王弼注,楼宇烈校释:《老子道德经注校释》,中华书局2008年版,第150页。
⑤ (清)郭庆藩撰,王孝鱼点校:《庄子集释》卷四中《马蹄》,第334页。
⑥ 何宁:《淮南子集释》,第60页。
⑦ 何宁:《淮南子集释》,第610、645、660页。
⑧ 何宁:《淮南子集释》,第1018页。

第六章 "种德而王,养民以公":《淮南子》中的民本思想

得容者,自古及今,未尝闻也。"①《修务训》云:"私志不得入公道,嗜欲不得枉正术。"②"养民以公"的"公",高诱注曰"正"。《韩非子·五蠹》认为"自环者谓之私,背私谓之公"③,《说文》释"公"为"平分"④。所谓"养民以公"应是指为政者应以公正、平允、无私来养民。具体而言,是为政者与民众合力,利用天地之资,实现五谷丰登,民足国富;崇公抑私,把"养民"作为政治的本分和自觉。

首先,表现在君、民、天、地之间的关系上。《主术训》云:"昔者神农之治天下也,神不驰于胸中,智不出于四域,怀其仁诚之心。甘雨时降,五谷蕃植,春生夏长,秋收冬藏,月省时考,岁终献功,以时尝谷,祀于明堂。明堂之制,有盖而无四方,风雨不能袭,寒暑不能伤,迁延而入之,养民以公。其民朴重端悫,不纷争而财足,不劳形而功成。因天地之资而与之和同,是故威厉而不杀,刑错而不用,法省而不烦。故其化如神。"⑤在《主术训》的作者看来,神农统治天下之道是:精神恬静,智慧施于疆域之内,怀抱仁诚之心,献祭五谷馨香于明堂,以公正之心养民,其民朴实端正,没有纷争且财用充足,事半功倍,因天地之资源而获得丰硕的财富,与天地融为一体,威厉、刑罚等法律无用武之地,以此化育万民,如有神助。据此,可以看出"养民以公"有三个层面:第一,为政者要抱仁诚之心,用智于辖域之内,并且要"月省时考";第二,民众效法为政者之仁诚,因时而力耕,"春生夏长,秋收冬藏",辛勤劳作;第三,丰收后,

---

① 何宁:《淮南子集释》,第1140页。
② 何宁:《淮南子集释》,第1322页。
③ (清)王先慎撰,钟哲点校:《韩非子集解》,中华书局1998年版,第450页。
④ (汉)许慎撰,(宋)徐铉校订:《说文解字》,中华书局2013年版,第22页下。
⑤ 何宁:《淮南子集释》,第610页。

为政者代表天下百姓献五谷馨香祭于明堂,感谢天地先祖的佑护,丰收成果天地人共享。简言之,为政者与民众合力,利用天地之资,实现五谷丰登,民足国富。这里"公"含有天、地、人之意,"人"包括君、吏和民等所有的社会人。

其次,"与民同出于公",即为政者与百姓同出于公正之心。具体而言,即是凡能"利民""周事"的思想都可以纳入治道范畴。《泛论训》云:"先王之制,不宜则废之,末世之事,善则著之,是故礼乐未始有常也。故圣人制礼乐,而不制于礼乐。治国有常,而利民为本;政教有经,而令行为上。苟利于民,不必法古;苟周于事,不必循旧","百川异源而皆归于海,百家殊业而皆务于治。"① 无论古今,无论儒家法家道家,无论雅俗,只要能"利于民"、能"周于事",都可以作为施政的策令。这种"法与时变""礼与俗化""各便其用""各因其宜"的实用理性,表现出鲜明的包容性。"治国有常,而利民为本"是典型的民本思想的表现。这种不拘泥于某种思想流派,不拘泥于古今雅俗的理性精神,把古今雅俗的思想都作为施政的思想来源,以期做到"利民""周事",具有鲜明的特点。这淡化了门户之见,也与当时崇古的风气不同,其公正平允的态度,表现出强烈的务实性。

最后,为政者要崇公抑私。《主术训》云:"不偏一曲,不党一事。是以中立而遍,运照海内,群臣公正,莫敢为邪,百官述职,务致其公迹也。"② 为政者要不偏不倚,中立为公,这样官吏就能尽职为公。"人主诚正,则直士任事,而奸人伏匿矣;人主不正,则邪人

---

① 何宁:《淮南子集释》,第 921—922 页。
② 何宁:《淮南子集释》,第 645 页。

第六章 "种德而王,养民以公":《淮南子》中的民本思想

得志,忠者隐蔽矣"①,因此"人主"应"执正持平"②,这样,才能"公道通而私道塞"③,公道畅通,私道滞塞。《淮南子》的作者谴责那种"释公而就私,背数而任己"④的行为,认为施政者之所以能够"处尊位",在于"有公道而无私说"⑤,认为"公道不立,私欲得容者,自古及今,未尝闻也"⑥,因此主张"私志不得入公道,嗜欲不得枉正术"⑦。《淮南子》的这种观点,具有明显的崇公抑私的特质。承认人的私欲私志,但强调私欲、私志不能"入公道",不能"枉正术",国家机器的正常运转必须以"公道""正术"为基本依据。这表面上看是一种御臣之术,但实际仍是养民、利民的策略。因为"权势之柄,其以移风易俗"⑧,使社会上下保持一种行"公道""正术"的风气,则"国家治,上下和,群臣亲,百姓附"⑨。否则,"国家危,上下乖,群臣怨,百姓乱"⑩,百姓乱,则政权危矣。

前引《淮南子》"为治之本,务在于安民;安民之本,在于足用;足用之本,在于勿夺时;勿夺时之本,在于省事;省事之本,在于节欲;节欲之本,在于反性;反性之本,在于去载",与《大学》所云"古之欲明明德于天下者先治其国,欲治其国者先其家,欲齐其家者先修其身,欲修其身者先正其心,欲正其心者先诚其意,欲诚其意者

---

① 何宁:《淮南子集释》,第641页。
② 何宁:《淮南子集释》,第642页。
③ 何宁:《淮南子集释》,第660页。
④ 何宁:《淮南子集释》,第1007页。
⑤ 何宁:《淮南子集释》,第1018页。
⑥ 何宁:《淮南子集释》,第1140页。
⑦ 何宁:《淮南子集释》,第1322页。
⑧ 何宁:《淮南子集释》,第643页。
⑨ 何宁:《淮南子集释》,第641页。
⑩ 何宁:《淮南子集释》,第641页。

先致其知,致知在格物"①,理路基本相同,都是从治国层面,推进至修身层面。《淮南子》所谓的"括囊"应是喻指慎守内心,抱神以静,其追求的是自正与得己。这与《象传》的解说较为接近,而与《二三子》《易之义》、王弼注及孔颖达的解说相去甚远。《象传》及《淮南子》有"慎独"的修身意味,而《二三子》《易之义》、王弼注及孔颖达的解说则倾向于慎防小人之言。

《淮南子》的作者还把"养民"提到一种执政者人性自觉和政治本分的高度,主张"养民"并不全是"求用",还要有更高的追求,把"养民"的理念当作一种不能自已的本性:"圣人之养民,非求用也,性不能已。"②这里所谓"圣人",从人的德行,而不是政权的长治久安,进行阐释,这是值得重视的。这个视角,几乎跳脱了君王民本思想存在的"假公济私"的可能导向,直接从圣人养民、爱民之性不能自已的高度进行论证。这在某种意义上,与孟子从性善到仁政的路径是一致的。《缪称训》的作者从"慈父之爱子,非为报也,不可内解于心"③推出"圣人之养民,非求用也,性不能已",把不求回报的父子之爱推扩到政治上,圣人养民爱民,也像慈父爱子一样,不求回报,且不能自已。这比孟子"以不忍人之心行不忍人之政"要简洁许多。不过,可惜的是,《缪称训》的作者并未像孟子那样建立一个完备的思想体系。这也是《淮南子》的局限所在。《泰族训》中说:"所谓有天下者,非谓其履势位,受传籍,称尊号

---

① 见(清)阮元校刻:《十三经注疏》,第1673页上。
② 何宁:《淮南子集释》,第714—715页。
③ 何宁:《淮南子集释》,第714页。

第六章 "种德而王,养民以公":《淮南子》中的民本思想

也;言运天下之力,而得天下之心。"①真正拥有天下的统治者,并不是说拥有权位尊号的人,而是指那些能够"运天下之力""得天下之心"的人,提出"养民得其心"的观点。从这里可以看出,《淮南子》的作者对政权的正当性有着非常深刻的认识,民心所向,民力所运,才是政权正当性所在。说圣人养民"非求用也",这本身也是一种"公"的追求。

第三节 "兵之所以强者,民也":民本思想的军事价值

百姓家给人足,衣食无忧,政通人和,似乎已经实现了仁德之政。不过,这还不够,还要有足够的军事实力来保障这一切,用今天的话说就是要有强大的国防力量为国泰民安提供保障。《孙子兵法》云:"兵者,国之大事,死生之地,存亡之道,不可不察也"②,军队建设是事关国家生死存亡的大事,必须高度重视。自春秋时期始,诸侯交战频仍,军事成为各诸侯国的"生命线"。孔子曾以"足食""足兵""民信之"论为政之道③,可见"兵"与"民"在政治统治中的重要地位。《孙子兵法》云"令民于上同意也,故可以与之死,可以与之生,而不畏危"④,若君民一心,则无亡国之忧。孙

---

① 何宁:《淮南子集释》,第1414页。
② (春秋)孙武撰,(三国)曹操等注,杨丙安校理:《十一家注孙子校理》卷上《计篇》,中华书局2012年版,第1—2页。
③ 《论语·颜渊》,见(清)阮元校刻:《十三经注疏》,第2503页中。
④ (春秋)孙武撰,(三国)曹操等注,杨丙安校理:《十一家注孙子校理》卷上《计篇》,第4页。

膑认为军事的强大"在于休民"①,即与民休养生息;"天地之间,莫贵于人","天时、地利、人和,三者不得,虽胜有殃"②,强调战争中人(民)的重要性。孟子认为"人和"更为重要:"天时不如地利,地利不如人和"③,把人(民)的支持置于最重要的地位。《吕氏春秋》的作者们认为:"兵诚义,以诛暴君而振苦民,民之说也"④,举兵要本着"义"的原则,要"诛暴君""振苦民",这样才能获得"民"的支持和拥护,这样的军队才能战无不胜。从以上引文可见,在先秦的军事思想中有丰富的民本思想。

《韩诗外传》借荀子之口提出:"夫兵之要,在附亲士民而已。"⑤《淮南子》有《兵略训》篇,专门探讨"兵"道,其中也有丰富的民本思想,认为"兵之所以强者,民也",军队强大的关键在于民的拥护。具体而言,主要有以下几个方面:

首先,以民为本的政治是军事强大的根本。《兵略训》云:"治国家,理境内;行仁义,布德惠;立正法,塞邪隧;群臣亲附,百姓和辑;上下一心,君臣同力;诸侯服其威,而四方怀其德;修政庙堂之上,而折冲千里之外;拱揖指撝而天下回应,此用兵之上也。"⑥治理国家,整治境内;推行仁义,布施德惠;建立合乎公义的法规,堵塞奸邪之道,使群臣亲近归附,百姓和洽;上下同心,君臣协力;诸侯信服他的威力,四方之民感怀他的德泽;修治政事于庙堂之上,而御敌

---

① 张震泽:《孙膑兵法校理·篡卒》,中华书局1984年版,第54页。
② 张震泽:《孙膑兵法校理·月战》,第59页。
③ (清)焦循撰,沈文倬点校:《孟子正义》卷八《公孙丑下》,第251页。
④ 许维遹撰,梁运华整理:《吕氏春秋集释》卷七《荡兵》,第162页。
⑤ (汉)韩婴撰,许维遹校注:《韩诗外传集释》卷三第三十六章,第124页。
⑥ 何宁:《淮南子集释》,第1055—1056页。

第六章 "种德而王,养民以公":《淮南子》中的民本思想

于千里之外,从容安舒,指挥若定,而天下响应,这是用兵的上策。又云:"兵之胜败,本在于政。政胜其民,下附其上,则兵强矣;民胜其政,下畔其上,则兵弱矣。故德义足以怀天下之民,事业足以当天下之急,选举足以得贤士之心,谋虑足以知强弱之势,此必胜之本也。"①战争的胜败,根本在于政治。百姓支持政治,臣下归附国君,那么军队就会强大;若百姓对政治不满,臣下背叛国君,那么兵力就减弱。因此施行德泽、奉行大义完全能够感化天下的百姓,事业成就完全可以应对天下的危急,举荐贤才完全能够得到贤人的心愿,计谋思虑完全能够知道强弱的形势,这是取得胜利的根本。可以看出,《淮南子》的作者把以民为本的政治作为军事强大的根本。

其次,为政者要"因民之欲""因民之虑"、与民同利。《兵略训》云:"兵者,所以禁暴讨乱也"②,军队的存在是为了防止暴力和讨伐叛乱。又云:"因民之欲,乘民之力,而为之去残除贼也。故同利相死,同情相成,同欲相助。顺道而动,天下为向;因民而虑,天下为斗。"③根据人民的愿望,借助人民的力量,替他们消除残暴。利益相同,可以相勉以死;志趣相同,可以众志成城;欲求相同,可以团结协助。顺应大道而行动,天下人才会响应;按照人民意愿而计议战事,天下人才会前赴后继。又云:"兵之所以强者,民也;民之所以必死者,义也。"④军队之所以强大,是因为有不怕死的百姓,百姓之所以不怕牺牲,是因为道义公心。

---

① 何宁:《淮南子集释》,第 1059 页。
② 何宁:《淮南子集释》,第 1045 页。
③ 何宁:《淮南子集释》,第 1053—1054 页。
④ 何宁:《淮南子集释》,第 1087 页。

《兵略训》云:"杀无罪之民,而养无义之君,害莫大焉;殚天下之财,而澹一人之欲,祸莫深焉。"①杀戮无辜的百姓而奉养没有道义的君主,害莫大焉;耗尽天下资财来满足一人的贪欲,祸莫大焉。夏桀、殷纣、晋厉王、宋康王等皆因自私自利、欲壑难填而身死国亡。因此,"肆一人之邪,而长海内之祸,此大伦之所不取也"②,放纵一个人的邪恶而增加天下的灾祸,这是伦常大道所不能容许的。陈胜于大泽乡揭竿而起,应者云集,秦王朝的统治急速而亡,原因是"积怨在民"。

综上所述,《淮南子》"根深则本固,基美则上宁"的民本思想主要内容有三个方面:"种德而王""养民以公"和民为兵本。"种德而王"是指施行仁德之政,具体而言指省事、节用;根据百姓的需求制定礼乐制度,仁政爱民。百姓沐浴此种仁政德泽,才能政通人和。"养民以公"即指为政者与民众合力,利用天地之资,实现五谷丰登,民足国富;私志不得干涉公道,把"养民"作为政治的本分。民为兵本是指以民为本的政治是军事强大的根本,军队要"因民之欲""因民之虑"、与民同利,以保护百姓的生命财产安全为最高价值所在。这是一种具有超越政治制度的智慧和理性。

《淮南子》的民本思想具有鲜明的时代色彩。《淮南子》成书的时间下限是建元二年(前139)。此时的汉朝经历了文景之治,年轻的汉武帝刚刚登基,实权仍在窦太后的掌握之中。此时的汉代表面上仍宗奉黄老之术,但儒家的潜流已经日趋活跃。社会财

---

① 何宁:《淮南子集释》,第1045页。
② 何宁:《淮南子集释》,第1045页。

第六章 "种德而王,养民以公":《淮南子》中的民本思想

富的丰富以及北部边境匈奴长年为患,"休养生息"的无为思想已渐渐不符合时代的发展。此时汉代面临许多问题,除了边患以外,还有诸侯王与中央集权的矛盾,社会上的盲目崇古之风,等等。就政治而言,"休养生息"虽说也是一种民本思想,但这是一种消极的民本思想,无益于解决边患,也无益于加强中央集权。儒学的积极有为比抱朴无为的道家思想更适合时代的需要。汉武帝即位之初起用儒生赵绾、王臧,是一种时代发展的需要。虽然窦太后除去了赵、王二人,年轻的汉武帝不得不暂时遵奉黄老思想。窦太后去世后,儒学的地位开始真正提升。《淮南子》的主编刘安及其作者们,都是饱学之士,对这一社会发展趋势不可能视若无睹。从《淮南子》"种德而王""养民以公"的思想来看,本质上可以说是一种儒家的立场,其民为兵本的主张可以说是儒家民本思想在军事上的应用。从这个意义上讲,《淮南子》的民本思想深刻地契合着景帝、武帝之际的社会发展的趋势。《淮南子》的作者们的目的是通过思想的整合达到政治的强大,具体而言是实现富国强兵,内可以安居乐业,外可以抵御外侮。

传统社会中,"治权"在"君",并不在于"民",所谓"以民为本"也只可能是工具性的,而非目的性的。正如有的学者指出的:目的性的"以民为本"是把保护民众利益、关心民众福祉自身当作政治追求的终极价值;而工具性的"以民为本"则是把保护民众利益、关心民众福祉当作维持君主统治的有效手段。这二者在精神实质上有天壤之别①。《淮南子》的民本思想也不是例外,其民本

---

① 刘清平:《儒家民本思想:工具性之本,还是目的性之本》,《学术月刊》2009年第8期。

思想也是工具性的。不过,审视其民本思想,经过现代价值转换,仍有许多有益的意义和价值。"养民以公"及"种德而王"可以"权为民所用,利为民所谋,情为民所系"进行现代价值转换。现今政治上的"以人为本"是一种价值追求,这种追求需要通过一定的路径来实现。在实现"以人为本"价值的具体路径上,《淮南子》的民本思想具有积极的现代价值。例如,把"养民"当作政治本身的一种价值追求,当作为政者的一种价值自觉,对于当今社会的政治仍具有积极意义。"养民以公"与"为人民服务"有着共通之处,崇公抑私,私志私欲不得与公道公事纠缠在一起,对当下的反腐倡廉、厉行节俭具有一定启发意义。现代政治意义上的人本或民本,是一种价值追求,"养民以公""种德而王"的思想可以作为这种价值追求的历史支撑。关于其中的《兵略》篇,徐复观认为它"总结了古代的军事思想,一直到现在还有它的精深意义",他甚至计划据此写一篇"中国古代军事思想"的文章①,而《兵略》的军事思想之所以"精深",一个重要的原因应是其中有丰富的民本思想。这对当今中国的国防建设仍具有重要的启发意义。

---

① 徐复观:《〈淮南子〉与刘安的时代》,参见徐复观:《两汉思想史》第2卷,第177页。

第七章　自我提升的具体路径：修务、为学

在《淮南子》的作者们看来，无论是"君子"人格，还是各种才学，都是可以通过自身的"修务"而实现的。每个人在道德、学识面前都是平等的，通过"修务""为学"可以实现自我提升。这一思想理念主要反映在《修务训》中。

《修务训》主要分为两部分内容，前半部分讲"无为"，后半部分讲"为学"。《修务训》研究"无为"是从批驳道家"无为"开始的，经过针锋相对的论证，然后提出"无为"的新含义。从其提出问题到论证过程来看，《修务训》的"无为"不可能是道家无为思想的创新。后半部分讲"为学"，同样是从批驳道家对待学问的态度提出的。从其批驳道家的力度和论证为学的种种表述来看，《修务训》的作者有着极深的儒学素养，尤其是对《荀子·劝学篇》有着精深的研究，并遵信儒家"为学"思想。从这个意义上来说，《修务训》基本上是儒家立场的论辩。高诱谓《淮南子》"旨近《老子》"，概是从《原道训》《俶真训》等诸篇生发议论的，但从《淮南

子》的二十篇总体来看,高诱所论并不恰切。

《修务训》讨论"为学",就其针对道家"为学"态度而言,可见当时社会"非学",即非议为学、非议学问的风气是比较流行的。在此种社会风气下,倡言"为学"对人生、对社会的功能就显得尤其珍贵。

第一节 "为学"的四重目标

《修务训》的为学思想有明确的目标,总括来说有四重目标,即完善自我、通达事理、提升境界、无为而治。

一、完善自我

首先,《修务训》认为,人可以通过为学来完善自我。当时社会,"世俗废衰,而非学者多",道家学者认为,"人性各有所修短,若鱼之跃,若鹊之駮,此自然者,不可损益",人性各有长短,像鱼在水中游,鸟鹊在枝头跳跃,都是自然而然的,不可以进行损益。《修务训》的作者针对这一社会风气提出"夫鱼者跃,鹊者駮也,犹人马之为人马,筋骨形体,所受于天不可变",若因鱼鹊人马的筋骨形体受之于天而认为不可变,不可损益,则荒诞不经。从生活的经验可以知道:"夫马之为草驹之时,跳跃扬蹄,翘尾而走,人不能制,啮咋足以噆肌碎骨,蹶蹄足以破颅陷匈",若以道家学者论之,则马驹之筋骨形体受之于天,则其习性不能改变损益,不过事实并不是如此。"及至圉人扰之,良御教之,掩以衡扼,连以辔衔,则虽历险超堑弗敢辞","故其形之为马,马不可化;其可驾御,教之所为也。""马,聋虫也",马并听不懂人的语言,"而可以通气志,犹待教而成",但可以通过驯教而使其为人类所用,"又况人乎",作为具有聪明才智的人来说,难道还不如马吗?这是通过驯马的比喻来劝诫人们为学以完善自我。

接下来,《修务训》的作者从"为学"的角度对人进行了分类:

> 且夫身正性善,发愤而成仁,帽凭而为义,性命可说,不待学问而合于道者,尧、舜、文王也;沉湎耽荒,不可教以道,不可喻以德,严父弗能正,贤师不能化者,丹朱、商均也。曼颊皓齿,形夸骨佳,不待脂粉芳泽而性可说者,西施、阳文也;啳睽哆噅,蘧蒢戚施,虽粉白黛黑弗能为美者,嫫母、仳倠也。夫上不及尧、舜,下不及商均,美不及西施,恶不若嫫母,此教训之所谕也,而芳泽之所施。①

在这段论述中,《修务训》的作者把人的才智划分为三个方面:一是"身正性善"者,其"发愤而成仁,帽凭而为义,性命可说","不待学问而合于道者",尧、舜、文王属于这一类。二是"沉湎耽荒"者,"不可教以道,不可喻以德,严父弗能正,贤师不能化",丹朱、商均属于这一类。三是"上不及尧舜,下不及商均"者,需要"为学",接受"教训之所谕"。这一点类似于孔子所谓:"生而知之者,上也;学而知之者,次也;困而学之,又其次也;困而不学,民斯

---

① 何宁:《淮南子集释》,第1330—1331页。

为下矣。"(《论语·季氏》)在知识和为学方面,孔子把人分成了四类:生而知之者、学而知之者、困而学之者、困而不学者。"生而知之者"相当于《修务训》所谓"不待学问而合于道者";"困而不学者"相当于"沉湎耽荒"者;而"学而知之者、困而学之者"相当于"上不及尧舜,下不及商均"的中等才智的人。《修务训》指出,即使如尧、舜、文王这样的圣贤,也是通过自身努力获得知识和智慧的:"身正性善,发愤而成仁,帽凭而为义,性命可说,不待学问而合于道者",他们天生正直,本性善良,努力发愤而成就仁德,积思慷慨而为正义化身,性命有善令人欢悦,不必冥思苦学便可以与大道相合。高诱注此句有云:"圣人不学而知之",这明显是继承孔子的说法。不过,孔子说"生而知之"并没有明确的指向,《修务训》认为尧、舜、文王"不待学问而合于道",从某种意义上可说是继承了孔子的观点。不过,《修务训》的作者对"生而知之"作了更为细致的说明,并强调了圣人并非生来就具有知识和智慧,他们是通过自身创造性的学习,即通过生活实践,而不是拜师读书,来获得知识和智慧。他们天分极高,无师自通,给人以"生而知之"的错觉。在《修务训》的前半部分,大量论述了圣人忧虑天下、积极作为、为民谋利的种种事迹,也可作为"身正性善,发愤而成仁,帽凭而为义,性命可说,不待学问而合于道"的注脚。从这方面看,《修务训》基本解决了圣人"生而知之"的问题。

简言之,圣人通过自身创造性的实践活动获得知识和智慧,使自己成为知识和智慧的原点;而中等才智的人通过学习圣人的知识和智慧来完善自己;而那些优游耽荒无暇为学或不屑于为学的人很难完善自我。

另外,总编《淮南子》的刘安,正可谓是通过"为学"完善自我的一个典范。《汉书》刘安本传记载:

> 招致宾客方术之士数千人,作为《内书》二十一篇,《外书》甚众,又有《中篇》八卷,言神仙黄白之术,亦二十余万言。时武帝方好艺文,以安属为诸父,辩博善为文辞,甚尊重之。每为报书及赐,常召司马相如等视草乃遣。初,安入朝,献所作《内篇》,新出,上爱秘之。使为《离骚传》,旦受诏,日食时上。又献《颂德》及《长安都国颂》。每宴见,谈说得失及方技赋颂,昏莫然后罢。①

由此可知,刘安是一个立志为学的人,前引本传"不喜弋猎狗马驰骋",亦可反证《修务训》对"沉湎耽荒"的批判是来自于现实生活的实际,尤其是自身的实际。在《泰族训》中也有类似的论述:"人莫不知学之有益于己也,然而不能者,嬉戏害人也。人皆多以无用害有用,故智不博而日不足。"除了喜爱读书之外,还招揽饱学之士编纂书籍,立言于世,足见刘安是志趣宏大的博学之士。每次被汉武帝宴见,谈论政治得失以及方术技艺、诗词歌赋,都能谈论到日薄西山方才作罢。由此来看,《修务训》所论述的"为学"思想,与刘安的实际生活和思想理路是非常吻合的。虽然没有证据表明《修务训》是刘安所作,但至少可以说《修务训》的作者也有着与刘安一样明晰的为学思想和强烈的治学精神。从这个意义上可以说,《修务训》的为学思想不单纯是一种理论的说教和

---

① 班固:《汉书》(第7册),中华书局1962年版,第2145页。

劝勉,它还是一种以身作则的坚持和证明,这也正符合儒家的为学思想。

二、通达事理

为学除了完善自我外,还有一个重要目的:通达事理。为学不是为了追名逐利,更不是因为被人标榜旷古的盛名而去追逐它,而要问它是什么,有什么价值,能否提升自己,能够使自己获得把握事物本质的智慧。

不过,当时的社会风气是浮躁的,是追名逐利而不问其实际价值和意义的。《修务训》云:

> 今剑或绝侧赢文,啮缺卷铻,而称以顷襄之剑,则贵人争带之;琴或拨刺枉挠,阔解漏越,而称为楚庄之琴,侧室争鼓之。①

一把被磨去棱边花纹、卷曲了锋刃的剑,被标榜为楚顷襄王佩带过的古剑,社会上尊贵人士就争相佩带;有一架走调、歪斜破损的琴,被标榜为楚庄王弹奏过的古琴,富贵人家就争相弹奏。托名久远,附以华而不实的盛名,然而却有很多人趋之若鹜。社会风气使然,俚俗坊间的人如果不追求学问,就很难从这种社会风气中超越。如果"为学",通达学问,就能明白是非清浊,就不会被这种华而不实的伎俩蒙骗,就不会追逐这种所谓的"风雅"了。

---

① 何宁:《淮南子集释》,第1358—1359页。

第七章　自我提升的具体路径:修务、为学

《修务训》云:

> 世俗之人,多尊古而贱今,故为道者必托之于神农、黄帝而后能入说。乱世暗主,高远其所从来,因而贵之。为学者蔽于论而尊其所闻,相与危坐而称之,正领而诵之。此见是非之分不明。①

世俗之人,大多是崇古而贱今的,所以迎合这种风气而宣传自己的思想,便假托神农、黄帝的名义,许多不辨是非的人也非常乐意接受他们的学说主张。乱世的昏庸君主,总要粉饰得高深莫测以抬高自己;而有些为学者也被他们迷惑蒙蔽,尊崇他们听到的传闻,便聚在一起正襟危坐地称道它,一本正经地诵读它。这就说明这些人未曾明辨是非。这是"为学"者的大忌。为学,先要明辨是非,然后方可讲读传诵。如果一味崇古逐名,就会闹出许多笑话来,《修务训》云:

> 楚人有烹猴而召其邻人,以为狗羹也,而甘之。后闻其猴也,据地而吐之,尽写其食。此未始知味者也。邯郸师有出新曲者,托之李奇,诸人皆争学之。后知其非也,而皆弃其曲,此未始知音者也。鄙人有得玉璞者,喜其状,以为宝而藏之。以示人,人以为石也,因而弃之。此未始知玉者也。故有符于中,则贵是而同今古;无以听其说,则所从来者远而贵之耳。此和氏之所以泣血于荆山之下。②

---

① 何宁:《淮南子集释》,第1357—1358页。
② 何宁:《淮南子集释》,第1355页。

《修务训》主张"贵是而不贵古",尤其不贵"托古"。这可以说是对当时托名"黄老"的学术风气一种批判。"为学"关键要以"是"为贵,而不是以"古"为贵,更不是以"托古"之学为贵。这种"为学"立场,绝不是道家的,更不是黄老道家的。

为学"贵是",即追求真知,追求真理,使自己成为通达之人,就能不与世浮沉,超越尘俗。《修务训》云:

> 通人则不然。服剑者期于铦利,而不期于墨阳、莫邪;乘马者期于千里,而不期于骅骝、绿耳;鼓琴者期于鸣廉修营,而不期于滥胁、号钟;诵《诗》《书》者期于通道略物,而不期于《洪范》《商颂》。圣人见是非,若白黑之于目辨,清浊之于耳听。①

通达学问、明白是非清浊的人,更注重事物的实际价值。期望随身所佩带的剑是锋利的,而并不期望它是名剑;骑马是期望它能日行千里,而不期望它是名马;弹琴是期望琴声雅正合律,而不是期望它是名琴;诵读《诗》《书》,期望能通达事理,而不期望它是《洪范》《商颂》这类旷古之书。圣人之所以是圣人,是因为他对是非的分辨就像眼睛辨别黑白之色、耳朵辨别清浊之音一样叛然无误。关键在于事物所能带来的价值,而不在于它的名声如何盛大。"为学"是要通达事理,而不是"崇古"逐名。

内心深处没有任何主见而盲目跟着社会风气走,《修务训》的作者把这种内心无主见而随波逐流的人比作"遗腹子之上陇,以

---

① 何宁:《淮南子集释》,第 1361—1362 页。

礼哭泣之,而无所归心",没见过父亲的遗腹子去上坟,只是按照礼节哭祭,其内心深处并无哀悼之情。也就是说,必须要"知其所以然",行为言行才能切合内心。"为学"就是解决"所以然"的问题。在这里,《修务训》所表达的是一种贴近生活实际的务实的为学精神。通过下面引文的表述,我们可以更清楚地感受到这种务实精神:

> 故美人者,非必西施之种;通士者,不必孔、墨之类。晓然意有所通于物,故作书以喻意,以为知者也。诚得清明之士,执玄鉴于心,照物明白,不为古今易意,摅书明指以示之,虽阖棺亦不恨矣。①

美女并非都要像西施那样,通达之士也并非一定是孔、墨之类。为学是要通达事理,著述立言是要阐明己意、启发智慧的。如果能得到清明通达之士指点迷津,则内心通达透彻,能看到事物的本质,不因古今而废真义,将书中的智慧传承下去,那么,此生便没有什么遗憾了。这段引文非常鲜明地表达了为学的目的。另外,值得注意的是,从上面这段引文可以看出,《修务训》的思想虽与儒学有着诸多共通之处,但还是有着一定的差异,即:不尊崇孔子。这可以说是《修务训》学术的一个鲜明特点

三、提升境界

"为学"的第三个目的是提升自身的境界。《修务训》云:

---

① 何宁:《淮南子集释》,第1362—1363页。

> 通于物者,不可惊以怪;喻于道者,不可动以奇;察于辞者,不可耀以名;审于形者,不可遁以状。①

掌握了事物的规律,就不会惊叹于一些怪异现象;明晓世间大道,就不会为奇谈巧论所动;明察巧辞,就不会被虚夸盛名迷惑;洞察一切,就不会被繁复假象蒙骗。而这些能力,都是可以通过"为学"而获得。

"为学"除了服务于当下之外,还有更为深远的意义,即传承文明,遗泽后世。《修务训》云:

> 昔晋平公令官为钟。钟成,而示师旷。师旷曰:"钟音不调。"平公曰:"寡人以示工,工皆以为调。而以为不调,何也?"师旷曰:"使后世无知音者则已,若有知音者,必知钟之不调。"故师旷之欲善调钟也,以为后之有知音者也。②

"为学"的目的是追求"是",同时也是使这种"是"传之久远。这种带着传承文明使命的"为学",显示出了非同寻常的境界追寻。这是每一个"为学"的学者都必须谨记在心的。即精益求精,承前启后。

追求真理,培养理智,是"为学"的基本内涵,自觉肩负文明传承的历史使命,则属于"为学"的更高境界。

---

① 何宁:《淮南子集释》,第 1355 页。
② 何宁:《淮南子集释》,第 1363 页。

四、无为而治

《修务训》的"为学"思想,是在讨论了"无为"这个传统思想之后进行探讨的。从某种意义上可以说,"为学"是为了达致"无为"这一目的。

《修务训》所谓"无为"并不是当是比较流行的道家的"无为"思想。《修务训》在批驳道家"无为"思想之后提出了一种新的"无为"思想,其云:

> 若吾所谓无为者,私志不得入公道,嗜欲不得枉正术,循理而举事,因资而立,权自然之势,而曲故不得容者,事成而身弗伐,功立而名弗有,非谓其感而不应,攻而不动者。①

《修务训》作者所谓的"无为"是指个人的意志不能掺入到普遍真理中去,个人的欲望嗜好不能影响歪曲正确的做事方式方法。要遵循事理而行动,根据实际条件来成就事业,权衡依顺自然而然之势,而使那些奸巧诈伪不能掺容其中。成就了事业也不得意忘形,建立了功业也不追名逐利。并不是像道家学者故意避开这些修为,而期冀使心不乱而岿然不动。《修务训》的这一"无为"思想,单独地看,很难看出它的学派立场。其实,我们大可不必为某一种思想别宗归派,我们更应该去研究它的内容,以及其背景和意义。

---

① 何宁:《淮南子集释》,第 1322—1323 页。

《修务训》的"无为"思想与后半部分的"为学"思想,有着紧密的联系。即要想达致"无为"这一种目标,必须有一套切实可行的方案来落实这个理想。从《修务训》的结构来看,"为学"紧承"无为"而展开论述,这样的安排绝对不是思想的剪接,二者之间有着严谨的逻辑关系。

道家的"无为",强调"守雌""守弱""处下",所以其"为学"思想就变成了"绝学无忧",即绝弃问学求知,方能无忧无虑。虽然在《老子》中提出过"为学日益"的说法,但联系上下文,《老子》的作者并不是要褒扬这一做法,其重点阐述的是"为道日损,损之又损,以至于无为,无为而无不为。取天下常以无事,及其有事,不足以取天下"。从这个意义上讲,《老子》所谓"为学日益"是作为"为道日损"的对立面而言的。即是说,"为学日益"是要做加法,博览群书、周游世界以开阔眼界,这显然不是道家所主张的。道家主张的是"为道日损",是做减法,"损之又损"直到不可减损,便可达到所谓"无为"的境界了。

而《修务训》虽也讲因顺自然而然之势,不过是与道家相反的一种态度,用今天的话说就是积极有为。《修务训》把违背自然规律的人事作为称为"有为",用今天的话说就是盲目蛮干。《修务训》中的"为学",最终目的是要实现其所谓"无为"。"私志不得入公道,嗜欲不得枉正术,循理而举事,因资而立,权自然之势",需要为学才能做到,"曲故不得容者,事成而身弗伐,功立而名弗有",更需要"为学"来修身养性才能做到。

《修务训》"为学"的目的,应该还包含对"非学"的反驳,以及对世人的劝学。批驳"非学",是为了驱散思想认识的迷雾;谆谆

"劝学",是为了营造为学向学的社会风气。也只有这样才能实现其所谓"无为"。

具体而言,"为学"既是个人的选择,也是社会的一种选择。无论是个人的选择还是社会管理的选择,都具有重大的意义。从个人来讲,"为学"是一种完善自我、通达事理的途径和状态。从社会管理的角度讲,"为学"可以当作一种教化民众、推动社会发展的手段和战略,取得"无为"而治的理想效果。

简而言之,《修务训》"为学"的目的至少有四点:一是完善自我,超越凡俗;二是通达事理,贵是贵知;三是提升境界,传承文明;四是教顺施续,以至无为。

第二节 《修务训》为学思想的特点

《修务训》完成于汉武帝初年,经学确立之前。其为学思想不同于先秦儒墨道法,更不同于经学时代之后的为学思想。

一、不宗学派

《修务训》的作者可谓审时度势,提出"通达之士,不必孔墨之类",可谓旗帜鲜明。这说明《修务训》既不尊孔,也不尊墨。就其内容来看,除了承继儒家,还旁通道家。对儒家的承继,前已论及。融通道家的例子,如引《庄子·庚桑楚》"南荣畴南见老聃"来论证"名可务立"。这里的"名"不是指浮华浅薄之声名,而是为学以通达事理、明照四海的博洽声名,云"南荣畴受教老聃一言",而"精神晓泠,纯闻条达,欣然七日不食,如飨太牢,是以明照四海,名施后世,达略天地,察分秋豪"①。由此可以看出,《修务训》的作者对《庄子》是比较有研究的。又如,《修务训》云"美人者,非必西施之种;通士者,不必孔、墨之类",概是本自陆贾《新语·思务》:"圣人不必同道""好者不必同色而皆美"②。《修务训》举例"毛嫱、西施"若不"修美",人或掩面而走,以此规劝人们为学以修美己身,此例当本自《管子·小称》③及贾谊《新书》④。这说明,《修务训》为了论证其观点,在采摘前人著述时,并没有既定的学派立场,而是以能够"晓然意有所通于物""喻意""为知"为基本标准。

先秦为学,诸子争鸣,学派林立,互相辩难,于学术而言可谓蔚为大观,于社会发展而言,却鲜有能普遍地落实到社会生活中去。《吕氏春秋》成书于秦始皇统一六国之前,杂采百家之说,可谓是对诸子百家的总结。不过,秦始皇并未施行《吕氏春秋》的治国方略。秦朝而二世而亡,于学术而言,建树甚微,破坏甚巨。刘汉王朝代秦而兴,学术发展进入一个高峰时期。儒、墨、道、法、阴阳五行、黄老道家等学说不同程度地开始"复兴"。秦代暴政对社会的危害,再加上后来的战乱,社会急需休养生息。道家、黄老学说成为适应社会发展的主流思想。随着社会经济的发展,社会财富激增,内忧外患层出不穷,"清静无为"的思想已不适应时代需求。

---

① 参见《庄子集释》(下)之"庚桑楚"篇,中华书局2004年版,第769—817页。
② 王利器:《新书校注》,中华书局1986年版,第168页。
③ 参见黎翔凤:《管子校注》(中册),中华书局2004年版,第599页。
④ 参见阎振益、钟夏:《新书校注》,中华书局2000年版,第297页。

刘安及其宾客,多是饱学之士,著书立言,以期通过学术努力推动社会发展。书稿完成,立即进献新即位不久的汉武帝。在这种历史大背景下,《修务训》提出这样的观点,对社会本可产生较大影响。不过此书进献给刘彻之后,刘彻"爱秘之",世人难得一见。《淮南子》可能对刘彻本人产生了一定影响,但《修务训》的为学思想却失去了影响当时社会的大好机会。

二、贵是贵知

《修务训》还提出了"贵是"的为学观点。这在百家争鸣与经学之间的汉初具有鲜明特色。《修务训》云"有符于中,则贵是而同今古"①,内心有是非标准,就会尊重实情,尊重真理,将古今看成一样的实情来辨别。为学"贵是",不盲目崇古,不归宗别派,一切以"是非"为标准。《修务训》云:"君子有能精摇摩监,砥砺其才,自试神明,览物之博,通物之壅,观始卒之端,见无外之境,以逍遥彷徉于尘埃之外,超然独立,卓然离世,此圣人之所以游心。"②《修务训》这种凭借知识以通事物终始远近的为学特点,有学者认为有接近于古希腊爱智的意味③。《修务训》所谓"贵是",当然不同于古希腊所谓"爱智",这里的"贵是"是着眼于实际生活而言的,着眼于事物的本质而言的,有着极其鲜明的类似"实用主义"的特点。这种"贵是"的观点,可能是继承自《荀子·修身篇》:"是

---

① 何宁:《淮南子集释》,第1358页。
② 何宁:《淮南子集释》,第1346页。
③ 徐复观:《两汉思想史》第2册,华东师范大学出版社2001年版,第127页。

是、非非,谓之知;非是、是非谓之愚"①的思想。

三、理智务实

《修务训》为学思想还呈现出理智务实的鲜明特点。为针砭当时托古之风、逐名之弊,提出了为学应理智务实:"服剑者期于铦利,而不期于墨阳、莫邪;乘马者期于千里,而不期于骅骝、绿耳;鼓琴者期于鸣廉修营,而不期于滥胁、号钟;诵《诗》《书》者期于通道略物,而不期于《洪范》《商颂》。"②这可以说是对当时浮华虚夸学风的当头棒喝。若《淮南子》撰著完成之后即流行于世,定能产生较大影响。前所论述《修务训》劝人向学时采摘前人著述以为己证,以能够"晓然意有所通于物""喻意""为知"为基本标准,这种做法本身就充满了理智务实的味道。

《修务训》"为学"思想,综融百家,不别宗归派,唯贵是贵知,理智务实,对后世影响深远。扬雄《法言·学行》、王符《潜夫论·赞学》、荀悦《申鉴·杂言》等都不同程度地吸收了《修务训》的为学思想。

综上所述,从"传统文化"中汲取营养,并把"传统文化"内化为当下社会的聪明才智,然后去创造出新的文化服务于时代的发展,这是文化的使命,也是文化传承的基本规律。只有这样"教顺施续",才能使文化传之久远。从这个意义上讲,《修务训》此论自

---

① (清)王先谦撰,沈啸寰、王星贤点校:《荀子集释》,第24页。
② 何宁:《淮南子集释》,第1361页。

觉地继承了荀子所谓"学不可以已"的"为学"精神。《荀子》开篇《劝学篇》即云:"君子曰:学不可以已",只有不断地学习,不断地更新自己的认识,才能做到"博学而日参省乎己,则知明而行无过"。《修务训》所谓苍颉、容成、胡曹、后稷、仪狄、奚仲对文明的贡献。人人为学,把往圣先贤的智慧发扬光大,"各悉其知,贵其所欲达,遂为天下备",则天下会更加文明昌盛。这和《荀子·劝学篇》所谓"不闻先王之遗言,不知学问之大""青取之于蓝而青于蓝"的道理是一致的,强调了为学必须继承传统,才有可能优于传统,才有可能创造新的文化。

《修务训》提出的"为学"不必宗奉儒墨,更不必宗奉道法,表现出鲜明的务实特点。这与先秦诸子百家时代的"为学"思想有着明显的不同,与之后不久的"抑黜百家"的经学时代更是差别巨大。

从文明的存续传承来看,"教化""为学"具有不可忽视的关键力量,这强有力地驳斥了道家只是顺应自然无所作为的守雌抱朴的思想。在这一点上,《修务训》的作者以其深邃的思想推动着社会的发展。这种思想对于现今的学术研究、文化研究仍有重要的启示意义。

结　　语

　　《淮南子》有丰富的儒家思想，其对儒家"六艺"的征引和发明，尊孔子为素王，对仁、义、礼的论述，对君子小人的辨别，以及对"修务""为学""民本"的追求，显示出刘安及其宾客对儒家思想的研究相当深入。《淮南子》成书于景帝后期武帝初年，这一时期"黄老之学"仍备受推崇，刘安及其宾客著书立说对儒家学说暗中推崇，非常耐人寻味。从窦太后把辕固生投进猪圈一事来看，黄老之学与儒学之间的矛盾相当尖锐。在这种相对紧张的学术氛围中，刘安及其宾客对社会转型进行探索能够吸收儒学的思想资源，是需要相当大的勇气的。

　　刘安及其宾客把孔子放在尧、舜、文、武、周公、成、康这个"道统"里，并尊其为"素王"。把孔子纳入尧、舜、文、武、周公、成、康这个传统，而不是"黄帝""老子"这个传统，实际上是大大提升了孔子的地位。《淮南子》尊孔子为"素王"，以及对仁、义、礼、修务为学、君子小人之辨等儒家思想的重视和阐扬，对于儒学地位的提升大有裨益。

结　语

　　《淮南子》重视儒家倡导的仁、义、礼、君子小人之辨、修务、为学、民本等思想,再结合《淮南子》由道而儒的卷次安排来看,刘安及其宾客实际上是以"秩序"求"自由",即以儒家思想管理社会,使之安定有序,这样才能实现治国理政方面的自由和精神方面的自由。

　　《淮南子》在内容上存在的抵牾之处,应该说是思想转型时代的形势造成的。儒学在汉初始终未能成为官方意识形态,而是作为一股"潜流"存在着。文、景之际,黄老学说作为官方意识形态,儒学实际上是一种边缘化的存在,不过,这种边缘化的存在并没有因此而失去生命力。这可以从叔孙通制礼以及黄生与辕固在景帝面前关于"受命"的论争等现象看得出。辕固的激越之词引起推崇黄老学说的窦太后的愤怒,让辕固"入圈刺豕",最后以景帝援手相救而得以脱险[①]。意识形态的这种复杂情势,对刘安及其宾客不可能没有影响。

　　《淮南子》内容上的抵牾之处,比如在精神自由方面更推崇道家,在社会秩序方面更重视儒家。从学术的角度来看,这种抵牾出现在一部具有思想史地位的文献中,确实让人难以理解。不过,《淮南子》一书由淮南王刘安主编,其目的是"务于治"。也就是说,学术上的分歧并不是最重要的,他们关注的重点是对治国理政之道的探寻。这种"务于治"的态度,在书中有明确的表述,《泛论训》云:"百川异源而皆归于海,百家殊业而皆务于治。"[②]《泰族

[①]　(汉)司马迁:《史记》卷一二一《儒林传》,第 3123 页。
[②]　何宁:《淮南子集释》,第 922 页。

训》云:"五行异气而皆适调,六艺异科而皆同道。"①《要略》云:"夫作为书论者,所以纪纲道德,经纬人事,上考之天,下揆之地,中通诸理,虽未能抽引玄妙之中才,繁然足以观终始矣。"②百家虽殊途,但同归于"治"。

另外,《淮南子》中有汉景帝禁止的话题——"汤武受命",如《齐俗训》云:"秦王之时,或人葅子,利不足也;刘氏持政,独夫收孤,财有余也。"③《泛论训》云:"逮至暴乱已胜,海内大定,继文之业,立武之功,履天子之图籍,造刘氏之貌冠,总邹、鲁之儒、墨,通先圣之遗教,戴天子之旗,乘大路,建九斿,撞大钟,击鸣鼓,奏《咸池》,扬干戚。"④《淮南子》的这一观点与辕固举汉高帝刘邦代秦而立论证"汤武受命"的观点一致。这也说明,刘安及其宾客有关政权正当性问题,立场与以辕固为代表的儒家是一致的。

另外,《淮南子》中充满着积极有为、"日就月将"的刚健精神,主张"仁以为经,义以为纪"的治国思想,倡导"体情而制文""因时变而制礼乐"的礼学精神,并把"仁""义"作为区分君子、小人的根本,也把仁义作为遴选人才的根本标准,主张积极修务、勉力向学,并具有"贵智"和"喻道"的精神,强调治国理政要以民为本,主张"种德而王""养民以公"。可见,刘安所追求的,是"刘氏"的天下一统和基业长永。

刘安及其宾客把《淮南子》视为"刘氏之书",是继先秦儒家、

---

① 何宁:《淮南子集释》,第1393页。
② 何宁:《淮南子集释》,第1437页。
③ 何宁:《淮南子集释》,第826页。
④ 何宁:《淮南子集释》,第944页。

墨子、管仲、晏婴、申不害、商鞅等著名学者之后的鸿烈巨著,其云:"若刘氏之书,观天地之象,通古今之事,权事而立制,度形而施宜,原道之心,合三王之风,以储与扈冶。玄眇之中,精摇靡览,弃其畛挈,斟其淑静,以统天下,理万物,应变化,通殊类,非循一迹之路,守一隅之指,拘系牵连之物,而不与世推移也。故置之寻常而不塞,布之天下而不窕。"①观天地、通古今、权事立制、度行施宜、原道、合三王之风等,都是积极有为精神的具体表现,"合三王之风",追求的是一统的政治秩序和社会秩序,在这个秩序的基础上,实现"统天下,理万物、应变化、通殊类"的自由。

---

① 何宁:《淮南子集释》,第 1462—1463 页。

附　　录

附表1　《淮南子》引《诗》

序号	篇名	引《诗》	引文归属
1	俶真训	采采卷耳,不盈倾筐。嗟我怀人,置彼周行	《周南·卷耳》
2	本经训	不敢暴虎,不敢冯河,人知其一,莫知其他	《小雅·小旻》
3	主术训	惟此文王,小心翼翼,昭事上帝,聿怀多福	《大雅·大明》
4	缪称训	媚兹一人,应侯慎德	《大雅·下武》
5		执辔如组	《邶风·简兮》《郑风·大叔于田》
6		弗躬弗亲,庶民弗信	《小雅·节南山》
7		刑于寡妻,至于兄弟	《大雅·思齐》
8		周虽旧邦,其命维新	《大雅·文王》
9	泛论训	乃眷西顾,此惟与宅	《大雅·皇矣》
10	诠言训	弗识弗知,顺帝之则	《大雅·皇矣》
11		不愆不忘,率由旧章	《大雅·假乐》
12		淑人君子,其仪一也;其仪一也,心如结也	《曹风·鸤鸠》
13	说山训	高山仰止,景行行止	《小雅·车舝》
14	人间训	人亦有言,无哲不愚	《大雅·荡之什·抑》

续表

序号	篇名	引《诗》	引文归属
15	修务训	我马唯骐,六辔如丝。载驰载驱,周爱咨谋	《小雅·皇皇者华》
16		日就月将,学有缉熙于光明	《周颂·敬之》
17	泰族训	怀柔百神,及河峤岳	《周颂·时迈》
18		正月繁霜,我心忧伤	《小雅·正月》
19		神之听之,终和且平	《小雅·伐木》
20		神之格思,不可度思,矧可射思	《大雅·抑》
21		惠此中国,以绥四方	《大雅·民劳》
22		恺悌君子,求福不回	《大雅·旱麓》

附表2 《淮南子》引《易》

序号	篇名	引《易》	引文归属
1	缪称训	《易》曰:"同人于野,利涉大川。"	《同人》卦辞
2		《易》曰:"即鹿无虞,惟入于林中。君子几,不如舍,往吝。"	《屯》六三爻爻辞
3		《易》曰:"乘马班如,泣血涟如。"	《屯》卦上六爻爻辞
4		《易》曰:"亢龙有悔。"	《乾》上九爻的爻辞
5		《易》曰:"含章可贞。"	《坤》卦六三爻爻辞
6		《易》曰:"剥之不可遂尽也,故受之以复。"	《序》卦
7	齐俗训	《易》曰:"履霜,坚冰至。"	《坤》初六爻爻辞
8	泛论训	《易》曰:"小过,亨,利贞。"	《小过》的卦辞
9	诠言训	《易》曰:"括囊,无咎,无誉。"	《坤》卦六四爻爻辞

续表

序号	篇名	引《易》	引文归属
10	人间训	《易》曰:"潜龙勿用。"	《乾》卦初爻爻辞
11		《易》曰:"君子终日乾乾,夕惕若厉,无咎。"	《乾》卦九三爻爻辞
12		孔子读《易》,至《损》《益》,未尝不喷然而叹,曰:"益损者,其王者之事与! 事或欲与利之,适足以害之;或欲害之,乃反以利之。利害之反,祸福之门户,不可不察也。"①	马王堆帛书《要》篇
13		《易》曰:"鸣鹤在阴,其子和之。"	《中孚》卦九二爻爻辞
14		《易》曰:"丰其屋,蔀其家,窥其户,阒其无人。"	《丰》卦上六爻爻辞
15	泰族训	故大人者,与天地合德,日月合明,鬼神合灵,与四时合信。故圣人怀天气,抱天心,执中含和,不下庙堂而衍四海,变习易俗,民化而迁善,若性诸己,能以神化也。②	《乾·文言》云:"夫大人者,与天地合其德,与日月合其明,与四时合其序,与鬼神合其吉凶。先天而天弗违,后天而奉天时。天且弗违,而况于人乎! 况于鬼神乎!"
16	要略	今《易》之《乾》《坤》,足以穷道通意也,八卦可以识吉凶、知祸福矣,然而伏羲为之六十四变,周室增以六爻,所以原测淑清之道,而捃逐万物之祖也。③	

---

① 何宁:《淮南子集释》卷一八《人间训》,第 1246—1247 页。"愤然而叹",王念孙认为当为"喷然而叹",据改。何宁《淮南子集释》从"事或欲与利之……不可不察也"断开,归入下一段。刘文典《淮南鸿烈集解》把"事或欲与利之……不可不察也"断为上段,即仍属孔子之叹。根据下文所引马王堆帛书《要》篇,以刘文典的校读为妥,据改。
② 何宁:《淮南子集释》,第 1378 页。
③ 何宁撰:《淮南子集释·要略》,第 1455 页。

附表3 《淮南子》引《左传》《公羊传》

序号	篇名	引《春秋》	引文归属
1	精神训	晏子与崔杼盟,临死地而不易其义(538页)	《春秋左传》襄公二十五年
2		子罕不以玉为富,故不受宝(539页)	《春秋左传》襄公十五年
3		公子札不以有国为尊,故让位(539页)	《春秋左传》襄公十四年
4		虞君利垂棘之璧,而擒其身(553页)	《春秋公羊传》僖公二年
5	主术训	延陵季子听鲁乐,而知殷、夏之风,论近以识远也(620页)	《春秋左传》襄公二十九年
6	泛论训	昔者,曹子为鲁将兵,三战不胜,亡地千里。使曹子计不顾后,足不旋踵,刎颈于阵中,则终身为破军擒将矣。然而曹子不羞其败,耻死而无功。柯之盟,揄三尺之刃,造桓公之胸,三战所亡,一朝而反之,勇闻于天下,功立于鲁国(697页)	《春秋公羊传》庄公十三年
7	道应训	晋文公伐原,与大夫期三日。三日而原不降。文公令去之。军吏曰:"原不过一二日将降矣。"君曰:"吾不知原三日而不可得下也。以与大夫期,尽而不罢,失信得原,吾弗为也。"原人闻之,曰:"有君若此,可弗降也?"遂降。温人闻,亦请降(869页)	《春秋公羊传》僖公二十五年

续表

序号	篇名	引《春秋》	引文归属
8	道应训	秦穆公兴师将以袭郑,蹇叔曰:"不可。臣闻袭国者,以车不过百里,以人不过三十里,为其谋未及发泄也,甲兵未及锐弊也,粮食未及乏绝也,人民未及罢病也。皆以其气之高与其力之盛至,是以犯敌能威。今行数千里,又数绝诸侯之地,以袭国,臣不知其可也。君重图之!"穆公不听。蹇叔送师,衰绖而哭之。师遂行,过周而东。郑贾人弦高矫郑伯之命,以十二牛劳秦师而宾之。三帅乃惧而谋曰:"吾行数千里以袭人,未至而人已知之。其备必先成,不可袭也。"还师而去。当此之时,晋文公适薨,未葬。先轸言于襄公曰:"昔吾先君与穆公交,天下莫不闻,诸侯莫不知,今吾君薨未葬,而不吊吾丧,而不假道,是死吾君而弱吾孤也。请击之。"襄公许诺。先轸举兵而与秦师遇于殽,大破之,禽其三帅以归。穆公闻之,素服庙临,以说于众(878—880页)	《春秋左传》僖公三十三年
9		昔者苌弘,周室之执数者也。天地之气,日月之行,风雨之变,律历之数,无所不通。然而不能自知,车裂而死……苌弘知天道而不知人事(958—959页)	《春秋左传》哀公三年
10	说林训	献公之贤,欺于骊姬;叔孙之智,欺于竖牛。故郑詹入鲁,《春秋》曰"佞人来,佞人来"(1214页)	《春秋公羊传》庄公十七年

续表

序号	篇名	引《春秋》	引文归属
11		鲁季氏与郈氏斗鸡,郈氏介其鸡,而季氏为之金距,季氏之鸡不胜,季平子怒,因侵郈氏之宫而筑之。郈昭伯怒,伤之鲁昭公曰:"祷于襄公之庙,舞者二人而已,其余尽舞于季氏。季氏之无道,无上久矣!弗诛,必危社稷!"公以告子家驹,子家驹曰:"季氏之得众,三家为一。其德厚,其威强,君胡得之!"昭公弗听,使郈昭伯将卒以攻之。仲孙氏、叔孙氏相与谋曰:"无季氏,死亡无日矣。"遂兴兵以救之。郈昭伯不胜而死,鲁昭公出奔齐。故祸之所从生者,始于鸡斗;及其大也,至于亡社稷(1282页)	《春秋左传》昭公二十五年
12	人间训	昔者,卫君朝于吴,吴王囚之,欲流之于海。说者冠盖相望,而弗能止。鲁君闻之,撤钟鼓之县,缟素而朝。仲尼入见,曰:"君胡为有忧色?"鲁君曰:"诸侯无亲,以诸侯为亲;大夫无党,以大夫为党。今卫君朝于吴王,吴王囚之,而欲流之于海,孰意卫君之仁义而遭此难也!吾欲免之而不能,为奈何?"仲尼曰:"若欲免之,则请子贡行。"鲁君召子贡,授之将军之印。子贡辞曰:"贵无益于解患,在所由之道。"敛躬而行,至于吴,见太宰嚭。太宰嚭甚悦之,欲荐之于王。子贡曰:"子不能行说于王,奈何吾因子也!"太宰嚭曰:"子焉知嚭之不能也?"子贡曰:"卫君之来也,卫国之半曰:'不若朝于晋。'其半曰:'不若朝于吴。'然卫君以为吴可以归骸骨也。故束身以受命。今子受卫君而囚之,又欲流之于海,是赏言朝于晋者,而罚言朝于吴也。且卫君之来也,诸侯皆以为蓍龟,兆今朝于吴而不利,则皆移心于晋矣。子之欲成霸王之业,不亦难乎!"太宰嚭入,复之于王。王报出令于百官曰:"比十日,而卫君之礼不具者死!"子贡可谓知所以说矣(1301—1302页)	《春秋左传》哀公十二年

续表

序号	篇名	引《春秋》	引文归属
13	泰族训	泓之战,军败君获,而《春秋》大之,取其不鼓不成列也(1394—1395 页)	《春秋公羊传》僖公二十二年
14		宋伯姬坐烧而死,《春秋》大之,取其不踰礼而行也(1395 页)	《春秋公羊传》襄公三十年
15		故齐桓公亡汶阳之田而霸(1431 页)	《春秋公羊传》庄公十三年

附表4　《淮南子》引《书》《礼》《乐》

序号	篇名	引文	引文所本
1	泰族训	故《书》曰:"能哲且惠,黎民怀之。何忧讙兜,何迁有苗。"(第 1434—1435 页)	《尚书·皋陶谟》:"能哲而惠,黎民怀之,何忧讙兜,何迁有苗。"
2	览冥训	夫钳且、大丙不施辔衔,而以善御闻于天下。伏戏、女娲不设法度,而以至德遗于后世。何则？至虚无纯一,而不㗲喋苛事也。《周书》曰:"掩雉不得,更顺其风。"(第 497—499 页)	《周书》
3	主术训	不偏一曲,不党一事,是以中立而遍,运照海内。	《尚书·洪范》:"无偏无陂,遵王之义;无有作好,遵王之道;无有作恶,遵王之路。无偏无党,王道荡荡;无党无偏,王道平平;无反无侧,王道正直。会其有极,归其有极。曰皇极之敷言,是彝是训,于帝其训。凡厥庶民,极之敷言,是训是行,以近天子之光。曰天子作民父母,以为天下王。"

续表

序号	篇名	引文	引文所本
4	泛论训	昔者,《周书》有言曰:"上言者下用也,下言者上用也。上言者常也,下言者权也。此存亡之术也,唯圣人为能知权……权者,圣人之所独见也。故忤而后合者,谓之知权;合而后舛者,谓之不知权;不知权者,善反丑矣。"(第952—957页)	《周书》
5		故橘树之江北,则化而为枳。鸲鹆不过济,貉渡汶而死。形性不可易,势居不可移也(第40—41页)	《周礼·冬官·考工记》:"橘逾淮而北为枳。鸲鹆不逾济,貉逾汶则死,此地气然也。"
6	原道训	人生而静,天之性也;感而后动,性之害也;物至而神应,知之动也;知与物接而好憎生焉,好憎成形而知诱于外,不能反己,而天理灭矣(第24页)	《礼记·乐记》云:"人生而静,天之性也。感于物而动,性之欲也。物至知知,然后好恶形焉。好恶无节于内,知诱于外,不能反躬,天理灭矣。"①
7	泰族训	五行异气而皆适调,六艺异科而皆同道。温惠柔良者,《诗》之风也;淳庞敦厚者,《书》之教也;清明条达者,《易》之义也;恭俭尊让者,《礼》之为也;宽裕简易者,《乐》之化也;刺几辩义者,《春秋》之靡也。故《易》之失鬼,《乐》之失淫,《诗》之失愚,《书》之失拘,《礼》之失忮,《春秋》之失訾。六者,圣人兼用而财制之。失本则乱,得本则治。其美在调,其失在权	《礼记·经解》载:孔子曰:"入其国,其教可知也。其为人也,温柔敦厚,《诗》教也;疏通知远,《书》教也;广博易良,《乐》教也;洁静精微,《易》教也;恭俭庄敬,《礼》教也;属辞比事,《春秋》教也。故《诗》之失愚,《书》之失诬,《乐》之失奢,《易》之失贼,《礼》之失烦,《春秋》之失乱。"②

---

① 《礼记正义》卷三七《乐记》,(清)阮元校刻:《十三经注疏》,第1529页上。
② (汉)郑玄注,(唐)孔颖达疏:《礼记正义》,(清)阮元校刻:《十三经注疏》,第1609页下。

参 考 文 献

（明）刘绩补注,陈广忠校理:《淮南鸿烈解》,黄山书社2012年版。

（清）王念孙:《读书杂志·淮南子》,中国书店出版社1983年版。

刘文典:《淮南鸿烈集解》,中华书局1989年版。

何宁:《淮南子集释》,中华书局1998年版。

杨树达:《淮南子证闻》,上海古籍出版社1985年版。

刘家立:《淮南集证》,台北广文书局1978年版。

陈广忠:《淮南子校诠》,黄山书社2008年版。

张双棣:《淮南子校释》,北京大学出版社2013年版。

沈洪:《淮南子选注》,台北商务印书馆1966年版。

陈一平:《淮南子校注译》,广东人民出版社1994年版。

王维庭、吴则虞:《淮南子译注》,中华书局1962年版。

何志华、朱国藩:《唐宋类书征引〈淮南子〉资料汇编》,香港中文大学出版社2005年版。

郑良树:《淮南子通论》,新山:海洋诗社1964年版。

王云度:《刘安评传》,南京大学出版社1997年版。

于首奎:《两汉哲学新探》,四川人民出版社1988年版。

陈广忠:《刘安评传——集道家之大成》,广西教育出版社1996年版。

陈一平:《汇集各家学说的巨著》,中国文联出版公司1997年版。

李增:《淮南子哲学思想研究》,台北洪叶文化事业有限公司1997年版。

陈德和:《淮南子的哲学》,南华管理学院出版社1999年版。

熊铁基:《秦汉新道家》,上海人民出版社2001年版。

徐复观:《两汉思想史》,华东师范大学出版社2001年版。

雷健坤:《综合与重构——〈淮南子〉与中国传统文化》,开明出版社2000年版。

杨有礼:《新道鸿烈:〈淮南子〉与中国文化》,河南大学出版社2001年版。

陈静:《自由与秩序的困惑:〈淮南子〉研究》,云南大学出版社2004年版。

孙纪文:《〈淮南子〉研究》,学苑出版社2005年版。

戴黍:《〈淮南子〉治道思想研究》,中山大学出版社2005年版。

于大成:《淮南鸿烈论文集》,台北里仁书局2005年版。

金春峰:《汉代思想史》,中国社会科学出版社2006年版。

王雪:《〈淮南子〉哲学思想研究》,陕西人民出版社2007年版。

黄淑贞:《〈淮南子〉天道观之研究》,永和:花木兰出版社2008年版。

马庆洲:《淮南子考论》,北京大学出版社2009年版。

李国娟:《秦汉之际的儒家思想》,文汇出版社2011年版。

李秀华:《淮南子许高二注研究》,学苑出版社2011年版。

胡适:《淮南王书》,岳麓书社2011年版。

牟钟鉴:《〈吕氏春秋〉与〈淮南子〉思想研究》,人民出版社2013年版。

刘爱敏:《〈淮南子〉道论研究》,山东人民出版社2013年版。

周辅成:《论〈淮南子书〉的思想》,《安徽史学》1960年第2期。

冯友兰:《淮南子中的人性论》,冯友兰:《中国哲学史新编》(二),人民出版社1964年版。

阮廷焯:《论淮南子与先秦诸子佚书之关系》,饶宗颐教授南游赠别论文集,1970 年版。

陈新雄、于大成:《淮南子论文集》,台北西南书局 1979 年版。

于首奎:《试论〈淮南子〉的宇宙观》,《文史哲》1979 年第 5 期。

陈广忠:《〈淮南子〉的倾向性和淮南王之死》,《江淮论坛》1981 年第 1 期。

吴方桐:《淮南王刘安生于何年?》,《齐鲁学刊》1981 年第 5 期。

蔡四桂:《论淮南子思想的矛盾体系》,《中国哲学》1983 年第 10 期。

李泽厚:《秦汉思想简议》,《中国社会科学》1984 年第 2 期。

吴方桐:《〈淮南子〉的"无为"哲学》,《华中师院学报(哲学社会科学版)》1984 年第 2 期。

牟钟鉴:《〈吕氏春秋〉与〈淮南子〉的比较分析——兼论秦汉之际的学术思潮》,《哲学研究》1984 年第 1 期。

袁春华:《〈淮南子〉认识论思想初探》,《复旦学报(社会科学版)》1985 年第 1 期。

金春峰:《吕氏春秋的儒家思想倾向及其与淮南子基本倾向的区别》,载金春峰:《汉代思想史》(附录 1),中国社会科学出版社 1987 年版。

曹道衡:《〈淮南子〉和五经》,《河北师院学报(哲社版)》1987 年第 3 期。

柴文华:《〈淮南子〉的伦理主题述略》,《江汉论坛》1988 年第 6 期。

于首奎:《为〈淮南子〉正名》,《齐鲁学刊》1988 年第 5 期。

高汉声:《〈淮南子〉论人性与教育》,《南京大学学报(哲学人文社会科学)》1988 年第 1 期。

李宗桂:《〈淮南子〉与〈春秋繁露〉的思想异同》,《中国哲学史研究》1989 年第 4 期。

于首奎:《〈淮南子〉政治思想刍议》,《东岳论丛》1989 年第 5 期。

陈远宁:《〈淮南子〉思想的基本倾向》,《衡阳师专学报(社会科学版)》1989 年第 2 期。

董志铁:《论〈淮南子〉对〈吕氏春秋〉推类理论的继承和发展》,《人文杂志》1989 年第 3 期。

陈化新:《试论淮南王刘安对学术文化事业的贡献》,《社会科学研究》1989 年第 5 期。

方立天:《淮南子的分不均则争和时势造圣贤说》,《中国古代哲学问题发展史》,中华书局 1990 年版。

刘文典:《淮南子校补》,见氏著:《三余札记》,黄山书社 1990 年版。

李宗桂:《淮南子与春秋繁露的异同沉浮——兼论西汉中期统治思想的转变》,《鹅湖月刊》1990 年第 4 期。

冯契:《董仲舒和〈淮南子〉》,冯契:《中国哲学通史简编》,生活·读书·新知三联书店 1991 年版。

赵吉惠:《淮南子与黄老之学》,赵吉惠:《儒学命运与中国文化》,陕西人民教育出版社 1991 年版。

杨守戎:《〈淮南子〉的政治哲学》,《安徽大学学报》1991 年第 3 期。

杨默玄:《对〈淮南子〉运用易学的思考》,《周易研究》1991 年第 2 期。

项退结:《从董仲舒、淮南子至王充的"天"与"命"》,《中国哲学之路》(下编),台北东大图书公司 1991 年版。

陈丽桂:《八十年来的淮南子研究目录》,《中国书目季刊》1991 年第 3 期。

项退结:《淮南子的"天"与"命"》,《汉代文学与思想学术研讨会论文集》,台北文史哲出版社 1991 年版。

丁毅华:《〈淮南子〉的风俗论》,《学术月刊》1991 年第 6 期。

周立升:《〈淮南子〉的易道观》,陈鼓应:《道家文化研究》(第 2 辑),上海古籍出版社 1992 年版。

夏甄陶:《〈淮南子〉"求是"即"求道理"的认识论学说》,夏甄陶:《中国认识论思想史稿》上卷,中国人民大学出版社 1992 年版。

周来祥:《道家遗响与儒学新声〈淮南子〉的审美世界》,见氏著:《中国美学主潮》,山东大学出版社 1992 年版。

陆玉林:《论〈淮南鸿烈〉的道儒整合》,《中国人民大学学报》1993 年第

2 期。

熊礼汇:《淮南子写作时间新考——刘安》,《武汉大学学报(哲社版)》1994 年第 5 期。

王德裕:《〈淮南子〉哲学思想述评》,《重庆师院学报(哲社版)》1994 年第 4 期。

傅亚庶:《〈淮南子·时务篇〉"赏有功"辨正》,《古籍整理研究学刊》1994 年第 5 期。

张立文:《〈淮南子〉道的思想》,张立文:《道》,台北汉兴书局有限公司 1994 年版。

张立文:《〈淮南子〉理的思想》,张立文:《理》,台北汉兴书局有限公司 1994 年版。

张立文:《〈淮南子〉的心为身本》,张立文:《心》,台北汉兴书局有限公司 1994 年版。

丁原明:《〈文子〉与〈淮南子〉思想之异同》,《文史哲》1994 年第 6 期。

陈广忠:《淮南子与墨家》,《孔子研究》1995 年第 2 期。

陈丽桂:《〈淮南子〉研究八十年》,林徐典:《汉学研究之回顾与前瞻》(下册),中华书局 1995 年版。

张国华:《〈淮南子〉与〈春秋繁露〉》,《道家文化研究》(第 6 辑),上海古籍出版社 1995 年版。

丁原明:《〈文子〉与〈淮南子〉思想之异同》,《中国哲学史》1995 年第 1 期。

陈剑昆:《论〈淮南子〉中的"内圣"与化民思想——兼就"内圣外王"之道的归属与庄万寿先生商榷》,《淮阴师范学院学报(哲社版)》1995 年第 4 期。

庄庆信:《〈淮南子〉的天地宇宙一人之身》,见氏著:《中国哲学家的大地观》,台北师大书苑 1995 年版。

王德裕:《〈淮南子〉哲学思想述评》,《中国哲学史》1995 年第 2 期。

张运华:《〈淮南子〉对道范畴的理论深化》,《西北大学学报(哲社版)》

1995年第4期。

简松兴:《淮南子的整体和谐说——试析淮南子和、天和、太和之意》,《辅大中文研究所学刊》1995年第5期。

陈剑昆:《因与化——〈淮南子〉中的教化思想及道学与儒学的贯通方法研究之二》,《淮阴师专学报》1996年第1期。

陈剑昆:《论〈淮南子〉中儒道互补的教学思想》,《淮阴师范学院学报(哲社版)》1996年第2期。

陈广忠:《〈淮南子〉的成书、传播与影响》,《船山学刊》1996年第2期。

刘醇鑫:《淮南子之人生修养论研究》,《辅大中文研究所学刊》1996年第3期。

袁信爱:《〈淮南子〉中的人学思想》,《哲学与文化》1996年第8期。

温韧:《〈淮南子〉感应观新探》,《哲学研究》1997年第12期。

吴则虞:《淮南子书录》,《文史》(第2辑),中华书局1998年版。

张丰乾:《试论竹简〈文子〉与今本〈文子〉的关系——兼为〈淮南子〉正名》,《中国社会科学》1998年第2期。

王叔岷:《〈淮南子〉引〈庄〉举偶》,《道家文化研究》(第14辑),生活·读书·新知三联书店1998年版。

张涛:《〈淮南子〉易学思想探析》,《孔子研究》1999年第3期。

陈丽桂:《〈淮南子〉与〈春秋繁露〉感应思想的异同》,辅仁大学中文系:《先秦两汉哲学思想研讨会论文集》,台北洪叶文化有限公司1999年版。

陈丽桂:《先秦汉初思想的终结者——淮南子》,《国文天地》1999年第11期。

陈良运:《〈文心雕龙〉与〈淮南子〉》,《文史哲》2000年第3期。

刘乐贤:《性自命出与〈淮南子·缪称〉论"情"》,《中国哲学史》2000年第4期。

陈兆珍:《试论〈淮南子〉中的天地人之道》,《中国文化大学中文学报》(第5卷)2000年。

马庆洲:《从汉初〈诗〉学看当时儒学地位》,《第四届诗经国际学术研讨会论文集》,学苑出版社 2000 年版。

赵雅博:《〈淮南子〉的思想》,见氏著:《秦汉思想批判史》(上册),台北文汇书局 2001 年版。

吕锡琛:《〈淮南子〉的道德教育思想》,《道德与文明》2001 年第 1 期。

熊开发:《从创世纪神话看〈淮南子〉的天、人观》,《海南师范学院学报(人社版)》2001 年第 4 期。

钱善刚:《〈淮南子〉生命哲学》,《安徽教育学院学报(社科版)》2001 年第 9 期。

陈桐生:《〈史记〉与〈淮南子〉》,《东南大学学报(哲学社会科学版)》2002 年第 2 期。

唐劭廉、吕锡琛:《〈淮南子〉道德认知图式省察》,《道德与文明》2002 年第 2 期。

曾春海:《西汉儒、道、法的互摄和变迁——兼采诸家以道家为主流的〈淮南子〉》,载曾春海:《两汉魏晋哲学史》,台北五南图书出版公司 2002 年版。

吴淑真:《〈淮南子·主术训〉中君主统御观之初探》,《辅大中研所学刊》2002 年第 12 期。

雷健坤:《〈淮南子〉与〈春秋繁露〉的思想比较》,《晋阳学刊》2002 年第 6 期。

高新民:《〈淮南子〉易学思想简论》,《陕西师范大学学报(哲社版)》2002 年第 1 期。

雷健坤:《〈淮南子〉的中心思想及其理论架构》,《天府新论》2002 年第 5 期。

陈静:《〈淮南子〉作者考》,《中国哲学史》2003 年第 1 期。

陈广忠:《论〈楚辞〉、刘安与〈淮南子〉》,《中国文化研究》2000 年第 4 期。

刘乐贤:《〈性自命出〉与〈淮南子·缪称〉论"情"》,《中国哲学史》2000

年第 4 期。

戴黍:《国外的〈淮南子〉研究》,《哲学动态》2003 年第 4 期。

郭沂:《〈淮南子·缪称训〉所见子思〈累德篇〉考》,《孔子研究》2003 年第 6 期。

梁韦弦:《〈淮南子〉引〈易〉论〈易〉考义》,《吉林师范大学学报(人社版)》2003 年第 1 期。

陈静:《论中国思想儒道互补基本格局的形成——从〈淮南子〉的杂说起》,《云南大学学报》2004 年第 3 期。

张德广、程文琴:《简论〈淮南子〉"民本"思想》,《社会科学家》2004 年第 5 期。

马庆洲:《论〈天问〉对〈淮南子〉的影响》,《清华大学学报(哲社版)》2004 年第 3 期。

唐劭廉、吕锡琛:《论〈淮南子〉生命观的深层意蕴》,《西南交通大学学报(社会科学版)》2004 年第 3 期。

张德广、程文琴:《简论〈淮南子〉"无为而治"政治观的基本特征》,《理论建设》2004 年第 5 期。

周桂钿、李祥俊:《〈淮南子〉对诸子学的融合与发展》,见张立文:《中国学术通史(秦汉卷)》,人民出版社 2004 年版。

唐劭廉、吕锡琛:《尊天保真·贱物贵身·外物反情——〈淮南子〉道德心理学思想解读》,《自然辩证法研究》2004 年第 4 期。

陆荣:《思想尚"无为",平生欲"有为"——刘安与〈淮南子〉》,《学术界》2005 年第 3 期。

张科:《〈淮南子〉对诸子思想整合的初步考察》,《青海民族学院学报》2005 年第 4 期。

戴黍:《经典的源流及其意义——从思想史的角度看〈淮南子〉》,《学术研究》2005 年第 6 期。

戴黍:《〈淮南子〉人性与治道思想论析》,《华南师范大学学报(社科版)》2005 年第 6 期。

戴黍:《"因循"与"治道":〈淮南子〉中"因"的四重涵义》,《江淮论坛》2005年第5期。

马育良:《〈淮南子〉中的性情观》,《淮南师范学院学报》2005年第6期。

刘康德:《〈吕氏春秋〉〈淮南鸿烈〉合论》,《南京师范大学文学院学报》2006年第2期。

朱新林:《试论〈淮南子〉中齐地的五行思想》,《管子学刊》2006年第3期。

孙家洲:《〈淮南子〉的哲学体系》,朱大渭:《插图本中国古代思想史·秦汉卷》,广西人民出版社2006年版。

戴黍:《圣王与治道——试论〈淮南子〉的圣王史观》,《天津社会科学》2007年第5期。

杨颉慧:《〈淮南子·缪称训〉征引子思〈累德篇〉考》,《史学月刊》2007年第5期。

牟钟鉴:《一部研究〈淮南子〉的力作——读陈静〈自由与秩序的困惑〉——(淮南子)研究》,《哲学动态》2006年第2期。

刘爱敏:《〈淮南子〉人性论中儒、道融合的路径》,《管子学刊》2006年第2期。

戴黍:《〈淮南子〉中的"无为"及其思想史意义》,《哲学研究》2006年第3期。

戴黍:《汉初时代转型与〈淮南子〉的学术境遇》,《深圳大学学报(人社版)》2006年第2期。

马庆洲:《刘安与〈淮南子〉关系考论》,《清华大学学报(哲学社会科学版)》2006年第3期。

戴黍:《试析〈淮南子〉关于"权"的思想》,《孔子研究》2006年第4期。

戴黍:《从"德性"到"德行"——试析〈淮南子〉中作为治国之本的"德"》,《学海》2006年第1期。

王国良:《从清静无为到奋发进取——〈淮南子〉思想研究》,《安徽史学》2006年第6期。

滕新才、曾超、曾毅:《〈淮南子〉的仁学观》,载滕新才、曾超、曾毅:《中国伦理范畴——仁》,中国社会科学出版社2006年版。

王奕然:《论淮南子之"圣人"观——兼及其对老庄的承继与新诠》,《思辨集》2007年第10期。

戴黍:《道·人·史:〈淮南子〉的论治维度及思想史意义》,《现代哲学》2007年第2期。

许抗生:《〈淮南子〉论"道"》,《安徽大学学报(哲学社会科学版)》2007年第4期。

张允熠:《〈淮南子〉思想主旨新探》,《安徽大学学报(哲学社会科学版)》2007年第4期。

韩娜:《〈淮南子〉伦理思想探析》,《淮南师范学院学报》2007年第6期。

刘爱敏:《〈淮南子〉与董仲舒宇宙论比较》,《齐鲁文化研究》(总第6辑)2007年。

杜绣琳:《〈淮南子·道应训〉对〈韩诗外传〉说理方式的承继与创新》,《理论界》2008年第8期。

漆子扬:《〈史记〉未著录〈淮南子〉原因及作者问题考论》,《兰州大学学报(社会科学版)》2008年第1期。

高晓荣:《新时期大陆学界〈淮南子〉研究综述》,《安徽文学》2008年第2期。

刘爱敏:《〈淮南子〉儒道融合的人性论》,《中国典籍与文化》2008年第4期。

周来祥:《〈淮南子〉的哲学精神和美学思想》,《山东大学学报(哲社版)》2008年第4期。

许抗生:《〈淮南子〉论"无为而治"》,《安徽大学学报(哲社版)》2008年第6期。

金春峰:《〈淮南子·主术训〉的治国思想》,《安徽大学学报(哲社版)》

2008年第6期。

王叔黄:《〈淮南子〉"明堂"考》,《淮南子研究》(第2卷),黄山书社2008年版。

张瑞:《〈淮南子〉引〈诗〉考》,《淮南子研究》(第2卷),黄山书社2008年版。

许抗生:《〈淮南子〉论"无为而治"》,《淮南子研究》(第2卷),黄山书社2008年版。

孙君恒:《〈淮南子〉君子与小人论》,《淮南子研究》(第3卷),黄山书社2009年版。

张双棣、陈广忠:《〈淮南子〉研究学者质疑刘安"谋反"一案》,《淮南子通讯》2008年第1期。

戴黍:《以治为重心:试析〈淮南子〉之道》,《江淮论坛》2008年第1期。

杨栋,曹书杰:《二十世纪〈淮南子〉研究》,《古籍整理研究学刊》2008年第1期。

戚贵政:《〈淮南子〉儒道思想融合论略》,《安徽文学(下半月)》2008年第2期。

金春峰:《〈淮南子·主术训〉的治国思想》,《安徽大学学报(哲社版)》2008年第6期。

许抗生:《〈淮南子〉论"无为而治"》,《安徽大学学报(哲社版)》2008年第6期。

金春峰:《从〈淮南子〉看中国哲学思想及其特点》,《淮南师范学院学报》2008年第4期。

金春峰:《〈淮南子〉哲学思想及其特点》,《淮南子研究》(第2卷),黄山书社2008年版。

丁原明:《简论〈淮南子〉的人学思想》,《淮南子研究》(第2卷),黄山书社2008年版。

贾毅平:《仁义者治之本也——从〈淮南子〉看富国治邦之真经》,《淮南子研究》(第3卷),黄山书社2009年版。

王雪:《〈淮南子〉的道德境界说》,《淮南子研究》(第3卷),黄山书社2009年版。

张允熠:《〈淮南子〉中儒道合流思想探微》,《淮南子研究》(第3卷),黄山书社2009年版。

戴黍:《国外的〈淮南子〉研究及其启示》,《淮南子研究》(第3卷),黄山书社2009年版。

陈丽桂:《从〈缪称〉的情、诚动化看〈淮南子〉的儒道结合》,《淮南子研究》(第3卷),黄山书社2009年版。

李秀华:《论〈淮南子〉高诱注的宗经、崇儒意识》,《广西大学学报(哲学社会科学版)》2009年第3期。

李秀华:《并存不废会通所长——〈淮南子〉治国思想论析》,《辽宁大学学报(哲学社会科学版)》2009年第5期。

朱远俊:《浅谈〈淮南子〉与道、儒、法家思想的关系》,《大众文艺(理论)》2009年第9期。

王雪:《论〈淮南子〉的生死观》,《西北大学学报(哲学社会科学版)》2009年第3期。

李秀华:《〈淮南子〉书名演变考论》,《西南交通大学学报(社会科学版)》2009年第5期。

于大成:《六十年来之淮南学》,《文学遗产》2010年第6期。

罗毓平:《〈淮南子〉的人生修养说》,《兰州学刊》2011年第11期。

李少波:《本然之性与应然之性——〈淮南子〉人性论的内在逻辑》,《青海师范大学学报(哲学社会科学版)》2012年第6期。

刘海龙:《〈淮南子·原道训〉中的"乐"与"圣"》,《华夏文化》2011年第3期。

钱荣贵:《刘安〈淮南子〉的编撰思想》,《苏州大学学报(哲学社会科学版)》2011年第5期。

王效峰:《〈淮南子〉视野中的孔子形象》,《宁夏大学学报(人社科版)》2012年第1期。

邱宇、刘秀慧:《汉初诏令与〈淮南子〉思想兼容性》,《长春理工大学学报(社会科学版)》2012年第6期。

谢璐:《"无为"而治中的"有为"之治——〈淮南子(主术训)〉中的社会治理之道》,《长春工业大学学报(社会科学版)》2012年第2期。

谢璐:《治国理民之要术——〈淮南子〉"权"的思想及其现代意蕴》,《江汉大学学报(社会科学版)》2012年第6期。

罗毓平:《〈淮南子〉人性说探微》,《管子学刊》2012年第3期。

李秀华:《以儒解道——论〈淮南子〉高诱注对原书思想的偏离》,《孔子研究》2012年第2期。

陈辉:《〈淮南子〉人性观新探》,《河南科技大学学报(社会科学版)》2012年第3期。

高旭:《鉴秦之得失兴汉之宏业——论〈淮南子〉对秦王朝的政治批判与反思》,《海南师范大学学报(社会科学版)》2012年第9期。

莫楠:《〈淮南子〉德福思想探析》,《青海社会科学》2012年第6期。

陈颖:《〈淮南子〉引〈论语〉考》,《淮南师范学院学报》2012年第6期。

潘俊杰:《简论先秦杂家与西汉学术之关系》,《齐鲁学刊》2013年第1期。

高旭:《论〈淮南子〉之"学"》,《理论月刊》2013年第6期。

方娟:《21世纪〈淮南子〉与先秦诸子关系研究综述》,《西南农业大学学报(社会科学版)》2013年第5期。

宋辉、宋晓璐、王林:《〈淮南子〉的民本思想评议》,《西安石油大学学报(社科版)》2013年第2期。

林飞飞、高旭:《〈淮南子〉的君道思想》,《安徽理工大学学报(社科版)》2013年第2期。

简松兴:《西汉天人思想研究:以〈淮南子〉〈春秋繁露〉〈史记〉为中心》,指导老师:陈丽桂,辅仁大学中文研究所博士学位论文,1998年。

陶磊:《〈淮南子·天文〉研究》,指导老师:李学勤、席泽宗,历史文献学,中国社会科学院研究生院,2002年。

漆子扬:《刘安与〈淮南子〉》,指导老师:赵逵夫、伏俊琏,中国古代文学,西北师范大学,2005年。

黄玉麟:《〈淮南子〉"道"思想之研究》,指导老师:陈福滨,辅仁大学哲学研究所博士学位论文,2006年。

川津康弘:《〈淮南子〉认识论研究》,指导老师:黄留珠,中国古代史,西北大学,2008年。

陈婉华:《〈淮南子〉与〈春秋繁露〉比较研究》,指导老师:李学铭,新亚研究所(香港)史学组博士学位论文,2008年。

朱新林:《〈淮南子〉与先秦诸子承传考论》,指导老师:崔富章,中国古典文献学,浙江大学,2010年。

赵欣:《〈淮南子〉的宇宙论、生命论、艺术论研究》,指导老师:陈炎,文艺学,山东大学,2010年。

李秀华:《〈淮南子〉许、高二注研究》,指导老师:方勇,中国古代文学,华东师范大学,2010年。

罗毓平:《〈淮南子〉的哲学思想》,指导老师:康中乾,中国哲学,陕西师范大学,2012年。

陈辉:《〈淮南子〉社会思想研究》,指导老师:李修松,历史文献学,安徽大学,2013年。

[日]小井理惠:《淮南子における治身治国论与世界观——精神を轴として》,《集刊东洋学》第60号,1988年。

[日]金谷治:《淮南子の研究》,日本东京:日本学术振兴会1961年版。

[日]宫本腾:《〈淮南子·主术训〉政治思想とその理论构造》,《中国哲学》,1966年第4期。

[日]池田知久:《从〈史记〉〈汉书〉看〈淮南子〉的成书年代(节译)》,刘兴邦译,《湘潭大学学报(社会科学版)》1988年第2期。

[日]仓石武四郎:《淮南子考》,江侠庵译,《先秦经籍考》,国家图书馆出版社2010年版。

[日]泽田多喜男:《淮南子における道家的倾向と儒家的倾向》,《东

海大学纪要(大学部)》第 24 辑,1976 年。

[日]渡东部一郎:《有马卓也"淮南子の政治思想"》,《集刊东洋学》1998 年第 12 期。

[日]南部英彦:《〈淮南子〉泰族篇の治身治国论とその学问的立场——中庸篇との比较を通して》,《研究论丛》第 57 号,2007 年。

[日]向井哲夫:《〈淮南子〉と诸子百家思想》,京都:朋友书店 2002 年版。

[日]楠山春子:《淮南子》,东京:明德出版社 1971 年版。

[加拿大]白光华:《我对淮南子的一些看法》,《道家文化研究》(第 6 辑),上海古籍出版社 1995 年版。

[美]安乐哲著,滕复译:《主术——中国古代政治艺术之研究》,北京大学出版社 1995 年版。

Le Blanc C. *Huai—nanTzu*: Philosophical *Synthesis in Early HanThought*: *The Idea of Reasonance* (*Kan—Ying*), *with a Translation and Analysis of Chapter Six*. Hong Kong University Press, 1985.

Major John S. *Heaven and earth* in *early Han thought*: *chapters three, four and five of the Huainanzi*, Albany: State University of New York Press, 1993.

后　记

　　本书是在本人博士学位论文的基础上扩展而成。攻读博士学位,其难度比预想的要难许多,其中甘苦,心中自知。攻博的三年(2012年9月至2015年6月),我在学术上有了一些进步,但又明明感觉到自己的许多不足;撰写论文,发表论文,我可能摸到了一些学术的门道,但又明明感觉自己离"入门"还有相当的距离;在某一两个问题上,可能有一些自己的心得,但相对于整个中国哲学、中国文化研究领域,又非常微乎其微,微不足道。同时,也深深感觉学术研究对文化传承的重要性。

　　时常觉得,学术就像功夫,套路也就那么几招,但要想每一招都有功力,确实不是一朝一夕所能成就。花拳绣腿易,真才实学难。"学无止境",前贤的感慨,我已深有体会;"学不可以已",先哲的劝勉,我要把它镌为策励自我的铭言。

　　感谢李宗桂老师对我的教导和鞭策,刚入学时的我可以说是一个学术"白丁",没有任何中国哲学方面的学术训练,李老师布置的专题发言、研究综述、专题研究等,通过与同门的交流,逐渐了解学术规范。之后发表论文、撰写学位论文,都依靠这个基础。

师从李老师的三年,学术方面的收获只是其中的一部分,李老师对待学术的严谨,对待生活的活泼,对待文化的深情,等等,都使我获益匪浅。从李老师这里收获了很多"火种",学术的,学问的,生活的,生命的,我要用这"火种"点燃前行的"火把",去完成自己的人生。

感谢中山大学哲学系黎红雷老师、陈少明老师、张永义老师、李长春老师、张伟老师,研修他们开展的课程,使我对先秦儒学、哲学方法论、道家哲学、中国哲学、外国哲学有了系统的了解;感谢黎红雷老师、陈少明老师、陈立胜老师、张永义老师、张丰乾老师、周春健老师对我的学位论文所给予的宝贵建议。

感谢杨海文师兄、李海龙师兄、唐眉江师兄、左康华师姐对我所发表的论文及学位论文的建议,感谢其他同门、同学对我的帮助和支持。

感谢我的爱人陈美玲女士对我这样一个"老男孩"任性追梦(攻读博士)的理解和支持。

感谢我所工作的广西师范大学马克思主义学院对本书出版经费的大力支持,感谢广西师范大学21世纪马克思主义研究中心主任、马克思主义学院教授孟宪平老师对本书出版提供的帮助和支持。

王学伟谨记

初写于二〇一五年夏康乐园文虎堂学舍

修改于二〇二三年十月桂林翡翠潮庭家中

责任编辑:赵圣涛
封面设计:胡欣欣

图书在版编目(CIP)数据

《淮南子》中的儒学思想研究/王学伟 著. —北京:人民出版社,2024.4
ISBN 978-7-01-026351-9

Ⅰ.①淮… Ⅱ.①王… Ⅲ.①《淮南子》-儒学-研究 Ⅳ.①B234.45

中国国家版本馆 CIP 数据核字(2024)第 038314 号

《淮南子》中的儒学思想研究

HUAINANZI ZHONG DE RUXUE SIXIANG YANJIU

王学伟 著

人民出版社 出版发行
(100706 北京市东城区隆福寺街 99 号)

中煤(北京)印务有限公司印刷 新华书店经销

2024 年 4 月第 1 版 2024 年 4 月北京第 1 次印刷
开本:710 毫米×1000 毫米 1/16 印张:20.75
字数:300 千字

ISBN 978-7-01-026351-9 定价:109.00 元

邮购地址 100706 北京市东城区隆福寺街 99 号
人民东方图书销售中心 电话 (010)65250042 65289539

版权所有·侵权必究
凡购买本社图书,如有印制质量问题,我社负责调换。
服务电话:(010)65250042